河海大学商学院学科建设行动计划建设

江苏省研究生教育教学改革课题：面向高质量人才培养的管理类研究生案例教学共创共赢机制创新与实践路径研究，项目编号：JGKT22_C013。

九州文库

水韵江苏乡村振兴案例集

创新治理、产业发展、水环境管理和文旅创意

河海大学商学院案例与课程开发中心 编

九州出版社
JIUZHOUPRESS

图书在版编目（CIP）数据

水韵江苏乡村振兴案例集：创新治理、产业发展、
水环境管理和文旅创意／河海大学商学院案例与课程开
发中心编．－－北京：九州出版社，2023.12
ISBN 978－7－5225－2535－8

Ⅰ.①水… Ⅱ.①河… Ⅲ.①农村—社会主义建设—
案例—江苏 Ⅳ.①F327.53

中国国家版本馆 CIP 数据核字（2024）第 020286 号

水韵江苏乡村振兴案例集：创新治理、产业发展、水环境管理和文旅创意

作　　者　河海大学商学院案例与课程开发中心　编
责任编辑　陈春玲
出版发行　九州出版社
地　　址　北京市西城区阜外大街甲 35 号（100037）
发行电话　（010）68992190/3/5/6
网　　址　www.jiuzhoupress.com
印　　刷　唐山才智印刷有限公司
开　　本　710 毫米×1000 毫米　16 开
印　　张　14.5
字　　数　256 千字
版　　次　2024 年 6 月第 1 版
印　　次　2024 年 6 月第 1 次印刷
书　　号　ISBN 978－7－5225－2535－8
定　　价　89.00 元

前　言

实施乡村振兴战略，是党的十九大做出的重大决策部署，是决战全面建成小康社会、全面建设社会主义现代化国家的重大历史任务。党中央一贯坚持把解决好"三农"问题作为全党工作的重中之重，把全面推进乡村振兴作为实现中华民族伟大复兴的一项重大任务，举全党全社会之力加快农业农村现代化进程，让广大农民过上更加美好的生活。根据《中共中央、国务院关于实施乡村振兴战略的意见》（2018年1月2日），乡村振兴的时间表分为三个阶段：到2020年取得重要进展，制度框架和政策体系基本形成；到2035年取得决定性进展，农业农村现代化基本实现；到2050年，乡村全面振兴。

高校作为培养优秀人才的阵地，应该充分认识到在乡村振兴战略中的使命和责任，自觉担负起应有的职责，助力乡村振兴。在乡村振兴过程中，不可避免地会涉及三产融合、脱贫攻坚等任务，通过深化产教融合，形成高校与企业合力，共同攻克上述任务、助推乡村振兴无疑是不错的尝试。

2021年，河海大学商学院成功举办了江苏省研究生乡村振兴案例大赛，反响热烈。2022年，河海大学又举办了以"乡村振兴和数字经济"为主题的江苏省研究生工商管理案例大赛的开幕式和晋级赛，延续乡村振兴主题，深化产教融合。《水韵江苏乡村振兴案例集——创新治理、产业发展、水环境管理和文旅创意》一书正是这两届案例大赛参赛案例的优秀成果。

本书分为四个部分，分别聚焦于创新治理、产业发展、水环境管理和文旅创意这四个关键领域。通过对江苏省内多个乡村的实地考察和深入研究，案例集力图展现这些地区如何在乡村振兴的道路上不断探索和前行。

首先，创新治理是推动乡村振兴的基石。在这一部分中，案例集通过《党建创新推动乡村振兴治理工作模式探索——以江苏省常州市金坛区方边村"党建+"工作模式为例》《芳草梅林：党建引领，探索共富》《数字乡村建设方案研究与设计》《提升数智化管理水平 助力乡村农业振兴》《构建现代农业经营体系的基层探索——以睢宁"11841"农业生产经营体系为例 》这5篇案例展现了这些乡村如何通过政策创新、机制创新和服务创新等方式，激发乡村活力，提升治理效能，构建和谐乡村社会。

其次，产业发展是乡村振兴的核心动力。本部分通过《桃林结硕果 红土焕新颜——杏虎村一二三产业融合发展之路》和《"从无到有"乡村电商产业发展的村企协同之路——以江苏省睢宁县为例》展示了江苏的乡村如何依托当地资源优势，推动农业现代化，发展特色产业，促进产业融合，以及如何通过数字创新和商业创新，带动乡村经济持续健康发展。

再次，水环境管理是保障乡村生态宜居的关键。在这一部分，案例集通过《建设美丽水台：让山清水秀成为常态》《水韵戴埠——水美乡村助力戴埠乡村振兴》《提升乡村振兴的环境"底色"——以非规划布点村生活污水处理工程为例》和《环保助力生态乡村建设》这4篇案例，分析了江苏的乡村在水资源保护、水污染治理、水生态修复等方面的实践和成效，以及如何通过科学规划和管理，实现水资源的可持续利用。

最后，文旅创意是提升乡村魅力和竞争力的新途径。本书通过《"慢城"发展速度快：高淳桠溪的乡村振兴启示》《乡村地区旅游城镇化的多主体共治模式研究——以江苏省扬中市兴阳村为例》《在希望的田野上做田野的希望——新农人的乡村振兴之路》《整合发挥资源优势，开发红色旅游，提振特色产业——溧水区白马镇石头寨社区李巷村的乡村振兴之路》这4篇案例介绍了江苏乡村如何挖掘和利用乡村文化资源，开发旅游产品，打造特色旅游目的地，以及如何通过文化创意产业的发展，推动乡村文化的传承与创新。

相信通过对这些生动案例的深入分析，读者能够获得关于乡村振兴的宝贵经验和深刻洞见，也期待本书能够激发更多的思考和讨论，共同推动乡村振兴事业的发展，让更多的乡村焕发出新的生机与活力。

大连理工大学　于淼

2023 年 11 月

目 录
CONTENTS

文旅创意篇

01

创新治理篇

01 党建创新推动乡村振兴治理工作模式探索
——以江苏省常州市金坛区方边村"党建+"工作模式为例[*]

1 案例背景

1.1 政策背景

2017年，党的十九大报告指出农业、农村、农民问题是关系国计民生的根本性问题，必须始终把解决好"三农"问题作为全党工作的重中之重，明确提出乡村振兴战略。2018年中共中央、国务院发布的《关于实施乡村振兴战略的意见》明确提出治理有效是乡村振兴的基础，并规定在实现治理有效的过程中，首要环节便是加强农村基层党组织建设。此后，《乡村振兴战略规划（2018—2022年）》《关于全面推进乡村振兴加快农业农村现代化的意见》等系列文件推动落实乡村振兴战略，进一步明确了实施乡村振兴的战略部署、目标任务和具体举措，提出"办好农村的事情，实现乡村振兴，关键在党"，习近平总书记也在《习近平谈治国理政（第三卷）》中强调，实施乡村振兴战略，关键是"发挥好乡村党组织的作用，把乡村党组织建设好"。

1.2 实践现状

随着乡村振兴战略的实施，大量的实践证明了乡村党组织在乡村振兴过程中处于核心地位，村域治理的良好转型可充分发挥党的核心领导作用，实现制

---

    * 参赛院校：河海大学

       指导教师：李弘扬

       参赛研究生：陈士静、方舒颖、王贺、胡梦柳、李玥、喻晓

度突破。现已有很多乡村振兴工作都从基层党组织着手，开展乡村振兴探索实践，重点从绿色发展、农村基础设施、乡村治理、深化改革、粮食安全、土地整治、产业兴旺等各个领域提出推进乡村振兴的有效措施。

2020年农业农村部公布了三十多个全国范围内乡村治理的经典案例，农业农村部的相关领导从六个方面对乡村治理典型案例进行了归纳和总结。即加强党的领导、丰富议事协商形式、创新基层治理方法、强化县乡村三级联动、引导多元主体参与、解决突出问题等。但是，这些典型案例的乡村治理创新探索刚刚起步，对于如何进一步推动我国乡村治理的创新，仍然需要大量理论研究和实践探索。

1.3 理论支撑

理论层面上，基层党组织建设与乡村治理的关系引起了学术界较为广泛的讨论，以往的研究主要从理论基础、基本模式和内在机制三个方面展开。第一，学者们从国家—社会关系、政党—社会关系两个理论视角对基层党建参与乡村治理进行研究；第二，研究基层党建推进乡村有效治理的基本模式，包括"党建+网格化管理""互联共享的党建+治理""互联网+党建引领""党群共治""党建+村民自治"等；第三，探究基层党建促进乡村有效治理的内在机制，包括构建基层党建与基层治理良性互动的格局、促进基层党建与社会治理的结构耦合等。诸如此类的研究都为党建推动乡村振兴战略的实施提供了深厚的理论基础。

1.4 问题的提出

目前，基层党建促进乡村振兴已取得一定成效，但也出现了一些问题。一方面，农村基层党组织存在组织松散、活力不足、运行不畅等现实问题，党建引领的作用发挥不够全面，乡村振兴的各方面要素有待进一步整合；另一方面，基层党建由于缺乏具体的"抓手"而流于形式，悬浮于乡村治理之上，导致了基层党建与乡村治理呈"两张皮"的状况，两者之间不能有效地结合起来实现乡村振兴，从而造成了基层党建的痕迹主义、文牍主义、形式主义，乡村治理也由于缺乏党建的重塑而丧失其主体性与公共性。

本文选取的案例研究对象——江苏省常州市金坛区方边村，坚持党建引领，以"党建+5"为特色，推行"党建+产业、党建+服务、党建+网格、党建+生态、党建+队伍"为主要内容的五位一体"党建+"工作法，使全村各项工作走在全区的前列。本文以此为案例，意在总结方边村党建推动乡村振兴的经验做法和不足，提取发展模式，拓展党建推动乡村振兴思路，以期为江苏省乃至全国乡村振兴提供一定的治理工作模式借鉴。

2 案例概况

2.1 方边村情况简介

方边村位于金坛区南郊，东临河海大学常州新校区，西靠镇广公路，南接长荡湖，北依钱资湖。宁常高速、高铁新城、233 国道穿村而过，水陆交通十分便捷。全村由原来的方边、官东、韦家、许谢、黄土五个行政村合并而成，土地总面积 9.2 平方千米，辖 28 个自然村，15 个村民小组，现有农户 1 826 户，总人口 5 226 人，党总支现有党员 200 名，下设 6 个党支部。

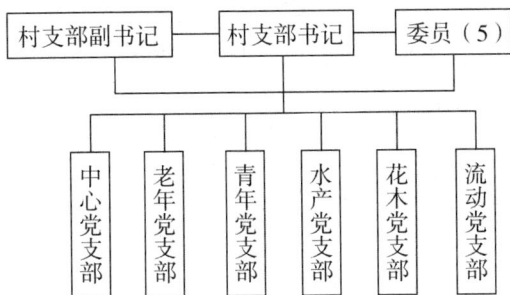

图 2.1 方边村组织架构图

2.2 振兴历程

在 2000 年前，方边村还是江苏省常州市金坛区有名的经济贫困村、信访重点村。村级经济薄弱，村民致富无门，党风民风不正，干群关系紧张，连续三年在全镇农村综合考核中倒数第一，是金坛区第一轮 25 个经济薄弱村之一。

近十几年来，方边村两委结合村内实际，不断深入推进基层民主法治建设，提升村民道德文化素养，坚持法治、德治、自治"三治"融合，走出了党建工作创新带动社会管理创新的农村基层自我管理、自我服务、自我教育、自我发展的路子，探索了社会管理创新党员先锋行动新模式和以"党建+网格、党建+产业、党建+服务、党建+生态、党建+队伍"为主要内容的五位一体"党建+"工作法。方边村先后获得江苏省和谐社区建设示范村、江苏省新农村建设示范村、江苏省文明村、中国美丽乡村建设示范村、全国民主法治示范村等多项荣誉称号。2016 年村内 23 名彝族、土家族等少数民族妇女全部脱贫；2018 年，方边村从第一轮经济薄弱村跨入小康家园示范村的行列；2020 年，年度村级经济达 506 万元，人均年收入达 4.06 万元。

2.3 治理成效

方边村两委结合本村实际，以"党建+网格、党建+产业、党建+服务、党建+生态、党建+队伍"为主要内容的五位一体"党建+"工作法为特色，以"发展富村、善治立村、和谐兴村、特色乡村、人才强村"为目标，把握基层民主法治建设的深入推进、村庄产业经济的总体提升以及村民道德文化素养的普遍提升。图 2.2 即为本团队总结方边村"党建+5"工作模式所作模式图。

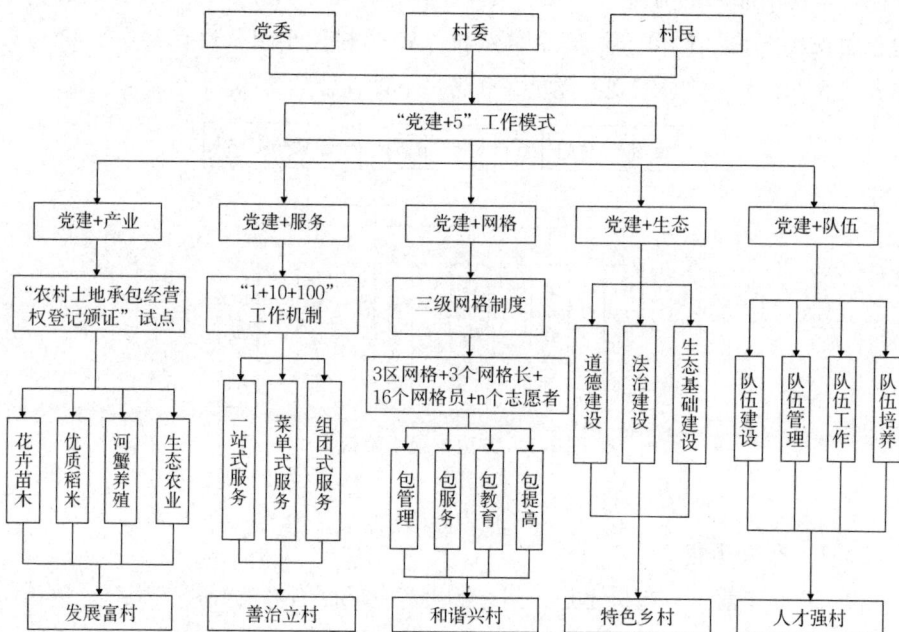

图 2.2 方边村"党建+5"架构图

2.3.1 "党建+产业"

国家的乡村振兴战略强调：要巩固和完善农村基本经营制度，保持土地承包关系稳定并长久不变。2014 年，金坛区作为江苏省"农村土地承包经营权确权登记颁证"试点，开展"确权登记颁证"相关工作，方边村创新性地提出"七步工作法"助力相关工作的推广开展，取得了良好的效益，并在省内得到重点推广。该工作法秉持"建章立制、以法治村"的理念，通过召开村民代表大

花卉苗木
优质稻米
河蟹养殖
生态农业

打造 4个"千亩产业园"

流转土地7000余亩 转移劳动力800余人

"农村土地承包经营权登记颁证"试点

指导政策:《暂行办法33条》 —— 村民代表大会

内业工作组*1

入户调查

外业调查组*3

"图解+实测"

村党支部书记

村民代表

解决矛盾、纷争 —— 矛盾调解保障组

宣传发动

调查摸底

田头查看

勾图制表

公示审核

登记发证

建档入库

七步调查法

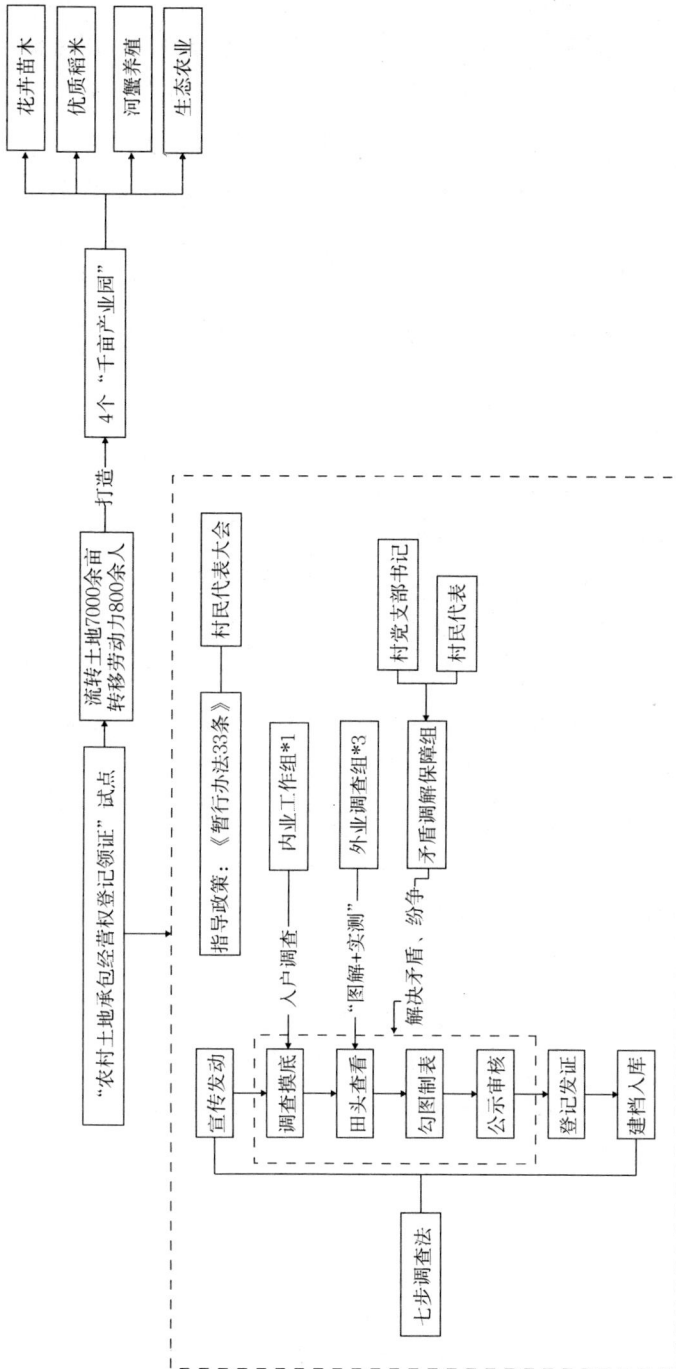

图2.3 "党建+产业"运作模式图

会，讨论通过《暂行办法 33 条》文件，按照"宣传发动、调查摸底、田头查看、勾图制表、公示审核、登记发证、建档入库"七步流程，依法公开地开展土地所有确权工作，解决原承包地块面积不准、四至不清、空间位置不明、登记簿不健全等问题。测量过程结合国土部门提供的数据信息及航拍资料，采用"图解+实测"的方法计算地块面积，保证了数据的准确性。在调查、丈量、确权、登记过程中遇到问题时，工作组充分尊重农民意愿，发挥民主协商和民主决策作用，依照《暂行办法 33 条》帮助当事人理清权属关系，由村民小组成员共同讨论决定，并严格执行公示制度，需要依法调解仲裁的问题，工作组会协助联系法院、国土所、法制办、农工办等部门解决。

在"农村土地承包经营权确权登记颁证"工作中，方边村顺利流转土地 7 000 余亩，转移劳动力 800 余人，改造厂房 8 300 平方米，引进工业企业 6 家，争取资金 500 余万元。同时，吸引养殖大户、专业技术人才 28 名，购置自动化机械 10 台，投入 30 万元用于农产品生产研发，坚持土地、资本、技术新供给。

乡村振兴战略强调应坚持农业农村优先发展，坚持农民主体地位，促进产业兴旺。方边村响应政策号召，依托土地流转红利在村内成立中华绒螯蟹、花卉苗木、为农劳务、钱资湖稻米 4 个专业合作社，打造了生态农业、花卉苗木、河蟹养殖、优质稻米 4 个"千亩产业园"。方边村坚持支部设立在产业，党员活跃在产业，优先在产业上发展党员，在产业上锻炼党员的工作路线。注重把致富能手发展成党员，把党员骨干培养成致富能手，实现一个支部一座堡垒，一名党员一面旗帜，以点带面，促进全村产业发展。

其中，在河蟹养殖方面，方边村探索出了特有的"小精高"模式，如图 2.4 所示。在"小精高"养殖模式实施以前，村里的河蟹养殖年年亏损，养殖户们望而却步，纷纷准备改行。为了扭转这种局面，村里请来水产养殖专家，引进优质蟹苗和高尖技术，推进生态养殖。同时，为做好水产养殖的保障工作，村里帮养殖户建起围栏、修好水泥路、建起净化池，解决了水产养殖在基础设施上的后顾之忧。

金坛河蟹"小精高"家庭养殖模式

效益：亩产200只左右，河蟹平均规格达150~175g/只，平均亩效益达6 000~10 000元

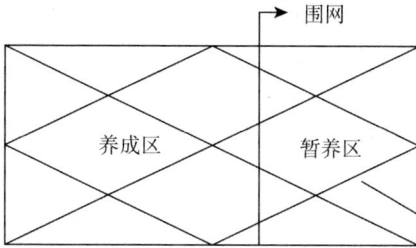

→ 围网

养成区　　　暂养区

单个池塘养殖面积一般以10~20亩为宜，便于以1~2个家庭成员为主要劳动力的管理

防逃膜

时间	内容	
12月~2月	种植耐高温水草	种植耐低温水草
2月中下旬		投放第一批蟹苗
3月底清明前	水温达0℃以上开始投放螺蛳	
	水温达15℃以上开始向池内泼洒生物有机肥	
4月		水草杀虫
5月		投放第二批蟹苗

养殖过程中注意进行水质、水位调节，适时增氧，注重生态生物防病及水草管护

待轮叶黑藻长势良好、河蟹第二次蜕壳完成后，将暂养区围网拉开，使河蟹全池活动；待养成区水草覆盖率达60%以上时拆除防逃膜

7月	补投螺蛳
9月	补投螺蛳，并开始投放小鱼
10月	改投玉米，提高河蟹饱满度和口感
11月	逐步捕捞上市

图2.4　"小精高"养殖模式图

2.3.2 "党建+服务"

"党建+服务"重点在于激发党员的带动作用，打出党支部总领、党员带动、群众配合的组合拳。方边村在服务工作中完善了基础工程建设，创新了与时俱进的方法（如图2.5）。

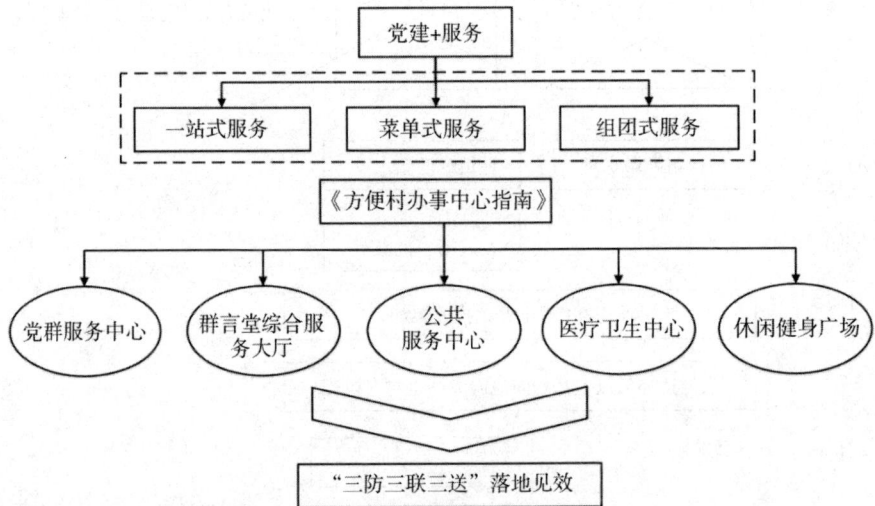

图 2.5 "党建+服务"运作模式图

"党建+服务"主要应用在三个方面。一是推进基础设施覆盖。对生活性、生产性、工业性三大类基础设施提档升级，新建休闲健身广场、江苏省标准化医疗卫生室、社会管理服务中心、党群服务中心和新时代文明实践站。

二是优化村级服务质态。推行"一站式""菜单式""组团式"三大服务，更好地服务群众。"一站式"服务：依托1 200平方米的村级公共服务中心，结合产村融合发展，优化调整司法行政、文明建设、劳动保障、生态创建等服务窗口8个；"菜单式"服务：细化政策类、生活类、事务类等服务项目，编制《方边村便民服务中心办事指南》，利用微信、QQ等现代传媒向群众公开承诺，为党员群众提供系统化、菜单式咨询服务；"组团式"服务：成立"夕阳红"志愿者服务队、"小小土地"宣传员等服务队，为群众开展各类服务。通过全村党员干群共同努力，实现了强化基层党建，形成谋发展的向心力；响应民生需求，提升要发展的凝聚力；实现富民强村，落实抓发展的执行力；在全村营造苦干实干、大气正气的良好氛围。

三是精准社会兜底保障。对老有所养、病有所医、居有所住、难有所帮面向的四方面困难村民，应保尽保，精准扶贫，实现全覆盖。建立 1 个干部联系 10 个党员、10 个党员联系 100 名群众的"1+10+100"工作机制，推动基层干部"三访三联三送"（访党情、访村情、访民情，访出群众的心声；联系困难户、联系信访户、联系致富户，联出干部的责任；送政策、送服务、送温暖，送出组织的关怀）落地见效，矛盾化解率达 100%。

"党建+服务"在政策引导下提振精气神，激发基层党组织建设新活力。树立以人民为中心的理念，把村里的事当成家里事，把群众的事当成自己的事，持之以恒开展无职党员设岗定责，通过"总支设岗、代表说岗、党员认岗、群众评岗"发挥党员作用，全力打造了全区一流智慧平台，实行五务公开。新冠疫情发生后，党员带头上，群众跟着干，筑牢了疫情防控"安全网"。

2.3.3 "党建+网格"

在网格化管理方面，方边村主要手抓以下三方面。

一是创新方式。在村支书的带领下，细分区域，实现治理网格化，全村设立了 3 个网格、3 个网格长、16 个网格员和多个志愿者；整合资源，实现管理多元化，将村两委成员、党员代表、村民代表各方力量整合起来，组建网格自治服务团队；分片包干，实现服务规范化，明确其"包管理、包服务、包教育、包提高"群众工作职责，使联系包干责任制横向到边、纵向到底，组织党员志愿者进网格，开展"十户联防，邻里守望"活动。

二是创新治理。坚持依法治理，运用法治思维和法治方式化解社会矛盾，让村民有参与村务管理的愿望和积极性。坚持综合治理，开设"群言堂""议事室"等，让村民真正成为村务的决策者。定期开展网格化治理宣传，激发村民参与农村社区治理的积极性。2020 年 6 月，方边村组织网格员和志愿者到各自然村开展网格化宣传到村、到户、到人的宣传活动。发放网格化管理宣传资料、禁种铲毒宣传手册等资料 200 余份，向村民群众讲解社会治理网格化的目的和意义、网格员基本职责和要求，进一步加大网格化、精细化社会治理和服务管理的参与度和知晓率，动员全体村民群众参与社会治安防控。

三是创新机制。为使群众生活困难得到有效救助，网格长串村入户，最大限度地引导困难群众向"我要脱贫、我能脱贫"转变。通过党员、法官、律师、检察官进网格，确保社会矛盾纠纷得到及时化解，做到小事不出网格，大事不出村。党员进网格分享种植、养殖经验，带动群众一同致富。检察官队伍到方边村开展"义写春联贺新春，法律宣传惠民生"活动，检察官们和书法家一同为方边村群众写福字、春联，并在现场宣讲法律知识，受到了群众的一致好评。

律师进网格，组建"方边村法润民生"微信群，每日定时发送法律常识，解答村民群众的各种法律咨询，为群众提供实时的法律援助。法官进网格，定期到方边村现场办公，为村民群众提供现场调解和法律知识普及，加强诉源治理，优化司法服务，深化多元矛盾纠纷化解机制改革，切实将问题解决在基层，社会治安环境得到明显好转。方边村开展联防、联动、联保，从根本上改善了治安形势。

网格化社会治理模式能够在规范化管理的基础上实现全面的精细化管理，体现了个性化管理思想。因此，该模式在管理较为松散、区域异质性较强的农村地区产生了显著的影响。

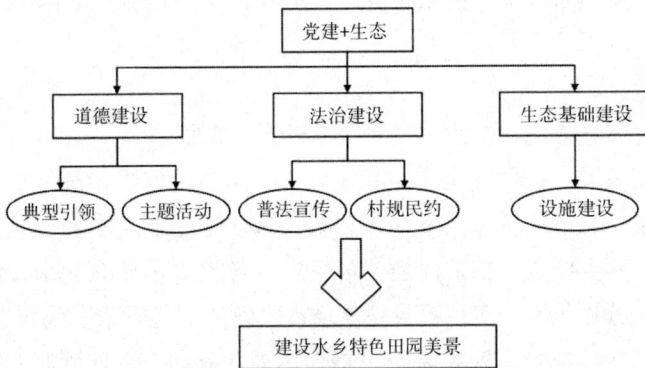

图2.6　"党建+生态"运作模式图

2.3.4　"党建+生态"

方边村"生态建设"实行政治、环境生态两手抓。在政治生态层面，一方面，注重典型引领，先后培育了田松青、王琴等道德模范。同时，村里每年开设道德讲堂6场，发挥先进典型、优秀共产党员先锋辐射带动作用，通过先进事迹巡回宣讲、志愿服务等方式，引导干部群众多做善行义举。另一方面，紧抓主题活动的举办，以"和美家庭、和睦邻里、和谐方边"三和主题活动为抓手，实施"富民、创安、关爱、融合、保障、帮扶、就业、优美"八大工程，把社会主义核心价值观的宣传融入到富有特色的群众文化活动和省级文明村的创建中去，运用"好婆媳""好邻里""星级文明户"评选等载体，弘扬中华传统美德，营造友善和谐的邻里氛围。此外，在法治建设层面，将社会主义核心价值观和村规民约、计划生育、科普法制、生态建设等内容融为一体，同时制定村规民约，通过宣传牌和警语进行普法宣传。

在环境生态方面，除了上文中对于生态知识的普及教育与道德建设，还在乡村建设规划中，将特色田园乡村建设写入村级发展规划。具体做法有：将农区建设成景区，例如一千亩全欣农业生态园的建设，将田园变成公园，将农房变成客房等；投入 2 000 多万元开展以河塘净化、村庄绿化等为主的村庄环境整治；利用边角地、荒地和废塘建设公益设施和景点工程，营造具有水乡特色的田园美景。

2.3.5 "党建+队伍"

在队伍建设上，严格定编定岗，完善绩效考核。建立重大事项集体决策、村干部勤廉双述、民主决策责任追究、村民询问质询、党务村务决策点评等 8 项工作制度，每项制度都与经济工作挂钩、党务工作关联、民生工作相依、目标责任同步。

在队伍管理上，变"以人管人"为"制度管人"，做到"党员有职有为"。一方面，创新"有职党员一岗双责"，推行"业绩考评、财务审评、村务点评、群众测评"，综合评议在职党员干部；另一方面，创新"无职党员设岗定责"，通过"总支设岗、代表说岗、党员认岗、群众评岗"，实现党员个体到全村全员的有效覆盖。

在队伍工作上，通过智慧平台实现党务、村务、财务、事务、服务"五务"公开。应用网格员移动终端操作平台，打通网格、村、街道两三级平台，借助网格化管理，第一时间发现问题、了解问题、解决问题，对于一时解决不了的，逐级上报街道，并根据办理情况及时反馈给村民，逐步实现网格服务的精细化和规范化。

在队伍培养上，运用丰富活动的形式和载体抓紧支部建设，比如创新"微党课""支部统一活动日"等形式，提升党员的服务意识和人文素养。

3 现有不足及解决方案

对于案例中存在的问题，通过文献资料的查阅以及与方边村党支部书记的访谈，本团队在其原有"党建+5"工作模式基础上提出相应的提升建议，构建了如图 3.1 所示的"党建+6"工作模式提升图。黑色部分为方边村原有的工作模式及相应举措，红色部分为建议提升优化或增设的新举措。

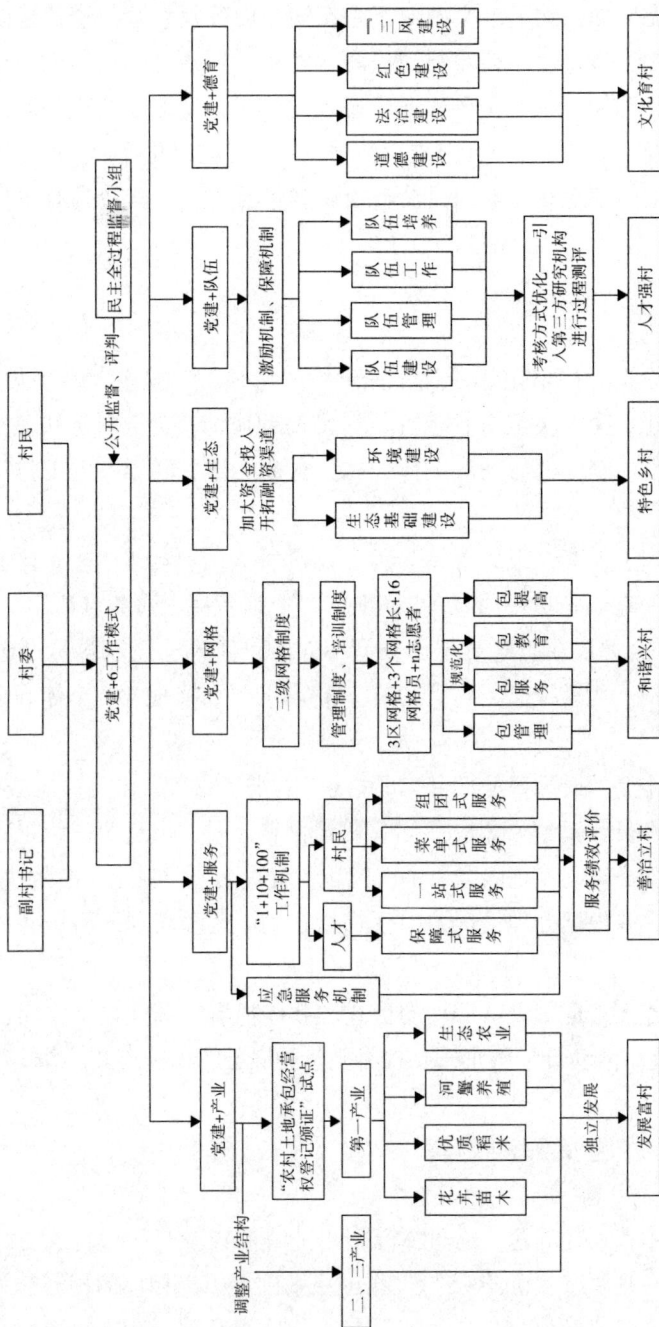

图3.1 "党建+"工作模式提升图

3.1 "党建+产业"不足及提升方案

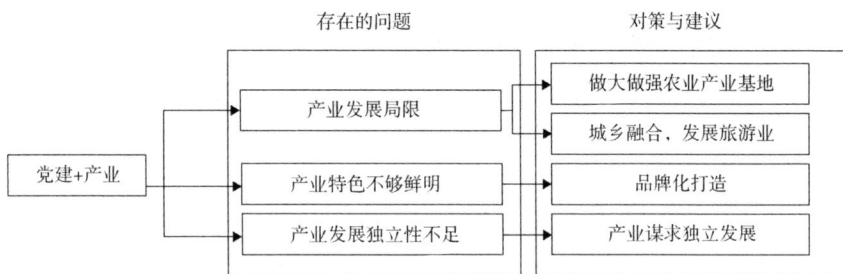

存在的问题　　　　　　　　对策与建议

```
                    ┌─────────────┐   ┌──────────────────┐
                    │  产业发展局限  │──▶│  做大做强农业产业基地  │
         ┌──────────┤             │   ├──────────────────┤
┌────────┐         │             │   │  城乡融合，发展旅游业  │
│ 党建+产业 ├─────────┼─────────────┤   ├──────────────────┤
└────────┘         │ 产业特色不够鲜明 │──▶│     品牌化打造     │
         └──────────┤             │   ├──────────────────┤
                    │ 产业发展独立性不足 │──▶│    产业谋求独立发展   │
                    └─────────────┘   └──────────────────┘
```

图 3.2　"党建+产业"模式现存问题针对性解决方案图

方边村的产业在党建助力下得到飞速发展，但目前仍存在以下三个问题。

（1）产业发展局限。产业结构较为单一，第二、三产业发展有限，在科技时代背景下，技术运用缺乏先进性，产业结构调整步伐和转型力度不大，增收渠道有限，发展后劲不足；

（2）产业特色不够鲜明。以金坛河蟹为例，没有树立鲜明的品牌，在市场同类型产品中竞争力不足，易被取代，销售渠道有限，阻碍产品增收；

（3）产业发展独立性不足。方边村养殖的河蟹主要依附于长荡湖大闸蟹的大品牌发展，为其提供货源，并无自身单独发展的意识，导致村中产业仅为简单的养殖业和加工业，收入来源有限，未来发展隐患颇多。

在未来的发展中，方边村应该调整产业结构，加大第二、三产业发展力度。具体做法为。

（1）做大做强高效特色农业产业基地。立足本村实际，全力打造既有的四个千亩高效特色农业产业基地，加大高新技术学习力度，将科学技术融入农业、养殖业中，开设村民技能培训课堂，结合本村特色进行产业结构调整，创新增收渠道，增强发展后劲。在今后的乡村振兴发展道路中，紧跟国家指引，深化农业供给侧结构性改革，调整种植结构，紧跟市场需求，提升经济效益。

（2）依托区位优势发展第二、第三产业。依托与河海大学与高铁站相邻的地理优势，发展旅游业，变农房为客房，将农家菜端上桌。在今后的乡村振兴发展中，响应国家号召，重塑城乡关系，走城乡融合发展之路。利用发展旅游业的契机，促进城乡交流融合。

（3）树立产品品牌。打造产品的品牌特色，营造品牌效应，增加销售渠道和销售量，确保产品增收稳定。

（4）产业谋求独立发展。改变现有的纯养殖业和加工业，形成独立的规模产业链，自产自销，增加盈利率，减少外部因素阻碍。

3.2 "党建+服务"不足及提升方案

目前，"党建+服务"模块存在的问题及提升建议如下图3.3所示：

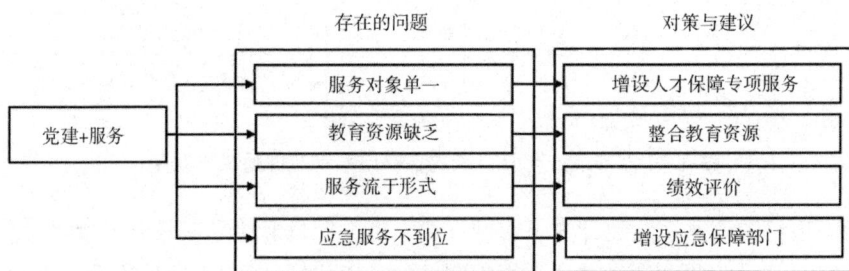

图 3.3 "党建+服务"模式现存问题针对性解决方案图

具体的问题分析如下：

（1）服务工作的开展只针对方边村村民，只停留于公共服务的满足，在人才服务方面强化不够，导致村内的大部分企业没有党建领导的优秀人才留在乡村。

（2）在基础服务中，教育资源的配套设施缺乏，人才培养欠缺。部分服务流于形式，比如在服务过程中暴露的问题未能反馈，缺少与群众的深入交流。

（3）应急服务不到位。面对因河海大学新校区的修建导致的拆迁类突发性问题，并没有及时的应对方案，导致多人诉讼和上访。

在城镇化进程快速推进期间，资源环境对经济发展的束缚越来越大，城市中出现了交通越来越挤、资源越来越少等种种"城市病"，随着大城市"城市病"的凸显，回归田园的热潮涌现，可以预见，未来的乡村地区，必将成为城市资本、先进技术、高端人才大量涌入的承接地。在接下来的乡村振兴服务中方边村应当做到以下几点。

（1）增设人才保障专项服务，将服务对象从村民扩展到人才+村民。注重村民人才回流，不再将目标仅仅放在为村里老人、妇女提供就业机会上，党建要发挥其领导作用，利用政策吸引走出去的年轻人回村建设，利用年轻人的力量和才智共建村庄未来。

（2）在基础建设服务中还应加强学校的升级改造，更好发挥教育资源培养人才的作用，农村中遗留多老幼，整合教育资源，利用城乡结合发展的优势，培养好下一代人才。

（3）增设绩效评价环节，发现服务问题，完善服务机制，争取一步到位，让服务工作数字化。

（4）增设应急保障部门，对于突发事件针对性应急处理，深刻剖析群众反映的问题，并设置专人专岗进行集中处理，及时向镇级及县级党员干部反馈。

3.3 "党建+网格"不足及提升方案

通过对方边村的分析，发现我国农村地区在探索网格化社会治理方面取得了一定成功，但仍存在亟待改进之处。存在的问题与提升方案如图3.4所示：

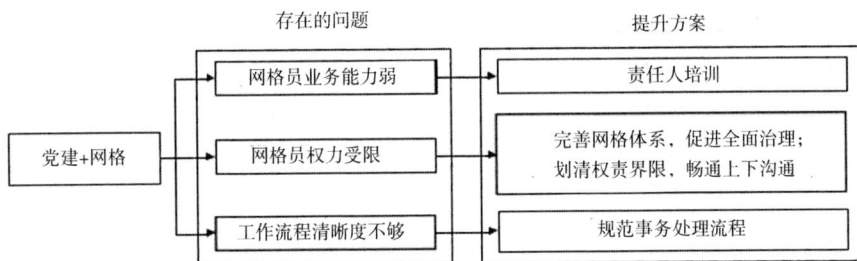

图3.4 "党建+网格"模式现存问题针对性解决方案图

存在的问题主要包括：

（1）专职网格员业务能力不强，网络员接受的培训有限，工作熟练度和涵盖面有限，有碍于网络化治理工作的及时有效；

（2）网格员权力受限，网格化处理工作面有限导致工作权限小；

（3）工作流程不够清晰明确，一些问题的处理没有等级之分，导致处理步骤错乱，相关问题反映部门出错等。

为进一步打造乡村良好治理体系，提高乡村社会治理能力，建议在加强相关网格责任人的培训，提高业务服务能力和规范网格化治理流程的同时，进一步创新服务方式、健全网格化服务网络、激活社区资源、强化各级网格服务功能、改进管理模式。

（1）完善网格治理体系，促进全面治理。本团队确定了三级网格制度（如图3.5所示），促进管理实施人员、责任、任务三落实，走好乡村善治之路。

（2）划清权责界限，畅通上下沟通。社区网格责任人承办民政、计生、就业、社保等社会事务，协办党建、创建、综治、安全生产等工作。村网格责任人的管理和服务内容要贴近农民的生产生活实际，重点做好发展生产、民生保障、计划生育、综合治理、教育培训等服务管理。网格责任人负责信息收集、

```
网格责任人 ──→ ┌────────────────────────────────────────┐
              │  信息搜集    便民服务    建议问题处理    │
              └────────────────────────────────────────┘

社区/村受理 ──→ ┌──────────────────────────────────────────────────┐
中心          │  事务综合、分析   初审、公示   调处问题   窗口服务  │
              └──────────────────────────────────────────────────┘

镇行政服务 ──→ ┌────────────────────────────────────────┐
中心          │  审核、公示    上传、下达    执法、处置    │
              └────────────────────────────────────────┘
```

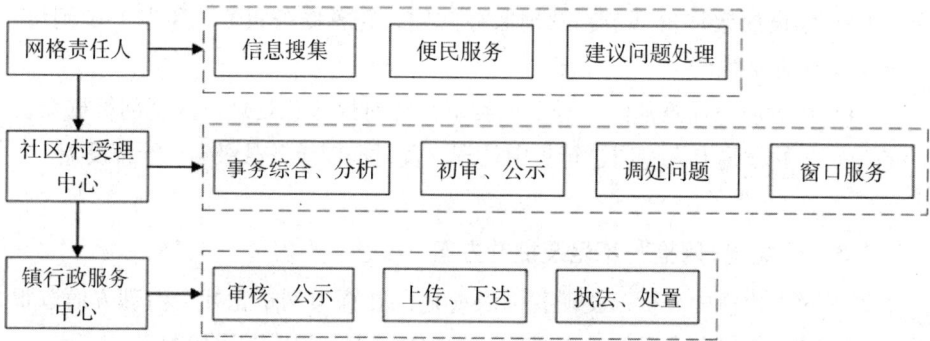

图 3.5　三级网格制度构架图

便民服务、简易问题处理等。成立社区（村）受理中心，由社区（村）负责人和有关工作人员（可轮值）组成，负责社区（村）事务的综合、分析、初审、公示、调处问题、窗口服务等；镇行政服务中心（相关办公室）负责业务范围内的审核、公示、上传下达、执法、处置等。

在实际网格化工作中，按照分级上报处置的程序（如图 3.6）运转。

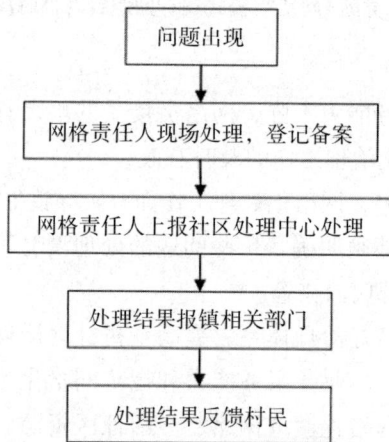

```
        ┌──────────────┐
        │   问题出现    │
        └──────┬───────┘
               ↓
  ┌─────────────────────────────┐
  │ 网格责任人现场处理，登记备案 │
  └─────────────┬───────────────┘
                ↓
  ┌─────────────────────────────┐
  │ 网格责任人上报社区处理中心处理 │
  └─────────────┬───────────────┘
                ↓
  ┌─────────────────────────────┐
  │   处理结果报镇相关部门        │
  └─────────────┬───────────────┘
                ↓
  ┌─────────────────────────────┐
  │   处理结果反馈村民           │
  └─────────────────────────────┘
```

图 3.6　三级网格事务处置流程图

（3）规范事务处理流程，打造和谐社区。网格事务分三类情况处理。①一般性工作：网格责任人现场处理，登记备案；②需要协调处理的工作：网格责任人现场受理，带回社区（村）受理中心协商处理，处理结果报镇相关部门，反馈服务管理对象；③突发性工作：网格责任人立即上报镇、社区（村）相关部门紧急处理，网格责任人现场跟踪；④需要审批的工作：网格责任人掌握信息，社区（村）受理中心受理界定，镇行政服务中心审核，报区行政服务中心审批，同时实行镇、社区（村）公示。

3.4 "党建+生态"不足及提升方案

目前，"党建+生态"模块存在的问题及提升建议如下图3.7所示：

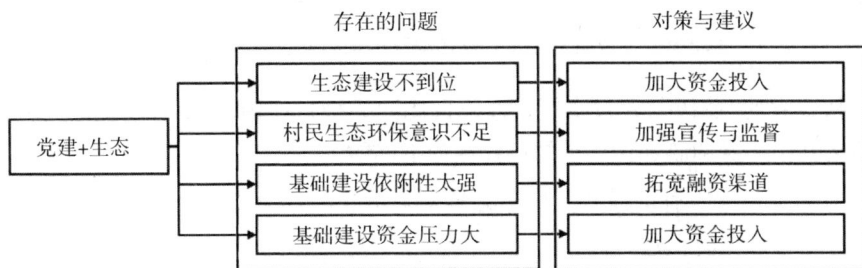

图3.7 "党建+生态"模式现存问题针对性解决方案图

党建推动生态建设方面目前存在的问题有以下四个方面：

（1）生态建设不到位，比如垃圾分类工作没有具体开展；公厕也未改造，缺少便捷性；自建污水处理厂五六年不更新，设备老旧，需要进一步投入资金，加大改造力度。

（2）村民生态环保意识有待提升，村民中还存在个别乱扔垃圾、乱泼脏水等破坏生态环境的个人行为。

（3）生态基础建设依附性太强。村中垃圾依附街道处理，并无独立的处理方式，若遇到外输阻碍则无法处理。

（4）生态基础设施建设资金压力大。设施建设基本都靠村部资金或者外部企业捐赠，并无其他融资渠道。

在乡村振兴未来发展中，建议一方面进一步拓宽融资渠道，加大资金投入，比如以PPP模式引入企业或其他社会资本修建污水处理厂、垃圾处理厂等基础设施；另一方面提升村民环境建设意识，开设相关讲座，做好环保监督，做到垃圾分类进村，进行厕所革命等，引领全员环保。努力确保农业农村污染在生态系统的自然消纳程度以内，自然资源数量和质量与可预见的人口、技术、制度等相适应，且能够抵抗意外风险。

3.5 "党建+队伍"不足及提升方案

从方边村"党建+队伍"建设来看，存在的问题和提升意见如图3.8所示：

存在的问题　　　　　　　　　对策与建议

党建+队伍	党员素质有待提升	建设分层分类长效培训机制
	激励和保障机制不到位	完善激励和保障机制
	考核和监督存在盲区	完善机制，简化流程

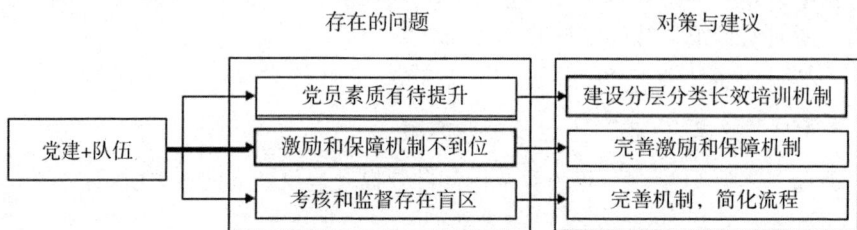

图 3.8　"党建+队伍"模式现存问题针对性解决方案图

从"党建+队伍"建设来看，方边村比同类型村庄组织架构更加权责分明、透明公开，经过调研和访谈得知仍存在如下问题。

（1）党员素质有待提升。村庄党员偏老龄化，自身思想觉悟不够，无法做到思想与行动与时俱进等。

（2）激励机制和保障机制不完善。在激励机制方面，比如某些岗位工作绩效考核激励较小，导致人员工作怠惰，一些无职党员无法参与奖励考核导致小部分人积极性下降等。在保障机制方面，出现了由于资金不到位无法开展培训工作的状况，或人才缺失导致的资源外流。

（3）考核和监督方式存在盲区。只对部分过程开放监督，过程导致无法全程公开透明，单纯以上级文件的下发作为考核方式，某一阶段忙于应付考核而忽略其他工作。

党员队伍培养工作是党的建设的一项基础工作，是全面提高党员队伍素质、从严治党的中心环节。实现乡村振兴，应当进一步做好党员队伍建设。

（1）方边村党组织应当做好"三会一课"等日常学习，定期开展党日活动和党员队伍培训。一方面，定期开展理论学习，注重多形式交流。在党员教育培训工作中，遵循"讲师为主导，学员为主体"的教育理念，强化学员在培训中的主动性、参与性，以讲授式为主，结合研讨式教学、PPT 模拟式教学、体验式教学、正反典型教育、座谈会等方法开展学习教育培训工作。另一方面，分层分类建立并完善长效培训机制。建立健全习近平新时代中国特色社会主义思想学习教育长效机制，同时，结合工作实际以及党组织书记、新党员、青年党员、老年党员等不同党员群体的特点，开展有针对性的、个性化的培训。对于基层党员干部，根据不同岗位党员的需求，开展分层分类培训，优化培训内容，在增强党员党性的同时，满足他们的实际需求。

（2）建议方边村将一部分资金或资源划拨给推动乡村振兴的党员身上，比如对做出特殊或巨大贡献的带头人给予一定程度的政治待遇、物质鼓励。做好财务资源规划，重视人才引进和人才保留，保障实现乡村振兴所需的人力、物力和财力。

实现乡村振兴也需要其他基层党组织完善机制建设：

①在激励机制方面，主要实行目标激励、关怀激励、物质精神双激励三方面。在目标激励上，明确党建目标，激励党内人员参与热情，调动党员的主动性和创造性；在关怀激励上，通过谈心、慰问、访问等形式，关心党员生活，增强党员的向心力和凝聚力；在物质精神双激励上，通过物质奖励和精神鼓励相结合的方式，对在乡村党建工作和乡村建设与管理工作中做出重大贡献的单位和个人予以嘉奖，并授予社区优秀党务工作者等称号，以增强党员的荣誉感、成就感和责任感。

②在保障机制方面，首先，加大财务支出，支撑基层党组织建设，包括党员培训、活动经费等；其次，突出人才支撑战略，加大对乡村的人才政策输入与乡村自身人才吸引能力；最后，实现资源政策倾斜，加大对乡村建设的物力投入，保障乡村振兴战略的实施。

（3）建议方边村改进考核和监督方式，去掉复杂考核的工作环节，简化流程，实现全过程监督。改进考核方式，注重引入第三方研究机构进行过程测评，避免简单的"数字"考核、"表格"考核、"文件"考核和"材料"考核，要将过程与结果、定性与定量、任期与专项多维度考核结合起来。既达到考核人和考核事的目标，又不过多占用基层干部的时间精力。在监督方面，建议增设民主全过程监督小组。

3.6 增设"党建+德育"

"党建+德育"模式为新增板块。在方边村原有的"党建+5"工作模式中，思政教育作为政治生态的一部分划分在"党建+生态"中，但思想政治教育作为党建工作中重要的一环，其重要性不容忽视。因此，我们建议提炼生态方面中精神文明建设相关内容，成立"党建+德育"专门板块，在日常发展中加强道德模范的精神引领，贯彻落实社会主义核心价值观、传承红色文化与红色精神、发挥先进典型与优秀共产党员先锋辐射带动作用，将道德讲堂、"三和"主题活动、"好婆媳""好邻里""星级文明户"评选打造成系列品牌活动，促进道德建设、法律建设、红色建设及"三风"建设，呈现文明乡风、良好家风、淳朴民风。

除以上措施，在全村事务开展的同时，建议增设民主全过程监督小组，对组织活动进行公开监督和评判，按期按时召开村民听证会，听取民主意见，保证阶段任务顺利进行。

4　潜力分析

基层党组织是推动乡村振兴的重要一环，方边村的成功经验已经部分验证了这点，本文所提出的"党建+6"工作机制，既吸取成功经验，又完善现有不足，从"党建+6"工作模式运作机制（如图4.1）来看，是以党建为核心，以产业为先导，以强化内生动力为目标，形成机制层面循环发展模式；在机制运行通畅之后，达到村庄产业发达、经济提升、人才兴旺等良好局面，此为效果层；最后通过机制层和效果层长期积累效应，为宏观解决"三农"问题奠定基础。

本文所提出的机制具有以下的推广前景：

（1）作为领导核心，基层党组织存在于每一个乡村，在乡村振兴发展道路上具有一定的推广普适性；

（2）党建推动乡村振兴实施被学者和实践者同时认同，已说明其推广前景；

（3）通过对方边村党支书的访谈，部分验证了此方案的可行性，方边村在接下来的实践中会有所借鉴，查看成效。

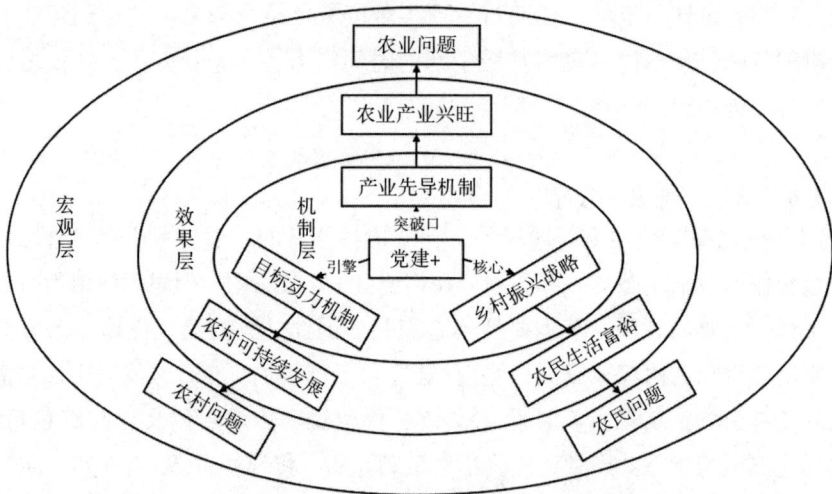

图4.1　"党建+6"工作模式运作机制

5 总结与展望

本文以方边村为例，深入分析了"党建+6"的内涵以及运作，通过逐条梳理产业结构、服务模式、网格化治理、生态建设以及队伍工作的细则及政策，采访方边村村支书与收集资料提出了一些发展中遇到的问题，同时针对已有问题，结合国家关于乡村振兴政策条文、已有文献，以及与方边村党支书访谈内容，给出以下"党建+6"工作模式完善建议：

（1）在"党建+产业"方面，建议打破发展局限，立足实际，结合自身特色调整产业结构，走城乡融合发展道路。深化农业供给侧结构性改革，做大做强高效特色农业产业基地，加大新技术的学习力度，利用已有产业优势建立品牌，提升知名度和销售量，提高经济效益；

（2）在"党建+服务"方面，增设人才保障专项服务，将服务对象从村民扩展到人才+村民；推动教育振兴乡村，利用教育留住人才的思路完善教育资源；增设绩效评价环节，数字化、可视化党建服务工作，发现服务问题、完善服务机制；加设应急保障部门以应对突发性事件，做好应急处理，做到深刻剖析群众问题并专事专办。

（3）在"党建+网格"方面，完善网格治理体系，促进全面治理。参照本团队梳理出的三级网格模式，促进管理实施人员、责任、任务三落实；划清各级网格权责界限，畅通上下网格之间沟通；规范事务处理流程，按事务紧急程度分级处理，制定突发事件应急预案，走好乡村善治之路。

（4）在"党建+生态"方面，农村污染和生态环境问题逐渐成为制约农村地区持续快速发展的重要问题之一，合理规模化布局工业园区，进一步拓宽融资渠道，加大资金投入，比如以PPP模式引入企业或其他社会资本修建污水处理厂、垃圾处理厂等基础设施；另一方面，健全国家环保制度体系，完善农村的企业法律监管，提升村民环境建设意识等。

（5）在"党建+队伍"方面，建立健全长效的党员培训机制，丰富培训形式，分层次、分类别进行党员培训。增设激励和保障机制，完善和改进考核机制，做到考核简单化、效率化，并实现队伍培养的透明化。

（6）在原有乡村治理的基础上，增设"党建+德育"板块，在日常的生活、工作中强调、重视思想政治教育的作用，在发展中加强道德模范的引领作用，贯彻落实社会主义核心价值观，学习传承红色思想，加强道德、法律、红色及"三风"建设，以德育人、以德助人，打造乡村精神文明新风貌。

（7）在总体基础上，在全村事务开展的同时，增设民主全过程监督小组，对组织活动进行公开监督和评判，按期按时召开村民听证会，听取村民意见。

对方边村遇到的问题的解决思路也是对全国的乡村治理延伸发展的思路，同时这些也是普适于全国乡村提升的指导建议。但本研究还存在一定的不足，比如应该通过效益对"党建+6"工作提升机制进行实证研究，量化"党建+"乡村振兴融合机制等，这些都是接下来需要深一步探究的问题。

附录 访谈摘要

访谈时间：2021年9月11日 访谈地点：线上

访谈对象：方边村党支书田松青

王贺：田书记您好，很感谢您能抽时间接受我们的访谈。

田书记：不客气，能帮到你们也是我的荣幸，河海大学是非常优秀的学校。

王贺：在了解咱们方边村"党建+5"工作模式后，我们针对一些疑点有几个问题想问。

田书记：请说。

王贺：请问咱们方边村绩效考核双轨制如何实行？

田书记：按照政府每年下发的文件来，有各项清晰的指标考核，都有专门的人去弄，不过还是挺繁琐的。

王贺：方边村有没有设置专门的人才保障服务，对引进的人才有特殊优待？

田书记：这个国家是给予优待的，但是村里还没涉及，毕竟资源还是有限的。

王贺：方边村发展四大产业，除了河蟹养殖，其他产业有没有什么特色？

田书记：其他的都是常规发展，而河蟹养殖也是依托长荡湖河蟹，为他们供货，跟着那边河蟹一起卖，只是我们的养殖模式比较创新，"小精高"模式，你们知道的。

王贺："党建+服务"中，"菜单式"服务除了建立微信群等，还有什么措施？咱们的服务村民还满意吗？

田书记：我们还会解决各类矛盾，服务中注重公平和服务态度，之前都挺好的。但是前段时间由于河海大学金坛校区修建，有些拆迁户的问题还没有解决好，总是想要高额赔偿金，但与政策相悖。

王贺：那"党建+生态"建设都有什么具体工作措施？现在生态服务只有道德法治，为何不称为"党建+思政"或"党建+教育"？

田书记：我们对于环境生态也是有改变的，这块主要分为政治生态和环境生态，环境方面修建污水厂、铺路等措施都在做起来。

王贺：那村里的污水厂是自己村部投钱建设的吗？

田书记：是的，投入了几百万，压力还是挺大的。

王贺：为什么不考虑村企共建减小经济压力呢？

田书记：很多时候企业是不值得信任的，盈利不好，就走掉，不谋求发展；但是有一些村里的企业或者村里人发达了会捐赠给村里资金。

王贺：村里的企业没有吸引村里人就业吗？还是有人往外走吗？

田书记：就业机会主要给老人、妇女，有能力的年轻人都去更好的地方发展了。

王贺：那咱们有什么人才引进措施吗？

田书记：就是政府统一安排的公务员、选调生考试，现在是很难的。

王贺：那咱们下一步有什么发展目标和规划吗？

田书记：就是依托现在的地理优势，发展旅游业，正好还是临着河海大学嘛，都是机会。

王贺：那田书记，您对我之前发您的改进版"党建+6"工作模式有什么见解吗？

田书记：我觉得还挺好的，值得一试，接下来我们会考虑用在实践上。

王贺：好的，田书记。我这边没有其他问题了，谢谢您的回答。

田书记：不客气，欢迎你们来探索乡村发展，年轻人，好样的！

02 芳草梅林：党建引领，探索共富[*]

1 案例概要

1.1 案例来源

民族要复兴，乡村必振兴。全面建设社会主义现代化国家，实现中华民族伟大复兴，最艰巨最繁重的任务依然在农村，最广泛最深厚的基础依然在农村。实施乡村振兴战略，是以习近平同志为核心的党中央着眼党和国家事业全局，深刻把握现代化建设规律和城乡关系变化特征，顺应亿万农民对美好生活的向往，对"三农"工作作出的重大决策部署，是新时代做好"三农"工作的总抓手。

自 2021 年 6 月 1 日起《中华人民共和国乡村振兴促进法》正式实施，开展促进乡村产业振兴、人才振兴、文化振兴、生态振兴、组织振兴，推进城乡融合发展等活动。为全面实施乡村振兴战略提供了有力的法制保障，完善和发展了中国特色"三农"法律体系。对于正在谋求乡村振兴的梅林村来说提供了更多切实的法律保障与指导。

梅林村在 21 世纪之初就开始草坪种植，草坪产业发展达到了一定的规模，名声远扬，70%的村民都参与到草坪种植中来，使得一部分人先富起来了，但下一步该如何走，该如何使农业全面升级、农村全面进步、农民全面发展，加快农业农村现代化，实现乡村价值的全面提升，是梅林人民面对的当务之急。

———————————
* 参赛院校：河海大学

指导教师：缪小莉

参赛研究生：戚莉娜、冷小红、程涛、万昕、陈亚刚、江丽娜

1.2　梅林村的发展

1.2.1　梅林村渊源

忽逢梅花林，芳草鲜美，落英缤纷。常州的新北区，就有这样一个美丽的村庄，数千亩梅林形成了美丽的"世外桃源"，吸引了大批游人来这里打卡，成了附近有名的网红打卡地，它就是梅林村。相传梅林村是东晋南朝王、谢两家子孙迁居江南期间定居的地方，他们在这里开垦荒地、建造庄园；宋末，包拯后裔为逃避战乱也迁居于此；明代，孔子后人从溧阳梅岭迁居至此，这里旧时有一大片梅林，孔子后人睹物思情，遂以"梅林"命名此处；还有戎氏、恽氏、吕氏等家族的能人贤者齐聚梅林村。过去，这里是一个穷山村，如今已经成为全国美丽宜居村庄。梅林村通过立足草坪特色产业，勾勒出诗意栖居的生态环境与独特风情的江南原味水乡，走出了一条村强民富、景美人和之路。

1.2.2　梅林村概况

梅林村位于新北区西部，西夏墅镇东端，紧邻沪宁高速、常泰高速出入口，S122省道和政泰路穿村而过，并在村域东侧约1千米处与江宜高速公路互通，交通便捷。

该村是由原来的梅林（戴家、孔家）和戎家、丁村等几个相对贫困的行政村，通过新一轮撤并行政村合并而成的。全村土地总面积9.17平方千米，全村共有35个自然村。截至2020年年底，梅林村共有户籍户数2 095户，户籍人口6 764人，常住人口7 546人。[①]

1.2.3　贫困村的草坪致富路

"让一部分人先富起来"——西夏墅镇的草坪种植业是戎家村人率先发展起来的。地处偏远、经济薄弱的戎家村，过去一直以种植稻麦为主，农民收益很低。2003年，朱玉明出任村党支部书记后，整天想着如何带动父老乡亲走上勤劳致富之路。

当时恰逢新一轮农村产业结构调整，于是他大胆引进苏州添绿草坪种植，并成立了合作社以便于统一管理。经过前期的调研学习，2004年，梅林村村委

---

① 数据来自《常州市新北区西夏墅镇梅林村村庄规划（2020—2035）》征求意见稿，2021.9.2

流转了 57 亩土地，带头开始了"种草"之旅，计划以经济价值提升带动整个梅林村乡村价值的全面提升。尽管没有经验，技术也不成熟，第一年仍然获得了不俗的收益。"草坪经济的市场前景也比较可观，我们就鼓励大家开始种植，从党员和种植大户开始抓起。"村党总支书记吕小燕说。

1.2.4 发展遇瓶颈

草坪产业的发展虽然改善了梅林村的大环境，实现了乡村生态价值的提升，但尚未形成助力经济价值提升的生态旅游业。农民的整体生活水平虽有提升，但并未实现全方位的大幅提升，基础设施建设仍有不足，农村青年也未能实现普遍回归，农民收入的持续增长存在阻力。同时，由于草坪产业进入门槛低，市场普遍利润率较高，仅苏南地区就有多个乡村经营草坪种植，整个产业竞争压力大，梅林村草坪经济价值存在危机。梅林村的历史、梅林村的渊源缺乏宣传，外界几乎无人了解，衍生旅游市场发展缓慢，文化品牌几无知名度，未能实现自己的文化价值。

1.2.5 致富村的美丽蜕变

近年来，梅林村以创建"美丽乡村"为契机，按照社会主义新农村建设的新要求，加大对道路、桥梁、绿化等公共设施的投入，提升农民生活价值，以生活价值促进经济价值的进一步提升，同时凭借本村优势发展传统农业和草坪种植产业。2018 年梅林村草坪种植面积达 5 000 多亩，全村从事草坪主导产业的农户占全村总农户的 70%，实现销售收入近 6 200 万元[①]。2020 年，全村经济总收入 10 520 万元，农民人均纯收入 31 000 元，村集体经济收入 358 万元，实现了经济价值与生态价值双提升。

之前的贫困村摇身一变成为生产发展、生活富裕、乡风文明、村容整洁、乡土乡愁氛围浓厚的省级"美丽乡村"特色样板示范村，先后获得"全国美丽宜居村庄""江苏省三星级乡村旅游区""江苏省和谐社区建设示范村""江苏省文明村""江苏省土地科普基地""江苏省科普示范村""江苏省科普教育基地"等称号。2020 年常州市新北区西夏墅镇梅林村金家自然村入选第三批江苏省传统村落，2021 年常州市新北区西夏墅镇梅林村夏家自然村入选江苏省第六批次特色田园乡村名单。

---

① 数据来自乡村振兴在行动 | 常州梅林村："种草"种出新天地（https://www.yangtse.com/content/1075902.html 2020-12-14）

2 美丽乡村发展的机遇与困境

2.1 农业：芳草独木，怎样转型？

2.1.1 品牌创新不足

西夏墅镇梅林村的草坪以天富道 328 和果岭草为主，全部采用底铺黄沙和喷灌设施集中连片种植，已经带动西夏墅周边种植约 1 万多亩的规模。

但提到梅林村，除了草坪，就没有其他可以提及的产业。对于收购草坪的客户而言，梅林村也仅仅是草坪的代名词。除了来收购草坪，客户们对梅林村的历史、梅林村的渊源没有兴趣也无从了解。

2.1.2 产业亟待升级

自 2004 年起梅林村开始发展草坪种植，2010 年成立新北区西夏墅绿野草坪专业合作联社，成为常州市新北区第 1 家农民专业合作联社。合作社对农民进行扶持补贴，在一定程度上调动了当地村民参与草坪种植的积极性。但是，目前村中大部分的土地流转给了合作社中的草坪种植承包商，土地的使用权在他们手中，经营分散，产业没有得到更大程度的发展。草坪种植产生的经济收入大多数被承包商占据，村民除了获取土地租金，只能通过参与草坪种植获取收益，没有培育村庄产业发展的内生动力，制约产业的发展。

2.2 农村：民俗文化，何以为继？

2.2.1 农村基础设施不完善，公共服务滞后

梅林村历史悠久、人文荟萃，拥有始建于 500 多年前的孔庙、200 多年前的东林寺以及 150 年前的梅村古戏楼。孔庙在"文化大革命"期间曾遭到损毁，再加上年久失修，在 2012 年，一场台风将破旧、沧桑的大成殿吹倒，导致孔庙整个古建筑群体全部倒塌。梅林村在孔庙遗址上修建了孔子文化主题公园。

2.2.2 集体经济薄弱，资金供给不足

乡镇和村处于实施乡村振兴战略的第一线，但梅林村可支配财力明显不足。一方面是村级的财政转移支付保障不足，乡村建设只能靠政策扶持与国家补助，

村中没有自主产业产生利益为乡村建设提供保障，村集体支出压力非常大，制约梅林村的发展。另一方面是农村土地的增值收益被部分调拨，削弱了通过资源交易取得建设资金的能力。土地是农村最丰富的资源，但是农村土地使用有诸多限制，除去草坪种植等农业规划用地，实际上能用于农村建设的土地资源并不多。

2.3 农民：先富之后，如何共富？

2.3.1 农民的文化和科技素质不高

尽管农民的科学文化素质比过去有了较大提高。但是，按照社会进步和发展的速度要求，农民的科学文化素质和观念意识还存在很大差距，远不能适应与社会发展俱进的要求，农民的整体素质还需要进一步提高。

2.3.2 乡村"空心化"和老龄化现象普遍

乡村振兴需要人才来支撑，但是优秀人才不愿回乡，使得乡村发展缺少活力和后劲。目前 50~60 岁的劳动力是主体，年轻人大多在外打工，常住人口 7 546 人。

随着人口结构的变化，农村老龄化程度加深，中青年农民进城打工，农村人力资本短缺。村中缺乏合理的人才引进机制，人才更新速度缓慢，高学历人才不愿意回乡创业，给村庄发展带来限制。

2.3.3 农民增收难度大

产品不能实现精深加工或深度开发，产品附加值和经济效益低，农产品产、加、销构不成体系，不能实现一二三产业融合。草坪修建完成后的废弃草料没有被收集；草坪被收购之后的养护也是独立的。除了种植草坪外，普通农户只有每亩 800 元左右的租金收入，村内尚有闲置农田和闲置农舍等未开发。

3 解决问题的思路与对策

3.1 定位与目标：依托草坪特色产业，融合传统文化，发展乡村旅游不落俗

基于梅林村的发展历史、资源条件与空间区位，梅林村的发展定位为：规

划将梅林村打造为以草坪产业为基础，以孔子、禅修和地方曲艺文化为特色，以休闲度假、民俗体验、农业旅游为主要功能的美丽乡村示范点。

乡村振兴战略是习近平同志于 2017 年 10 月 18 日在党的十九大报告中提出的战略。"农民富方国富、农业兴方国兴、农村盛方国盛"，"三农"问题关系国之根本、关系民之生计。实施乡村振兴战略是新时代做好"三农"工作的总抓手，要深刻认识实施乡村振兴战略的重要性和必要性，以乡村产业振兴、乡村人才振兴、乡村文化振兴、乡村生态振兴、乡村组织振兴"五位一体"切实推动乡村振兴（图 3.1）。

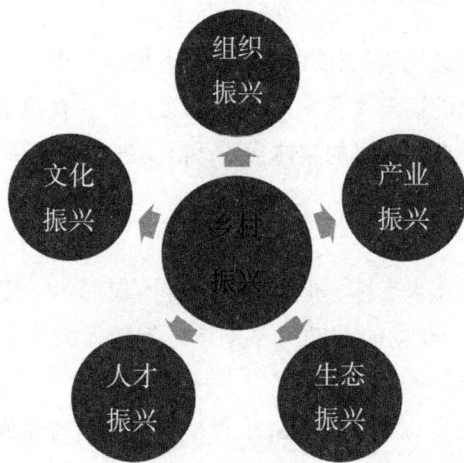

图 3.1　五位一体

3.1.1　产业振兴：聚焦富民强村，绝不脱离产业，落实多元发展不偏科

2019 年上半年，常州市西夏墅绿野草坪专业合作联社成功以"梅林村"注册了四件集体商标，涵盖种植、园艺、美容、保健、水产、餐饮、旅游等产业，为梅林村未来农业、文化、旅游经济产业化发展奠定了基础。利用"互联网+农业"，加大对草坪产品的研发力度，做强草坪产业，延伸草坪产业链；注册了梅林草坪品牌商标，对草坪进行品牌化管理；发展农村电子商务，利用电商等互联网技术积极推广和销售草坪，拓宽草坪的经营、销售渠道，增加农民收入，加大品牌营销力度，打造独具特色的农业产业品牌。

梅林村以美丽乡村创建为契机，在保护生态环境的基础上推进农文旅产业融合发展。立足田园、草坪等自然资源和东林寺、孔庙、梅村古戏楼等历史文化资源发展休闲旅游；围绕草坪特色产业做足文章，挖掘以草为核心的文化元素，开发围绕草坪主题的休闲观光娱乐项目，如草坪卡丁车、滑草、草坪足球、草坪婚礼等草坪体验旅游产业，实现与第三产业的深度融合；结合公路修建后留下的取土坑等优势，引进"水云间""美之康""好来客""傲梅园""龙门渔乡""民族文化美食园（蒙古包）"等多家高效生态农业，打造特色乡村旅游线路，形成梅林村生态旅游名片，走生态农业与旅游相结合的发展新路。休闲旅游的发展也刺激和带动了住宿、餐饮、管理等用人需求，为村民提供了更多的就业岗位，促进了农民收入持续稳定增加。

3.1.2　文化振兴：聚焦村庄文明，绝不形式主义，落实村风培育不松劲

美丽乡村建设不应只停留在绿水青山等外表之美，更应从当地文化中提炼代表性的文化元素，挖掘其文化内涵之美。梅林村在美丽乡村建设过程中充分开发和保护历史文化遗迹，重视对该村历史久远、极具地方特色、蕴含文化遗产性质的自然风貌的保护与传承，建造村史馆，占地100平方米，分"乡村风貌""文化古遗迹""草坪发展史""未来展望"等七大主题展区，采用文字、图片、实物等载体，生动描绘了西夏墅镇梅林村的社会经济、村民生活、村容村貌、科教文卫各方面的发展变迁轨迹。传承历史，留住文脉，激发文化认同。梅林村史馆不仅是美丽乡村建设成果的集中展现，也是当地生产力发展、生活习惯演变的记述，更是让梅林人产生认同共鸣和情感共融的载体。使乡土文化价值得到保留与再开发，防止传统乡土文化的萎缩和消失，依托载体，彰显独具韵味的梅花文化、草坪文化、宗教文化、农耕文化、工匠文化。

（1）梅花文化。结合梅林村实际，提炼梅花文化，深度挖掘文化精髓。将梅花主题与梅林村建设相融合，修建傲梅园，收集相关诗词歌赋，彰显梅林文化元素，发挥文化对精神文明建设的引领作用。傲梅园占地200余亩，一期种植各类梅花100亩，是一座以梅花为主辅以其他树木花卉的观赏性公园。在规划傲梅园时采取了多种措施以应对淡季，通过搭配其他季节性树木花卉，确保公园一年四季均有花可赏，丰富园内植物品种。另外，园内配备了各类儿童休闲游玩设施。

（2）草坪文化。结合草坪产业特色，弘扬新时期梅林"青草精神"，激励像青草一样具备顽强、旺盛生命力的梅林人干事业。田园风貌的"青草"文化和精神，彰显了梅林村民勤劳、淳朴、吃苦耐劳的形象。

（3）历史文化。梅林村拥有始建于500多年前的孔庙、200多年前的东林寺，以及150年前的梅村古戏楼。梅林村十分重视历史文化资源，将其作为美丽乡村建设的重点进行整体修复改造，在孔庙遗址上修建孔子文化主题公园，

让游客体验乡土民俗文化，挖掘以佛教、儒学为主题的文化旅游新景点；对古戏楼进行保护修缮，以便更好地保护这些珍贵的历史非物质文化遗产；依托东林寺，组织庙会等相关活动，继承发扬优秀传统文化。同时在西侧配备停车场、休闲广场，增加休闲游憩功能。

（4）农耕文化。以农耕文化博物馆为载体，展示农耕文化，引导游客参与草坪种植收割、果蔬种植等活动，体验其中乐趣，组织游客观赏水乡农耕田园风光。

（5）工匠文化。充分利用梅林村特色，探讨在美丽乡村建设过程中融入本土的传统工艺。梅林村找到了工艺载体——虎头鞋、剪纸、箍桶、竹刻竹编等传统技艺项目，并在村口精心打造了匠心铺，设立了技艺展示柜台，邀请本地工匠在匠心铺内工作，展示工匠精神。工匠文化的挖掘使乡土工匠在美丽乡村建设中发挥了作用，在让农民享受现代化生活的同时也留住了田园乡愁。

3.1.3　生态振兴：聚焦生态环境，形成建管结合，落实长效管理不懈怠

乡村振兴，生态宜居是关键。良好的生态环境是农村最大的优势和宝贵财富。要坚持人与自然和谐共生，走乡村绿色发展之路。生态宜居是实施乡村振兴战略的重大任务。习近平指出："要推动乡村生态振兴，坚持绿色发展，加强农村突出环境问题综合治理，扎实实施农村人居环境整治三年行动计划，推进农村'厕所革命'，完善农村生活设施，打造农民安居乐业的美丽家园，让良好生态成为乡村振兴支撑点。"

（1）梅林村对房屋实施"穿衣戴帽"工程，打造极具江南水乡风情的民居，不搞大拆大建，改造为别具风格的传统村落，突出地方特色，让村貌焕然一新，提升村民生活品质。梅林村投入大量资金进行绿化和景观规划，绿化覆盖率超过30%；开展农村污水整治工程，建成覆盖全村的排水管网，并进行污水管网的接管建设，实行雨污分流；对村内河道实行清淤整治，将村内分散的沟塘全部贯通，形成一条南北和东西贯通的清水廊道，有效改善河道的引排功能和水体环境。

（2）积极实践小菜园建设，将村民闲置的自留田整合打包，统一对外运营，小菜园灌溉肥料来源于植物纤维垃圾和餐厨垃圾，肥料通过灌溉系统自动还田，处理中形成的沼气供村内低保户、贫困户无偿使用，合作社招募村民根据菜地承包人要求实施种植，小菜园可以提供蔬菜5批次15种，让农民的劳作有更高的附加值。

（3）打造多功能民宿——梅林居。梅林居地处西夏墅梅林村龙王庙附近，采用最新的装配式建筑方式与新中式的内装设计风格，结合中庭的结构方式，选取零碳绿色环保的建筑材料，融合最新的酒店智能化系统，最终打造成一个

集宴会、会议、住宿、餐饮等为一体的多功能乡村会客厅。

3.2 组织振兴："美丽乡村+"党建品牌聚焦组织建设，形成典型带动，落实党建引领不动摇

梅林村党总支部成立于2013年10月12日，下设北片、中片、南片三个党支部，现共有党员207名，其中预备党员1名。先后投入近1 000万，建成了融绿野草坪合作联社、培训基地、党群服务、老年活动、休闲娱乐于一体的党群服务中心，村党总支打造"美丽乡村+"党建品牌，通过建立党员示范基地、产业党建示范带、产业党建示范区，开展党员"帮带致富"先锋行活动，设立党员产业示范服务岗等一系列措施，激发党员活力，盘活发展资源，推进了全村产业发展，增强了党组织凝聚力和影响力。

表3.1 梅林村"美丽乡村+"党建品牌架构表

名称	具体要求	活动内容	保障机制
美丽乡村+	支部主导引领，党员示范带头，群众全员参与	产业发展	关于创新村社合一、推进富民强村的实施办法 常州市绿野草坪合作联社的运行管理规定 常州梅林旅游发展有限公司运行管理机制 关于盘活闲置资源、实施高效招引的若干举措 关于推进农村产权流转交易市场建设的实施办法
		富民增收	关于推进梅林小菜园建设的实施细则 梅林树集体资产管理办法
美丽乡村+	支部主导引领，党员示范带头，群众全员参与	环境提升	梅林村环境保护公约 梅林村环境卫生长效管理制度及考核标准 梅林村网格长责任包干制度 梅林村"最美菜园"评选方案
		和谐构建	关于梅林村"党员示范户""文明户"评选活动的实施方案 关于鼓励群众文化团体发展的实施办法 "听看议办评"五字工作法 梅林树《村规民约三字经》 村民议事会章程、村民自治集体议事办法、党员义工治安巡逻考核办法

　　梅林村党总支牢牢把握中共中央十九大提出"乡村振兴战略"的发展机遇，以江苏省特色田园乡村、常州市美丽乡村示范点创建为契机，通过"一统两特三共融"模式（图3.2所示），着力夯实基础设施、做强特色产业。形成党建助共建共赢工作机制，结对共建，保障共赢。村党总支部构建、完善脱贫工作机制，积极对上争取各类政策、措施，村党员先进户、先锋模范户与贫困群众结对帮扶，保障贫困群众实现脱贫。改善人居环境、丰富文化生活、壮大集体经济、带动村民增收，把梅林村真正建设成为"村强民富、景美人和"的美丽示范乡村。

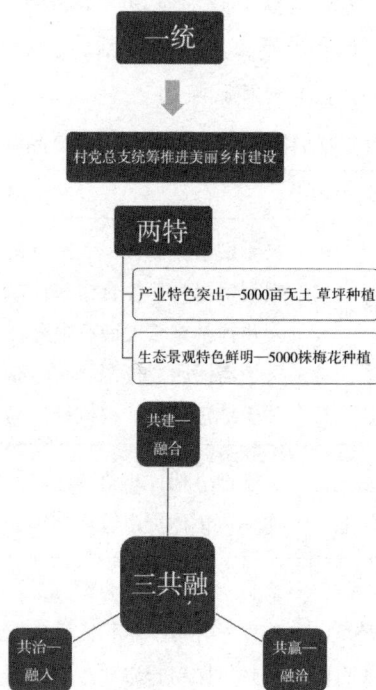

图3.2　梅林村"一统两特三共融"工作模式图

　　一统：梅林村在党群服务中心建造村史陈列馆，分"乡村风貌""文化古遗迹""草坪发展史""未来展望"等七大主题展区，采用文字、图片、实物等载体，生动描绘了梅林村的社会经济、村民生活、村容村貌、科教文卫各方面发展变迁的轨迹。村史馆不仅是美丽乡村建设成果的集中展现，也是当地生产力发展、生活习惯演变的记述，更是让梅林人产生认同共鸣和情感共融的载体。红色与美丽互彰，史馆与乡村相融，梅林村旨在传承历史，留住文脉，激发文化认同。

两特：游人眼里的草坪是胜景，村民眼中的草坪是产业。目前，梅林村草坪种植面积达 5 500 亩，占全村总面积的 40%，全村有 70%的村民从事与草坪种植相关的产业，梅林村的草坪种植严格按照标准化流程生产，成品应用于各类工程，形成了产、销两旺的良性发展态势。梅林赏梅，在梅林，梅花自是一大看点。梅林村栽种了 5 000 多株风格各异的梅花，并以此为切入点，引进了"水云间""美之康""好来客""傲梅园"等多家高效生态农业，进一步打造"梦里故园，原味水乡"。

三共融：梅林村通过加大对村民技术（种植、养殖、机床操作等）培训、项目（小菜园、家庭农场等）扶持，促进群众脱贫；村党员先进户、先锋模范户与贫困群众结对帮扶，达到共建—融合；通过订立《梅林村环境保护公约》，组建了两支长效管理队伍，一支负责垃圾清扫保洁，做到日产日清，另一支负责绿化管理，及时巡查，定时修剪树木，确保树木有形、完整等来达到共治—融入；通过"支部+合作社"的模式，成立绿野草坪合作联社，村党总支牵头，以产业发展带动就业和百姓增收；村党总支部构建、完善脱贫工作机制，积极对上争取各类政策、措施，保障贫困群众实现脱贫，达到共赢—融洽。

3.3 人才振兴：聚焦模式创新，项目推进，形成全员参与，落实共建共赢不停步

梅林村党总支以习近平新时代中国特色社会主义思想为指导，支部主导引领，党员示范带头，群众全员参与，统筹推进美丽乡村建设，打造"众学、众创、众帮、众富"的众人发展新格局。

众学：梅林村村委组织对承包种植户实行规范化管理和服务，多次开展职业农民培训活动，定期邀请农业专家对种植户进行技术培训和辅导，讲解各种生产技术，提高农户种植水平。村党总支牵头，促进构建完整的草坪种植产业，以产业发展带动就业和百姓增收；通过特色产业的培育和推广，通过党员骨干的带动和引领，走科技兴农的特色产业之路。按照标准化操作规程生产，应用无土黄沙栽培技术，促进草坪产业规模化发展，且同时做到保护耕地、不破坏土壤耕作层。草坪的规模化经营有效整合了资源，提高了效率。

众创：2010 年，在西夏墅镇党委、政府和区农林局的大力支持下，成立了新北区西夏墅绿野草坪专业合作联社，该联社由 10 家合作社联合组成。联社秉承"做给农民看、帮助农民销、带着农民富"的理念，发展现代高效规模农业。建立"合作社+基地+农户"的运作机制，实行产业化运作。该经营机制灵活，有一定的经费配套能力，引进和选育优质品种，形成"你无我有、你有我优"

的优势局面，适应市场需求。团结协作，互惠互利，创立草坪品牌，在搞好生产的同时，培育了一批草坪营销经纪人，从而更好地服务草坪生产，充分发挥草坪联社的能动作用，实现了合作联社与社员双赢的良好局面。

众帮：曾经是一线女工的孔锦最早开始种植草坪，通过自己的勤学钻研，并且通过高校学习先进的种植技术，实现产销一条龙服务，同时通过"一带多""多带一"等结对帮扶方式带动村民种植草坪。梅林村积极利用S122、政泰路、常泰高速的取土坑，变废为宝开展田园招商，吸引了一批返乡创业的本土企业家。目前，已经投运的4家民营机构年接待游客量16万人，为本地村民提供500个就业岗位。

众富：梅林村成立草坪合作联社以来，在全村207名党员中，从事草坪种植或相关产业的党员就有93个，占比45%。以合作联社为载体，活跃在9.17平方千米上的党员先锋们带动合作社内1 370户种植户，种植面积5 000亩，连续三年产值超5 000万元，每亩效益8 000元/年，为村内4 050人提供350个就业岗位，日均工资120元。

4 主要结论与预期贡献

4.1 主要成效

看得见田，望得见水，梅林的草坪特色产业正在蓬勃向上。依托田园、水系、草坪等自然资源和东林寺、孔庙、梅村古戏楼等历史文化资源，推动现代农业与休闲旅游业双链互动，发挥特色产业优势，激活集体经济，增加农民收入，如今的水乡梅林实现了经济、社会和生态效益的可持续发展，正在"世外桃源"芳草地上实现着属于自己的村强民富梦。

4.1.1 经济效益

美丽乡村建成后，丰富了村域范围内的旅游业态，吸引了更多的乡村旅游项目来此投资，通过示范引领，带动了周边村民致富增收，增加了集体经济收入。2020年，梅林村草坪种植面积达5 000多亩，全村经济总收入10 520万元，农民人均纯收入31 000元，村集体经济收入358万元，乡村价值理论中的经济价值得到了很好的体现。

4.1.2 社会效益

梅林村吸引了越来越多的游客前来观光休闲,村民可以充分利用自家房屋庭院,通过农家乐等形式直接从事旅游经营、参与旅游服务,实现就业与增收;也可以通过为旅游点、农庄等提供优质、特色农副产品,实现增收目标。间接带动范围内农村劳动力 500 人左右通过从事相关产业增收。同时,随着对休闲农业特色项目的不断开发和挖掘,民俗文化将重放异彩,历史遗迹将得到更好的保护和利用。这些都充分挖掘了乡村价值理论中的生活价值和文化价值。

4.1.3 生态效益

旅游被誉为无烟产业,因为旅游的发展依赖于健康优美的自然生态环境,科学的旅游开发本身就是改善自然生态环境的手段和过程。在实施项目建设中,坚持优化环境、减少污染、保护生物多样性。通过打造农业景观、文化景观,提高项目区绿化覆盖率,有效改善村庄生态环境,同时疏通河道,设置污水处理设备,改善水环境。增强村民环保意识,让清山绿水就是金山银山的可持续发展理念逐渐深入人心。不仅村民们每天都身处天然氧吧,对于游客来说,走入村庄,时不时可以看见白鹭成群,亦心旷神怡。在确保经济效益的同时,能维持良好的生态效益正是乡村价值理论的完美案例。

4.2 预期贡献

根据 2021 年 4 月首届草坪业健康发展论坛上,北京林业大学草坪研究所所长、国家林草局草坪创新联盟理事长韩烈保提供的数据可知,我国草坪业年产值约 2 000 亿人民币。

人均公园绿地面积是反映城市居民生活环境和生活质量的重要指标。2020年全国城市人均公园绿地面积达 14.8 平方米,离全球平均水平 30~40 平方米还相差甚远。城市化和城市绿化水平的提高给草坪业带来无限商机,催生了更多人投身草坪业。

梅林村通过草坪种植业首战告捷,实现了一次创业的先富,但并未止步于此。富裕是人们物质生活满足与生活幸福的状态,它是社会生产力发展水平相对满足人的需要程度的标志。共同富裕是指全社会劳动者通过劳动创造,实现劳动者财富的共同享有,按劳动贡献分享劳动成果的社会及其生活状态,它是美好社会发展的结果,也是人们全面发展的美好愿景,体现社会发展的公平与正义。追求社会共同富裕是中国特色社会主义社会发展的本质要求。为了实现共同富裕，梅林村在党建引领下，通过"一统两特三共融"模式进一步建设美丽乡村，针对"三农"问题，二次创业创新发展乡村振兴，通过五位一体迈向共同富裕的新征程。本案例可供类似草坪特色小镇发展借鉴之用。

03　数字乡村建设方案研究与设计[*]

1　项目的背景

1.1　项目简介

在全面建设社会主义现代化国家的关键时期，中国共产党和政府为做好新时代"三农"工作，在党的十九大中提出了乡村振兴战略，以加速推进农业农村的现代化。数字乡村建设作为乡村振兴的战略方向，通过将新一代信息技术应用在乡村的生产生活中，以促进乡村治理、乡村文明、乡村服务的现代化发展。树山村位于江苏省苏州市高新区西部，全村自然资源丰富、历史文化底蕴深厚、文物古迹众多，是全国乡村旅游重点村。本研究以树山村为典型案例，以国家和地方政府政策方针为指引，以物联网、云计算、人工智能、地理信息系统（GIS）、数据挖掘等科学技术为支撑，借鉴智慧城市的发展理念，从乡村治理、乡村文明、乡村服务等方面着手，为树山村构建了一个智能、生态、宜居、人文、便捷、安全的生活环境及良好的产业发展环境，同时，也为各级政府加强对树山村的管理提供了一个高效、便捷、安全的服务平台。

1.2　建设目标

以实施乡村振兴战略行动计划为统揽，以信息化为手段、安全为前提，构建以全过程"陪伴式"服务为基准的"智慧乡村"。为村民建设智能、宜居、人文、便捷、安全的生活环境，满足村民生活、工作、学习、发展的需求；为

---

　　* 参赛院校：苏州科技大学
　　　指导教师：杜景龙
　　　参赛研究生：唐秋月、彭梓壹、瞿成意、龚瑶

基层政府提供高效、安全、便捷的智慧化管理服务，满足政府的乡村综合管理需求；为企业创造积极参与构建乡村融合服务体系的基础环境，共享资源整合创造的商业价值，促进乡村产业和社会的和谐发展。最终将乡村建成资源节约、环境友好的绿色乡村，人文宜居、文明祥和的宜居乡村，社会和谐、民生幸福的幸福乡村，促进乡村发展和进步的智慧乡村。

（1）构建乡村智慧管理体系，以信息化带动乡村治理现代化。以互联网、大数据、云计算、移动视频等信息技术为支撑，在乡村治理方面，发挥信息化的优势，以信息化带动农村管理现代化。开展乡村治理子系统建设，做到村务互动和民主监督，增强人民群众的主人翁责任感，激发人民群众的担当意识；通过网上办事处提高公共服务水平，通过网上党员活动室构建宣传阵地，营造比学赶超的良好氛围，传播正能量。

（2）构建乡村环境智慧监管体系，建设清洁、美丽、平安的智慧乡村。利用人工智能、机器学习等先进科学技术配合智能采集摄像头、无人机摄影测量，实现对全村范围内全天候、无死角的智能监控，对车辆、人员、违章建筑、河道漂浮物、垃圾、占道设置广告牌、乱贴小广告等不文明行为进行全方位监管，对监测到的人物和事件进行图像解译、模式识别，自动发现问题，及时上报和处理，从而提高村庄环境监管、安全监控的能力和反应速度，为建立清洁美丽、平安幸福的乡村提供技术支持和管理服务。

（3）构建乡村智慧服务体系，提升为民服务的能力和品质。以智慧化改造传统的信息服务模式，通过微信小程序和移动 App，为村民推送各类消息、资讯、通知、公告以及各类生活服务，满足人民群众日益增长的信息需求和服务需求。

1.3　项目建设的必要性

实施乡村振兴战略，需要坚持农业农村优先发展，加快实现农业农村现代化。农业农村现代化的一个重要方面是农业农村信息化，而数字乡村建设是农业农村信息化的集中体现。2019 年，中央一号文件将数字乡村的建设上升到了国家战略的层面，随后的《数字乡村发展战略纲要》又对数字乡村的建设发展做出了更加细致的规划，旨在推进乡村的数字化建设，提高农业农村的现代化程度，从而促进乡村振兴。因此，在理论意义上，数字乡村建设是我国乡村未来发展的重要方向，是实现中国农业农村现代化的重要举措；在现实意义上，数字乡村建设，对提升乡村农业产能，提高农村智能化程度，提升村民生活质量具有重要意义。为促进乡村振兴，树山村数字乡村建设项目将依托各种技术，提高乡村治理、乡村文明、乡村服务水平,实现农业农村现代化。由此可见,数字乡村建设势在必行。

2 项目建设内容

2.1 乡村治理子系统

依托互联网技术,建设公共服务平台,实现党务、政务、村务等信息公开及村务互动,实现农村人口、土地、房屋、出租房等信息的集成化管理;建设网上办事处,将农村各种办事项目及办事流程公开在网上,为村民办事提供便利,同时为村民提供参事、议事的通道;网上党员活动室为村内党员和支部信息提供展示的平台,展现村内党员的先锋事迹和支部动态,对外传递正能量。同时,通过建立积分制度,激励商户及游客共同参与到乡村文明的活动中来,杜绝不文明行为,逐步形成良好的精神风貌、生活习惯和行为习惯,提高自身的思想觉悟、道德素质和文化素质。

2.1.1 公共服务

公共服务模块主要作用是借助互联网信息化技术提高乡村的治理水平和治理能力,包括专项公开、村务互动、村庄信息管理、网上办事处、网上党员活动室等五个功能点。

专项公开涉及财务、政务、党务、村务、服务及专项类公开内容。

村务互动包括村民投票、村长广播、村长信箱,其中村民投票为村民赋予参与村庄事务管理的权利;村长广播为村长(村主任)提供一个向村民发布信息的途径;村长信箱则为村民提供一个向村长(村主任)反馈信息的渠道,两者相辅相成,保证村民与村委会之间的信息畅通。

村庄信息管理包括村庄人口信息管理、土地信息管理、房屋信息管理。

网上办事处以目录索引的形式管理和展示村民各类办事项目的目录清单,方便用户预览,了解各类办事项目的办事流程;实现各类办事项目及其运行流程的增、删、改、查及相关表格的上传下载。

网上党员活动室为村内党员和支部信息提供展示的平台,展现村内党员的先锋事迹和支部动态,对外传递正能量。

1. 专项公开

专项公开涉及财务、政务、党务、村务、服务及其他事项公开内容,按类别、分栏目公开各类事项。专项公开中，财务公开是核心，用来公布与村财务收支相关的各类报表，使村民了解本村财务收支状况，做到财务收支透明，避免腐败行为发生。功能设计上，在后台端，管理员用户可以上传、下载及管理报表；在移动端，普通用户只能查看由管理者发布的不同类别的财务报表。

专项公开还为村民提供查询自己在村集体享有的各项权益的服务，村民可以随时查看自己在村集体中所享有的权益，具体如下：

（1）分红：参与合作社分红的分红情况；

（2）补贴：民政发放、干股分红、低保低边其他补贴、五保户补贴、节日费等；

（3）"三农"保险：民生保险及和谐家园保险的缴费情况及有效期；

（4）农地信息：农民承包地信息。

2. 村务互动

第一，村民投票。村民投票为村民提供参与村庄事务的平台，村民可以通过投票赞成或否决村庄的某些或某项提议。村民投票平台分为村民界面和管理员界面，游客无权进入。村民投票界面包括最新、最热、已完结和我的投票四项内容。村民权限包括参与投票、查看投票详情、评论和转发。主界面显示所有正在进行的投票条目（最新、最热）或已完结的投票或登录用户参与过的所有投票，显示投票活动的主题、截止日期和内容简述等信息。

第二，村长广播。村长广播的主要功能是把村里传统的大喇叭广播搬到网上，村民可以通过网络随时随地收听村长的广播，并对广播内容进行反馈互动。发布的广播内容按时间顺序排序，以前的广播内容除管理员删除外不会被新的广播内容覆盖，延长信息保存的时间，这也是实体广播无法做到的。管理员用户主要以语音上传的形式发布信息，管理员可以将近期最重要的广播信息置顶（置顶信息将脱离时间顺序的排列），管理员用户还可以删除发布的广播。普通用户可以在移动端收听广播，并对村长广播内容做出回复和点赞，村民之间也可以进行互动。

3. 村长信箱

村长信箱为村民提供一个和村委会交流沟通的渠道。村民可以通过村长信箱向村委会（村长）反映村里的一些情况或发生的事件，也可以发送自己对于村发展的建议。村民可以通过邮件的方式传递自己的想法，可以查看村长的回复邮件。

4. 村庄信息管理

村庄信息管理主要包括村庄的人口信息管理、土地信息管理、房屋信息管理。

第一，人口信息管理。与现有人口数据库对接，实现全村人口信息查询及人口结构（性别、年龄、学历、职业等）分析。如果现有人口数据库无法提供学历、职业等方面的信息，可建立自己的村庄人口数据库。

第二，土地信息管理。以二维地图方式展示树山村的各类山水田园、土地利用及其权属情况。因此，该功能点的首要工作是基于高分辨率遥感卫星影像或无人机摄影测量，获得村域范围内的高分辨率遥感影像，然后通过室内影像解译与判读、室外调研和核实，摸清全村的每一块土地当前的利用（种养殖）状况及其权属，制作完成"树山村土地利用分布图"（GIS 矢量图层）。

第三，房屋信息管理。该功能对村庄的各个居民点（自然村）、民宅及其他各类集体房屋进行三维精细建模，实现房屋的三维展示，宅基地面积、房屋情况及户籍信息的查询等功能，通过该功能可以对居民点（自然村）、民宅及其他各类集体房屋情况进行全局管控。

5. 网上办事处

基层农村，由于事务繁多，再加上农民文化素质普遍偏低，对于一些日常的办事项目，如房屋修建、婚丧嫁娶等事项不清楚或不知道如何办理，村民的经常性造访也给村主任带来不少的工作负担，不胜其烦。建设网上办事处，把村民经常性的办事项目及其办事流程、所需材料上传到网上，村民足不出户就可以了解自己想办事情的来龙去脉，下载填报相关表格。不仅方便村民，也减轻村委会的工作压力。办事处主要处理重大决策类项目、日常管理类项目和便民服务类项目。

6. 网上党员活动室

网上党员活动室为村内党员搭建一个虚拟的活动平台，主要包括党员信息、先锋事迹、支部动态。

第一，党员信息。通过与党建系统对接，用来查看和维护全村的党员信息。用户可以在移动端查看党员个人信息，所有党员按照所在支部和小组进行分类，点击党总支会显示书记、副书记的信息；点击组织委员、宣传委员、纪检委员分别显示相应负责人的信息；点击支部，显示该支部领导班子成员的信息；点击党小组，显示该小组组长及所有成员的信息，可查看的信息包括党员基本信息、家庭成员及社会关系信息。

第二，先锋事迹。该功能点主要用来发布优秀支部、优秀党员、优秀党务工作者，刊登表彰支部、党小组及党员的名单及其先进事迹（由管理员在后台管理端发布），受到表彰的支部、人员名单以文章或者报告的形式刊登；普通用户在移动端可以查看这类信息。

第三，支部动态。支部动态主要用来发布党支部的动态报告。普通用户拥有页面浏览、点赞、分享界面权利；管理员用户拥有发布、编辑和删除事项权利。

7. 积分管理

第一，积分细则。文明积分细则界面用来发布文明积分的积分细则和积分流动说明。

积分细则：积分细则制定商户、游客获得积分的依据，由村委会定期发布。积分按照获取方式可分为基础分和特殊奖励分。基础分为村委会分配给每家商户的标准分（如每户每年1 000分）；特殊奖励分是村委会特别发给商户或游客的奖励分数，村委会应制定特殊的奖励条款和奖励标准（分数）。

积分流动：获得的积分主要有两个用途，商户积分参与积分的排行；游客积分可以到积分商店进行抵用券兑换。

第二，积分管理。积分管理是对积分的整体管理，同时为管理员提供积分奖励和积分定制的工具。

通过积分奖励，管理员用户可以对商户或游客进行加分。当管理员收到并核实加分通知后，输入商户或游客信息，选择积分奖励类别，数据库中会自动调出应加的分值，在备注栏中可输入备注信息，该商户或游客的积分变化信息被写入后台数据库中。

通过积分管理，管理员用户可以定制积分项目。管理员用户可以对列表中的积分奖励项目进行修改，可修改项目的名称、积分等；通过输入新的奖励类别及其分值，新定制的积分类别被写入数据库中。

第三，积分排行榜。积分排行榜将定期（如每季度一次）公示，以示范引领各家商户品质经营、诚信经营，积极参与建设美丽树山村的各项活动。

积分排行榜具体以商户的基础积分叠加平时获得的各类奖励积分进行排序。选择年度和季度，系统会自动计算并排序生成排行榜，点击头像可查看每家商户的具体得分细节。

第四，积分清单。积分清单用于查询积分的历史记录，支持用户移动端登录、访问和管理。

用户可以选择一个时间段，按时间序列呈现积分的收支情况。积分余额为积分收支的当前余额，是用户当前可以在积分商店消费的最大积分。

第五，游客积分。游客积分为游客提供获得积分的活动，游客可以通过上传旅游过程中随手拍到的本地美景，或发现并检举景区内不文明、不规范的行为，获得活动积分，游客获得的积分可以在景区指定的商家消费。游客积分主要包括首页、游客鉴赏、积分专区、积分商店、我的积分。

①首页

游客积分首页主要由导航、积分商店推荐和优秀摄影鉴赏栏目组成。游客鉴赏栏目在第一时间向用户展示旅客眼中最美的树山风景，这些风景图片是游客上传被其他游客点赞较多的图片。积分商店推荐栏目为用户推荐可以使用积分抵用券的店铺，主要为餐饮和住宿的农家乐、民宿等，这些被推荐的商店是村委会定点指定的，游客可以在这些商店消费积分抵用券。

②游客鉴赏

游客鉴赏用于发布游客拍摄的风景美图，对每一条发布的作品，所有游客都有点赞、评论和转发的权限，并且该作品的点赞、评论和转发将显示在界面上。点赞数量靠前的作品将会展示在游客积分主界面的优秀摄影鉴赏栏目中。

③积分专区

积分专区为用户提供赚取积分的途径，主要分为美图分享和景区监督两大部分。通过美图分享，游客可以随手发布拍摄的树山美景，并为该作品添加标题、文字、标签和地点，成功发布的作品将会在游客鉴赏界面被其余用户浏览。每成功发布一条作品，用户可获得一个积分奖励（可规定单日最多可发布作品的数量，以限制游客的随意发布图片，不负责任的赚取积分行为），该积分会自动写入用户积分数据库中。

景区监督界面为游客提供景区环境和管理督导机制，游客在景区看到的不文明的现象或行为，例如不规范丢弃垃圾、不文明停车等以及景区管理不规范的行为，可以进行拍照或编辑文字，通过景区监督界面上传，经过审核，检举成功的游客将获得积分奖励，该积分会自动写入用户积分数据库中。

用户可以在我的发布界面查看自己发布的作品和检举的不文明现象，同时可查看自己获得的积分。

④积分商店

积分商店为用户提供积分的使用途径，积分使用的主要形式为积分店铺抵用券兑换。

积分店铺界面提供树山村所有可以使用抵用券的店铺，用户可以根据类别筛选自己想消费的店铺类型，分餐饮类与住宿类。在选定的分类中还可以按照不同需求进行店铺排序，例如销量、距离或评分等。通过点击店铺，用户可以查看该店铺的详细信息，并且可以通过导航模式找到该店铺进行消费。

抵用券界面为用户提供所有可以兑换的优惠券，用户可以按照自己的需要花费积分进行兑换。优惠券可以在指定的积分店铺进行消费，每张优惠券有且仅有一次使用机会，兑换成功的优惠券可以在我的积分中进行查看。

⑤我的积分

我的积分主要显示游客当前积分总额、积分获取明细、积分兑换明细等信息。

2.2 乡风文明子系统

借助视频智能识别和分析技术，实现乡村违规经营（占道经营、乱放广告牌）、乱堆乱放、违规搭建等不文明行为的智能识别和分析，实现垃圾桶满溢、垃圾不入桶、车辆乱停乱放等行为的智能识别和分析，从而实现对不文明行为的监管。

2.2.1 行为智能分析

联网行为分析，将实现监控预警功能，并启动紧急预案模式，大大提升监控有效性，有效避免意外事件的发生，或避免事情进一步恶化。

系统具备对乡村管理中多种不文明行为的智能分析检测，对发现的不文明事件进行实时报警。不文明类别主要分为：违规经营、乱堆乱放、车辆乱停、乱扔垃圾、违章搭建、河道漂浮物等。

系统主要使用基于智能学习的目标检测算法模型，对采集的图片进行多次特征提取，利用不同层面得到的多个特征图进行分类和位置边框回归，最后得到图片中的目标物体的具体类别和目标物体在图片中的位置坐标信息，实现对图片中目标物体的自动识别。

2.2.2 行为数据管理

违规行为数据管理软件主要用于对不文明行为场景数据进行管理，主要包括视频巡察、电子地图、违规查询、违规详情查看、违规区域标注、一图多规、报警语音提示、实时报警、远程上报等功能。

视频巡察。在网页中嵌入客户端播放器，整合客户端视频巡逻、录像回放及基础设置三大功能，实现在网页端的高性能预览回放。能够以缩略图方式展示各点位信息。同时具备收藏夹管理、预案管理、点位浏览、多窗口画面、实时抓图、录像、一键切换回放、电子放大、云台控制、开关控制、视频声音播放、守望位设置、语音对讲、3D放大、即时回放、码流切换等功能。

电子地图。主要操作包括移动、缩放、重置、测量（测距和测面积）、清除、截图、全屏及退出全屏等功能。

违规查询。支持根据违规时间、违规所属区域进行检索的功能，支持根据用户所属区域权限进行过滤。

违规详情查看。显示违规告警详细信息，包含所属组织、告警点位、告警时间、违规类型、违规图片等信息。

违规区域标注。支持显示系统识别的违规区域的标注，支持用户手动新增、修改、删除违规区域标注。

一图多规。支持在一张图中显示多种违规类型的违规，违规记录包含违规类型，违规置信度。

报警语音提示。在系统产生新告警时，进行弹窗以及语音提示，提供查看详情按钮查看违规详情。

实时报警。支持展示最新的告警，显示告警的图片和违规类型。

远程上报。支持在视频客户端通过手动抓拍视频画面中的违规行为图片，支持对图片标注进行修改和删除，支持选择违规类型，并编写描述，然后将违规上报给系统。

2.3 乡村服务子系统

2.3.1 乡村云物业

乡村云物业系统是面向村民及乡村物业管理服务单位的服务平台，实现乡村物业事项云上服务、云上管理。具有信息通知、报修服务、绿化与保洁服务、出租房管理、装修管理、投诉建议等功能。乡村云物业管理系统，能够为村民提供更加便捷优质的物业服务，使村民享受城市物业服务功能，推进乡村社区化发展进程，总体实现乡村物业事项云上服务、云上管理。

2.3.2 美丽乡村

借助地理信息系统技术和虚拟现实技术，从山水资源、乡村文化、美景美食等角度展示乡村的风采，让外界了解本村，来村观光旅游、休闲居住、投资置业，增强本村民的自豪感、使命感和自信心，同时为游客提供游、玩、吃、住、行、购物的便捷服务，提升乡村旅游服务的品质。

乡村旅游系统包含六个功能点：网上村史馆通过虚拟现实技术，为村民和游客了解村庄的历史、文化提供一个公共平台，并以三维地图形式展示村庄的山水格局、田园风光；乡村美景从不同的角度为游客展示、推介乡村的美丽风景，为游客提供游前、游中服务；乡村美食则从不同的角度为游客展示、推介乡村美食，为游客提供游前、游中和游后服务；乡村特产主要介绍本村的特色产品及特产文化，用户可以查看所有土特产品详情介绍及其经营商家；优质商户推介主要推介本村服务质量好、管理完善、物美价廉的各类商户，包括民宿、农家乐、土特产品商店等，让游客安心消费；智慧导游通过语音讲解、定位导航为游客提供便捷的游中服务。

3 系统技术路线

3.1 系统总体架构

本系统采用传统三层架构，整个系统总体架构主要分为数据访问层、业务逻辑层和表现层三部分。（如图 3.1）

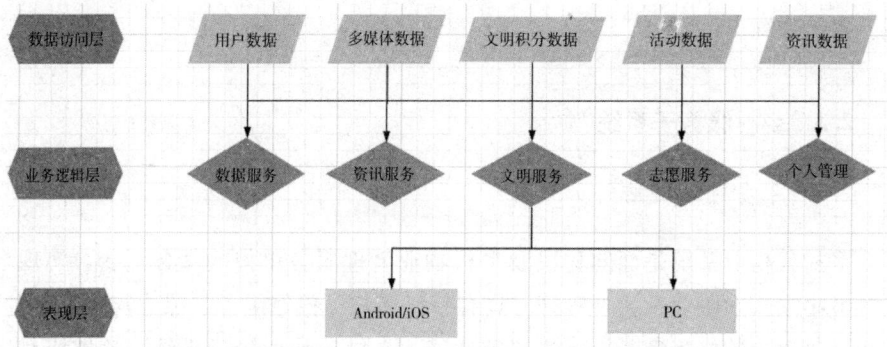

图 3.1 系统总体架构

数据访问层：数据访问层是数据库的主要操控系统，实现数据的增加、删除、修改、查询等操作，并将操作结果反馈到业务逻辑层。在该层可以执行数据库的访问操作，可将其看为系统的后端。

业务逻辑层：业务逻辑层主要针对具体问题进行逻辑判断与执行操作，接收到表现层的用户指令后，会连接数据访问层，访问层在三层构架中位于表示层与数据层之间，同时也是表示层与数据层的桥梁，实现三层之间的数据连接和指令传达，可以对接收的数据进行逻辑处理，实现数据的修改、获取、删除等，并将处理结果反馈到表示层中。本系统主要包括文明创建、志愿服务和村庄信息管理三大部分，具体可细分为数据服务、资讯服务、文明服务、志愿服务和个人管理六大类。

表现层：表现层位于三层构架的最上层，与用户直接接触，主要是 B/S 信息系统中的 Web 浏览页面。表现层的主要功能是实现系统数据的传入与输出，在此过程中，不需要借助逻辑判断操作就可以将数据传送到逻辑层系统中进行数据处理，处理后会将处理结果反馈到表现层中。简而言之，表现层的作用就是实现用户界面功能，根据用户的需求进行传达和反馈。本系统的表现层主要分为手机端和电脑端两大部分，其中手机端为普通用户提供服务，电脑端为管理员提供服务。

3.2 系统开发技术

本系统主要包括管理端和用户端两大部分，其中管理端以网页的形式呈现，用户端以手机 App 的形式呈现。管理端采用基于 SpringBoot 的若依管理系统进行编程开发。用户端分为前端和后端两部分，后端部分主要采用 SpringBoot 框架进行编程开发，前端部采用 Uni-App 框架进行编程开发。以下为具体介绍。

3.2.1 前后端分离技术

由于本系统用户以移动端为主，因此，本系统采用前后端分离技术。通过前后端分离架构，将前端和后端分离开发和部署（前后端部署在不同的服务器），不同于单体架构（将前后端部署在同一个服务器上，对静态资源的访问压力将全部落在 Tomcat 上），将对静态资源的访问和对接口的访问进行分离。

3.2.2 SpringBoot 框架

SpringBoot 是一个微服务框架，基本上可以看作是 Spring 框架的扩展，延续了 Spring 框架的核心思想 IOC 和 AOP，简化了应用的开发和部署，解决了依赖包版本冲突的问题，摒弃了 Spring 框架的不稳定性。因此，与 Spring 相比，SpringBoot 框架更专注于 Spring 应用的开发，且不需要过多关注 XML 的配置，此外 SpringBoot 框架提供生产指标，没有代码生成和 XML 配置要求。

3.2.3 MyBatis 框架

MyBatis 是一款优秀的持久层框架，它支持定制化 SQL、存储过程以及高级映射。MyBatis 避免了几乎所有的 JDBC 代码和手动设置参数以及获取结果集，并自动对加载驱动、获取连接等过程进行封装，有效提高开发人员工作效率。MyBatis 可以使用简单的 XML 或注解来配置和映射原生信息，将接口和普通 Java 对象映射成数据库中的记录。

3.2.4　若依（RuoYi）框架

若依（RuoYi）是基于 Vue 进行二次开发的框架，作为管理系统框架，它本身就内置用户管理、菜单管理、登录日志、代码生成、系统接口等 18 个板块的原始功能，并可在此基础上，用户自定义进行开发，可帮助开发者进行管理系统的快速开发并提供了一种可维护的模板创建方式。本系统的 web 端将基于若依框架进行二次开发以实现对数据库的管理操作。

3.2.5　Uni-App 框架

Uni-App 是一个使用 Vue.js 开发跨平台应用的前端框架。开发者通过编写 Vue.js 代码，Uni-App 将其编译到 iOS、Android、微信小程序等多个平台，保证其正确运行，并达到优秀体验。Uni-App 打包到 App 时仍然使用了"5+引擎"，"5+"的所有能力都可以在 Uni-App 中使用。在 App 端运行性能和微信小程序基本相同。本次项目着重利用 Uni-App 在开发 App 中的便利性。

3.2.6　Java 技术

Java 是一种可以编写跨平台应用软件的面向对象应用广泛的程序设计语言，相比较 C 语言而言，Java 语言摒弃了难以理解的多继承、指针等概念，因此，Java 语言在功能强大的同时依然具有简单易用的特点。Java 语言可以编写桌面应用程序、互联网 Web 应用程序、分布式系统和嵌入式系统等应用程序。

3.2.7　Ajax 技术

Ajax 不是一种新的编程语言，而是一种使用现有技术集合的新方法。Ajax 是一种独立于 Web 服务器软件的浏览器技术，通过该技术可以使用户操作与服务器响应异步化，提高用户的体验感，减少不必要的网络数据传输以提高服务器的工作效率。

4　结论

本项目根据国家乡村振兴战略精神及苏州市智慧农业国家实验试点任务的要求，为实现新时代背景下的苏州高新区农村跨越式发展，参照国内外数字乡村建设经验及城市智慧社区建设经验，结合苏州高新区农村实际情况规划建设高新区智慧乡村，以信息化改造传统乡村，实现乡村经济、社会的健康发展。

　　根据需求，此次项目的系统主要包含乡村治理子系统、乡风文明子系统、乡村服务子系统，目标清晰、任务明确，并且以当下流行与广泛使用的系统开发技术为支撑，助力项目推进。本项目建成后能够形成业务资源以及管理决策的有效统一。一方面辅助管理部门进行有效的分析决策，另一方面为全局数据的集中统一以及与区大数据管理中心的分享做好技术准备。同时，通过智慧乡村的建设，极大地提升村庄管理、服务的水平，也在智慧乡村建设上摸索出一套新的建设、运行管理模式，最终促进与实现乡村振兴。

04 提升数智化管理水平 助力乡村农业振兴
——镇江农业大数据服务平台建设管理*

1 案例背景

从精准扶贫到乡村振兴，皆是党中央站在时代发展和战略全局的考虑。《中共中央、国务院关于全面推进乡村振兴加快农业农村现代化的意见》（2021 年 1 月 4 日）指出："发展智慧农业，建立农业农村大数据体系，推动新一代信息技术与农业生产经营深度融合。……加强乡村公共服务、社会治理等数字化智能化建设。"数字科技与农业深度融合，已成为农业发展新的生产要素，成为乡村振兴的动力源泉。在此背景下，江苏省积极探索数智化乡村管理支撑体系建设，在镇江试点搭建了农业大数据服务平台，全力推动镇江乡村农业大发展。

镇江，江苏省地级市，位于江苏省南部、长江南岸、长江三角洲西段，全市低山丘陵以黄棕壤为主，岗地以黄土为主，平原以潜育型水稻土为主。全市总面积中丘陵山地占 51.1%，圩区占 19.7%，平原占 15.5%，水面占 13.7%。植物方面，落叶阔叶树有麻栎、枹树、黄连木、山槐、枫杨等。动物方面，鱼类资源丰富，青、草、鲢、鲤等淡水养殖鱼类和鲍、鲶、鳝等非人工养殖鱼类均有大量出产。随着《关于实施乡村振兴战略的意见》《促进大数据发展行动纲要》等国家战略的推进，深化大数据在农业的应用，实现镇江农业信息化，建设镇江市农业大数据服务平台，构建镇江市农业大数据综合服务体系需求更加迫切。围绕镇江市农业生产实际需求，从乡村振兴实际需求出发，以农业大数据、云计算为核心，搭建"1+1+1+N"的平台建设模式，分期对大数据中心、

---

* 参赛院校：南京林业大学
  指导教师：毛鹏
  参赛研究生：吴觊翔、沈钰、贾苗苗、何滨、时欣、陈凡

农业云平台、农业一张图、N 个应用进行建设。

2 问题及现状

目前，镇江市农业生产者与消费者之间的信息脱节，农产品滞销、买贵卖难的现象时有发生。一方面，消费者无奈为高价的农产品买单；另一方面，果蔬等农产品丰产滞销现象频现。究其原因，镇江市现有农业信息化应用系统多为垂直体系结构的孤立系统，农业信息共享程度低、信息孤岛严重。各个农业系统的数据结构不一致、数据质量参差不齐，数据综合利用率不高。农业相关数据采集、分析困难。

政府获取相关农业信息有限，难以获取有效的决策数据支持，市场供销关系不对称，农业决策能力低，对整个市场缺乏有效的引导和监督。这些问题需要相关政府部门转变观念、转变职能，加强农业信息化建设，通过建立镇江市农业大数据标准规范，建立农业大数据服务平台，整合现有系统和数据，切实把推进农业信息化应用发展作为一项重要工作来抓，加强政策创设和规划制定，健全农产品和农业生产资料市场信息监测预警体系、标准体系、质量安全追溯体系、诚信体系和法律法规，强化市场监管和行政执法，努力营造安全可信、规范有序的农业市场发展环境，为农民提供准确的市场供求信息，对市场趋势进行前瞻性分析，引导其根据市场需要来安排生产，按照供需关系的变化适时作出调整。

因此，建设镇江农业大数据服务平台项目具有重要的意义。镇江农业大数据服务平台的建设是加快转变政府职能的客观要求。在充分发挥市场配置资源决定性作用的同时，要更好发挥政府作用，为市场主体创造良好发展环境，切实加强公共服务、市场监管、社会管理等。镇江市农业大数据服务平台为发现新知识、创造新价值、提升新能力、提供技术支持和服务支持，将成为推动我市经济转型发展的新动力，有助于政府各级农业主管部门明确数据共享的范围边界和使用方式，成为提升镇江市政府治理能力的新途径。

3 分析方法

3.1 用户分析

镇江市农业大数据服务平台以使用对象划分，主要面向政府部门、农业经营主体和社会大众等用户。

（1）涉农政府及直属事业单位

市农业农村局及直属事业单位运营和使用农业大数据系统。

（2）农业经营主体

指导农业经营主体生产，提供准确、及时的农业信息服务。为农业经营主体进行工程、项目申报、投资和销售提供信息服务，为农户的农产品销售提供系统信息服务及平台。

（3）社会大众

为社会公众了解镇江农产品、休闲旅游提供信息服务。

以使用对象所处的位置划分，可分为内部用户和外部用户。其中，内部用户包括各级行政管理部门、处室用户以及系统管理员等用户；外部用户包括镇江市其他部门用户、农业经营主体、社会公众和系统应用开发人员等。

3.2 业务需求分析

为保证镇江市农业大数据服务平台顺利建设，并在镇江市"三农"服务中发挥重要作用，必须在数据标准规范方面、平台资源管理方面、数据中心建设与运营方面以及应用系统的设计与开发方面满足整个平台运营的需要，以达到平台建设的目标。

3.3 农业数据标准规范需求分析

在信息技术迅猛发展的强劲推动下，农业信息化进程明显加快。但在农业信息化快速发展的同时，由于标准不统一或农业信息化标准缺失，在农业领域出现了基础设施难以互联互通、农业信息资源难以共享、应用系统难以集成等问题。为了避免出现上述问题，在建设镇江农业大数据服务平台时，须根据国家和镇江市政府信息化的要求，参考农业部门和相关部门的信息化标准规范，建立《镇江市农业大数据标准规范》。

3.4 农业大数据中心需求分析

通过采集各科室可对接数据，建设农业大数据中心，搭建大数据平台框架，各类繁杂的涉农数据通过大数据中心的存储、处理、分析后，才能实现大数据查询功能，以及各类专题分析展现。

3.5 数据报表系统需求分析

传统的数据上报方式过于繁琐、复杂，而且容易出现操作失误、数据遗失等情况，对各处室数据获取、数据整理造成了极大不便。建设数据报表系统，可将各科室原本纸质或电子文档的上报形式，替换成数据报表直报形式，省去了繁杂的操作，并可将上报数据接入大数据平台，进行分析应用。

3.6 农业地理信息系统（农业一张图）需求分析

镇江市农业产业、资源等业务信息数据丰富，但缺失空间网格化、图形化、地理信息定位、统计分析、监测预警等功能，农业一张图，为镇江农业生产、经营、管理提供图形数据支撑、分析应用与服务。

3.7 数据展示指挥中心需求分析

数据展示指挥中心，旨在将各类专题分析、宏观分析、产业分析等抽象的网络和系统数据进行可视化呈现，包括二、三维的全局态势以及局部态势，突发事件相关数据的图表展示等，实现镇江市农业大数据辅助决策、应急指挥的集中展示。

3.8 农业物联网监管平台需求分析

为加强市农业农村局对镇江市内农业物联网设施生产过程的信息获取、生产管理和突发事件的处理能力，建设了农业物联网监管平台，通过物联网技术，提高精细化和智能化的生产监测、管理水平。智能化的管理和科学的分析，为农业生产智能控制、分析决策提供了合理的依据。

3.9 农业环境数据采集示范点需求分析

目前，镇江市的农业数据都是通过上报或者人工采集的，这种数据不可避免地存在误差以及延时性，无法满足现代农业对数据的要求。农业环境数据采集示范点的建设，可将实时、准确的环境数据接入大数据平台，为农业病虫害监测、畜禽粪污资源化利用监测、土壤墒情监测分析、预警提供数据来源。

3.10 业务应用系统需求分析

根据市农业农村局各处室已有的信息化建设和业务需求，为农综合服务系统设计出各类系统，主要包括农田档案管理系统、项目管理系统、农药使用调查监测信息管理系统、镇江市水产养殖管理系统、镇江市新型职业农民认定系统、镇江市农资监管业务系统、农药包装废弃物回收系统，并将已建平台互联互通。这一举措将打破传统的线下业务流程，提升数据利用率，提升市农业农村局各处室的工作效率和服务质量。

3.11 大数据应用需求分析

通过数据分析与可视化系统，可以进行丰富多样的图表分析、钻取分析、多维度分析、自定义分析、即时分析等，实现各种主题分析、数据填报等，更好地展示数据，发现数据价值，为政府部门决策提供有效的依据。基于图理论的农业社会网络分析系统，重点挖掘农业元素、主体之间存在的网络关联；基于大数据可视化技术，支持所有结构化的信息表现方式，包括图形、图表、示意图、地图等，实现农业大数据分析的可视化。

3.12 业务直通车（统一登录平台）需求分析

市农业农村局各处室目前已建，并正在使用的信息化应用有 28 个，这些应用系统分散，数据不互通，存在信息孤岛，缺乏统一管理，大大增加了各处室人员工作量，也使得各科室数据不互通，对工作造成了极大不便。业务直通车，将这些应用统一管理、集成，实现单点登录，并将数据接入大数据服务平台，转化分析使用。

3.13 完善数据采集、丰富专题分析、农业物联网应用建设需求分析

根据镇江农业情况，结合一期二期建设、运行情况，针对不同产业、不同功能丰富专题分析类型，结合镇江信息化建设情况与最新科学技术，完善数据采集方式、方法。新建设施大棚监测控制、畜牧养殖监测控制、水产养殖监测控制、大田植保、水肥一体化等农业物联网智能系统设施，是镇江信息化与农业现代化深度融合、农业产业稳步发展和转型升级的需求，是构筑镇江农业创新体系的基础建设。

4 解决方案

4.1 总体设计原则

全面原则：所有的需求必须全面无遗漏。

科学原则：工艺的设计必须符合系统设计、研发的科学规律。

先进原则：采用先进的技术进行平台设计。

经济原则：本着节俭的精神，以最小的成本完成预定的目标。

可扩展原则：为符合未来的技术发展，工艺设计可以随新工艺的成熟而扩展。

4.2 开发模型与方法

为满足镇江市农业发展需求，提升乡村数智化管理水平，更好地开发和构建农业大数据综合服务平台，需要选用科学合理的开发模型与方法。本项目采用增量模型与螺旋模型的开发方法，与传统的瀑布模型相结合，采用随时间的线性序列，每一个线性序列产生一个可交付的产品，慢慢地迭代以达到最终的要求。

4.2.1 瀑布模型

瀑布模型符合软件生命周期的定义，且具有 6 个阶段，并且规定每个阶段的次序是逐级向下推动项目进展的。当前，由于瀑布模型的规范性，它是当前唯一且广泛被采用的软件开发模型，如图 4.1 所示。

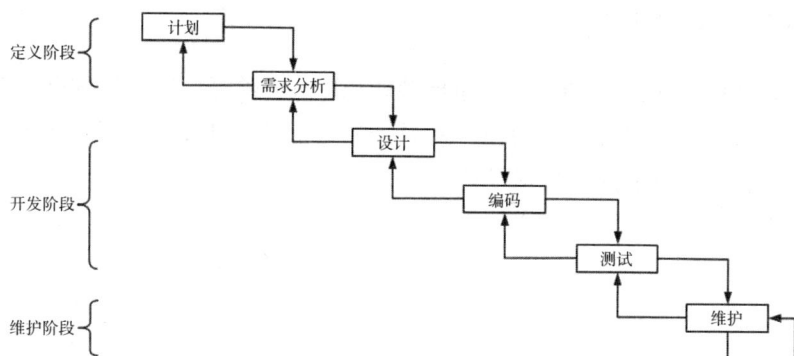

图 4.1 传统瀑布模型开发流程

但是，随着软件行业的发展，瀑布模型的低自由度和对文档的高度依赖，导致它难以应对需求不明、项目频繁变动的场景。这是因为瀑布模型的周期是线性执行的。每一周期的交互点都是一个里程碑，每一个阶段结束的产出，都是启动下一阶段工作的必要条件。也是因此，当项目各阶段出现不可控问题时，轻则需要返回上一阶段进行返工，重则影响下一阶段的启动，进而延误项目周期。概括来说，瀑布模型具有以下特点（见表4.1）。

表 4.1　瀑布模型特点

特点	描述
优点	软件开发流程清晰
缺点	每个阶段的分工完全固定，各个阶段产生的文件数量巨大，增加了工作量
	线性开发模型用户只能等到开发结束时才看到开发结果，开发的风险增加
	实现流程不可逆，早期的错误可能会导致严重的后果，直到测试阶段才被发现
	开发人员分工过于明确，缺少对整个项目的理解
适用范围	软件需求变动少
	产品分析、设计人员对软件领域熟悉
	软件项目风险低

4.2.2　增量模型

增量模型的设计，结合了瀑布模型的顺序开发特征，在具体的软件开发过程中，将软件系统当成一个可以不断叠加的增量，通过开发过程中实现一系列的软件增量，不断地完善系统功能，如图4.2所示。

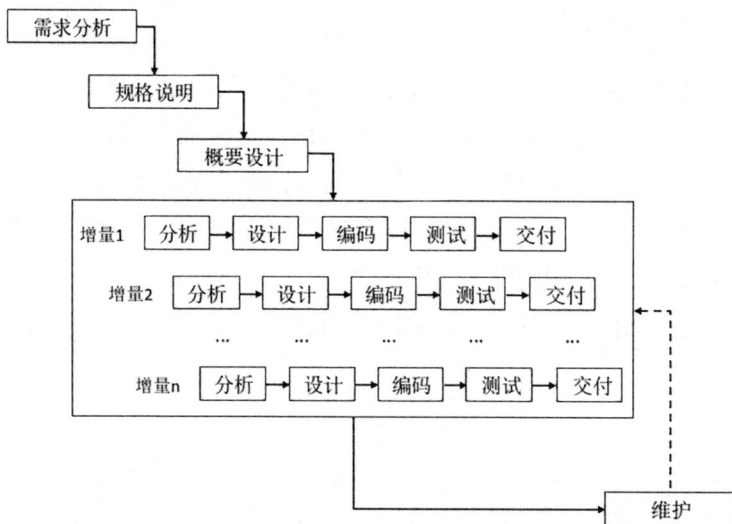

图 4.2 增量模型

在增量模型开发模式中，第一个增量往往实现最核心的功能，优先级也最高，在此后的每一次增量中融入更多需求，对软件功能进行扩充、细化，直到完成整个系统的开发，所以说，开发的系统是由一系列增量构成的，具有以下特点（如表4.2所示）。

表 4.2 增量模型特点

特点	描述
优点	灵活分配团队人力资源，前期对接人员少
	可以依据客户反馈、市场反应，实现软件功能的增量叠加
	能快速地向客户展示核心模块，及时体验产品，避免长期等待
缺点	并行开发生成的增量有无法集成的风险
	软件开发过程控制困难，对项目管理人员、软件开发人员的要求较高
适用 范围	已有现成产品，对软件进行版本升级迭代
	软件开发时间短，且急需上线的功能

4.2.3 螺旋模型

螺旋模型将软件开发过程设置为几个如螺旋状的周期，开发流程沿螺旋线旋转方向进行，通过引入瀑布模型的思维，每个周期内的工作内容都是一样的。在螺旋模型中，首次提出"风险分析"的概念，每个周期内的迭代，都要从风险的角度来分析开发内容的可行性，屏蔽潜在风险。只有充分论证，排除风险后，才会进入下一个周期的开发，使软件产品处于可控制的状态，所以螺旋模型非常适合大型软件的开发，极大地降低了在软件开发过程中出现风险的可能。如图 4.3 所示。

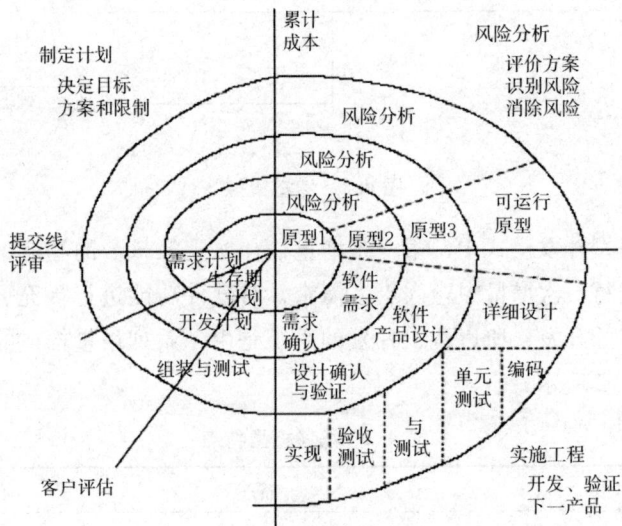

图 4.3　螺旋模型

螺旋模型在高强度控制风险的同时，也不需要在每一个周期内将之后遇到的所有问题都考虑到，只需要完成当前定义的内容，且每次开发的规模都较小，在获取客户意见反馈、产品设计等准备工作后，再做好本地迭代任务，其中具体包括制定计划、风险分析、实施工程和客户评估四个步骤。所以，使用螺旋模型开发的项目具有以下特点。如表 4.3 所示。

表4.3　螺旋模型特点

特点	描述
优点	软件各阶段设计灵活，可变更
	项目各阶段开发成本、工作量清晰可控
	客户/用户参与度高，保证项目可控
缺点	软件开发周期长
	存在使用技术过时的状况
适用范围	软件总体需求不明确
	大型软件系统，开发风险性高

4.3　总体结构和架构设计

4.3.1　总体技术路线设计

镇江农业大数据服务平台项目的建设技术路线分为准备、规划、设计及研发、实施、运维五个过程，在这五个过程中，对工程从早期分析调研到中期设计研发，再到后期实施进行分阶段的任务划分。

（1）准备阶段

准备阶段，即准备宏观分析工程执行要素，包含人力资源要素的准备、组织管理资源要素的准备、工程执行过程资金准备，以及工程整体分析及风险分析，在准备阶段为工程后期实施做好充分的准备，减少工程建设风险，为工程实施成功提供保障。

（2）规划阶段

规划阶段，即对工程整体任务进行分析和设计，规划出工程各类关键技术点，对制定关键技术研究时间表，为总体工程的设计与研发提供专项技术支撑。另外，对工程目标、实施策略、建设要求进行详细规划，搭建一个科学合理的工程路线图，为工程执行提供总体指导。同时，按照工程特点划分工程模块，对不同模块的工作任务进行规划，同时给出工作计划，降低工作过程复杂度，实现工作模块化实施，制定工程实施规范及工程协同工作流程，为整体工程建设提供良好的工作制度环境。

（3）设计及研发阶段

经过规划阶段后，对工程执行过程中的难点、重点有了充分认识，整个工程将划分成"1+1+1+N"的平台建设模式，紧密围绕客户需求和工程本身的设计原则进行工作。对示范基地中的硬件需要进行详细的技术论证和性能论证，在统一的硬件规范及标准下进行设备的选型，为工程软硬件的协调实施提供重要依据。对数据中心建设中的关键技术，如数据采集、数据分类、抽取、清洗、转换、校验、加载等，进行技术落地应用，实现数据与软件系统、数据与硬件系统间的高效流转，为大数据中心及云平台建设提供坚实的基础。

（4）实施阶段

工程实施过程对软件系统搭建、数据中心系统搭建、应用平台搭建提供技术支撑，为调试做好技术准备，在系统的联合调试中对模块之间的对接提供重点技术保障，同时，对硬件系统与软件系统之间的协同工作的调试，将投入重点人力和技术资源，从而保障整体数据中心正常的软件数据和硬件采集数据交互及流转。最终整体平台在实施阶段完成搭建，并保障完成客户试运行。

（5）运维阶段

建立科学运维机制，将运维过程的人员、组织与资金进行科学规划，充分考虑镇江市农业的示范需求、推广需求和品牌建设需求，将镇江农业大数据服务平台的应用效益和社会效益充分发挥出来，为农业管理端需求和农业产业端需求制定良好的运维规划、提供良好的运维服务。

4.3.2　总体架构设计

平台总体架构如下图所示：

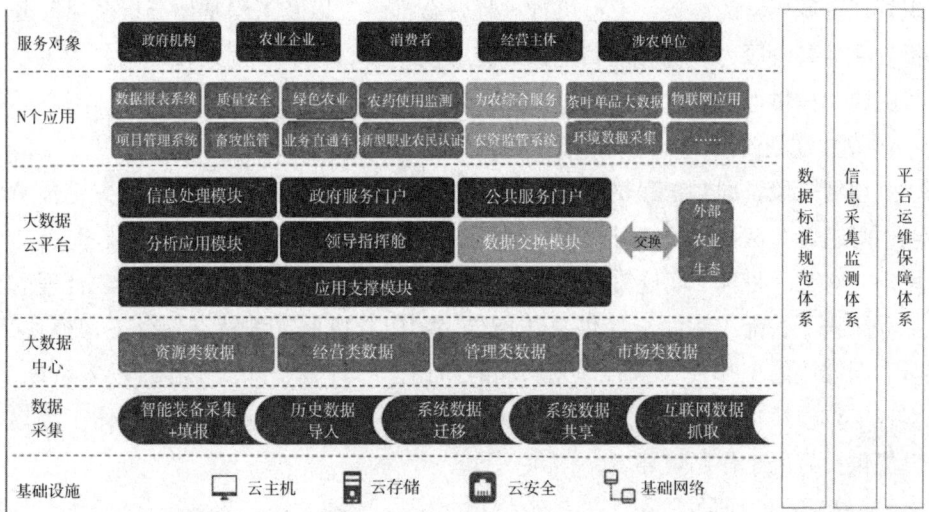

图4.4　平台总体架构

4.3.3 功能架构设计

平台功能架构如下图所示：

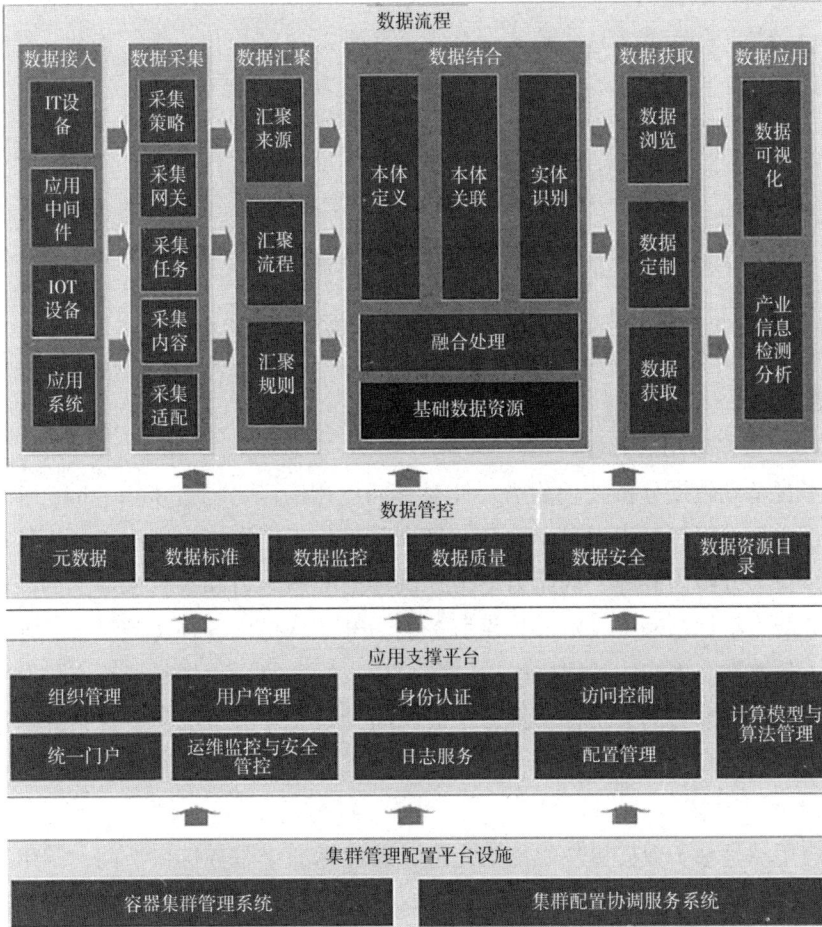

图 4.5　平台功能架构

4.3.4 技术架构设计

基于云计算技术的数据中心，将物理中心和逻辑中心相结合，并通过整合各类分布式数据资源，提供统一的数据资源管理、分析及服务。利用数据资源接入平台，可快速扩展数据资源云节点；通过统一的数据服务总线，使用并行技术，快速、高效地提供信息服务。

平台技术架构，即总体架构主要包括核心 4 个层次+1 个管理平台：数据采集层、存储计算层、数据提供层、应用层+管理平台。

（1）数据采集层

数据采集层实现对批量数据、流式数据的采集；通过分布式 ETL 实现对批量数据采集；通过 Flume+Kafka 实现对流式数据的采集。同时，根据数据结构类型，可以基于分布式 ETL、流式采集技术实现对非结构化、半结构化、结构化数据的采集工作。根据原系统类型分类，采集层应实现对 BSS 域 CRM、计费、渠道、营销等系统的数据采集；实现对 OSS 域资源、网管类数据采集；实现对 DPI 互联网上网日志、用户社交等数据采集。

（2）存储计算层

数据存储和计算层是平台对业务数据进行统一组织、计算、分析处理、集中管理的平台，由 Hadoop 生态系列数据存储和数据处理产品组件构成。组件是实现特定功能的程序模块，比如：HDFS 组件、MapReduce 组件、Hive 组件、YARN 组件、Hbase 组件等。

（3）数据应用服务层

平台基础数据分析处理能力，针对不同应用需求，通过 Java、Jobs 等技术封装形成数据服务能力组件，包括关键词分析组件、客户识别组件、标签产品组件、行为分析组件等，从而为平台提供数据服务能力和平台服务能力。在数据服务能力组件基础上，对外提供服务能力开放，提供各种访问设备、外部系统接入的接口，由接入适配构成。它进行交互信息的协议转换、路由控制、负载均衡和访问设备的合法性验证，完成访问设备、外部系统与平台系统的接口适配。

（4）应用层

应用层是基于数据提供层能力之上，通过标准化服务接口访问，调用平台提供的数据服务，根据具体应用业务逻辑封装为具备特定功能的应用产品。如基于平台提供的实时数据查询服务构建上层实时战报应用。

（5）管理平台

管理平台是大数据能力产品与应用平台对系统进行统一管理、监控的平台，管理层由系统安全、数据质量、作业调度、运维监控等构成，通过建立网络安全、数据隐私保护、调度机制、运维监控管理等为平台提供管理保障措施。

5 建设过程

5.1 总体目标

立足镇江市农业现状和业务需要,基于全市范围内的农业数据,通过统一数据标准与规范,构建"1个数据中心,1个云平台,1张云图,N个业务应用"的镇江农业大数据服务平台体系,形成全市农业数据资源池,实现全市农业跨业务与跨部门数据资源共享,以及对数据资源多维度业务分析与应用,为指导农业生产与监管发挥重要作用。

5.1.1 加强统筹规划

统一标准规范,实现结构化、半结构化和非结构化农业信息管理,建立具有海量数据采集、管理、处理、分析能力的农业大数据平台,健全数据采集渠道,增加信息总量,加强统筹规划,改善内容结构,形成农业大数据统一存、管、用系统框架。

5.1.2 加大整合力度

有效汇总整合镇江市内外部农业数据资源,实现对镇江农业数据资源的统一管理、高度共享和高效利用,建立镇江市农业数据中心,解决农业数据资源海量化、异构化,应用需求多样化、复杂化等现实问题,为进一步提升镇江农业信息资源开发利用水平、提升农业信息资源服务的能力和服务品质奠定数据基础。

5.1.3 加强机制建设

在镇江农业大数据服务平台不断成熟发展的过程中,加强制度建设,进而逐步建立一套与形势发展相适应的现代农业新机制,同时,拓展新的农业信息服务应用业务,深层次满足上层业务应用、管理决策支持和信息再生应用的需要,使政府决策、市场行情研判及工作机制更加适应未来农业信息化建设的要求,达到政府决策数据化、数据服务精确化的目的。

5.2 分期目标

镇江农业大数据服务平台项目建设周期预计3年,按照"统一规划、分步实施"的原则进行建设。鉴于本工程建设内容多，涉及面广，且各个环节相互关联，在建设的过程中，需要根据具体工作的需求和业务流程的特点，有计划、有步骤、有策略地实施。所以，平台建设将采用"统一规划，分步实施"的建设策略，镇江农业大数据服务平台按照分期建设原则，计划三期完成平台的建设，预计在三年内完成，每期预计建设实施周期10个月。

5.2.1　一期目标

建立统一的数据标准，构建大数据中心、农业一张图、数据报表系统，建立统一登录平台、标准农田档案管理系统、项目管理系统、数据展示指挥中心、农业物联网监管平台、农业环境数据采集示范点、为农综合服务系统，确定数据采集方式，实现数据丰富完善、各处室工作便捷化及高效化、全市全局数据汇总展现。

5.2.2　二期目标

实现对数据标准的维护和完善，全市物联网设备接入，实时监测全市所有物联网设备运行情况及预警。新建各科室需求业务应用，构建主产业大数据应用服务，为全市农业生产、经营、决策提供数据支撑。

5.2.3　三期目标

完善数据采集、丰富专题分析、农业物联网应用。实现农业生产数据实时、准确，增加专题分析类型，将大数据应用到镇江农业全产业链。

5.3　工程建设与运行管理

5.3.1　领导和管理机构

镇江农业大数据服务平台项目建设是一个复杂宏大的系统工程，它涉及农业、商贸、气象、水利等各方面的内容。因此，在镇江农业大数据服务平台的建设过程中，坚强有力的领导和管理机构是平台建设的必要条件。由镇江市政府牵头、各相关单位负责同志参加，成立镇江农业大数据服务平台建设工作领导小组，统筹协调大数据服务平台建设工作。在镇江市农业农村局设立镇江农业大数据服务平台建设领导小组办公室，具体负责包括前期调研、业务与信息资源整合、应用系统开发与运行、公共服务等建设工作。

5.3.2 工程实施机构

镇江农业大数据服务平台建设实施机构为中标方或由甲方指定的第三方机构，企业主要负责镇江农业大数据服务平台的规划、设计和建设，向政府、投资运营方和农业生产经营主体交付所需大数据服务平台产品及服务。在工程的实施过程中，用户方面的工程负责人员，主要是对用户采购的总负责人进行接口，协调客户的资源，解决工程中需要配合的问题，推进工程的进度。工程的总负责人，从工程实施队伍组建之日起，就承担了将合同范围内的各项任务全面完成的重要职责。工程总负责人须做好日常资源管理工作，并直接控制工程管理计划的各个要素。

5.3.3 运行维护机构

镇江农业大数据服务平台运行维护机构由中标方或甲方指定的第三方机构完成。

对于产品的维护运行，运行维护方应做到以下几个方面：

（1）定期维护

运行维护方应制订预防性维护时程，其日程安排以不影响客户正常工作为前提。预防性的维护包括：软件系统协调性测试、数据资料备份检查等，以期在问题出现之前就能够发现问题并采取相应的措施，避免问题的发生或堆积。

（2）及时响应

运行维护方在接获系统故障报告后，将立即做出响应并提供解决办法，在系统管理员不能解决故障问题的情况下，以保证把客户损失降到最低为前提，考虑到具体情况，乙方应在2个小时内指派专业人员进行现场故障排除并进行类似故障预防性处理。系统故障排除后，将对故障进行分析，提供故障分析报告，以帮助系统管理员进行系统管理工作。

（3）功能变化

运行维护方提供的系统如遇客户有功能变化需求时，如不涉及数据库结构的重大修改，运行维护方将提供一定程度的免费服务，同时运行维护方提供免费升级服务。

软件维护一般实质上也是一定范围的再次开发，主要分三类：

纠正性维护——解决实际运行中出现的问题；

适应性维护——修改接口；

完善性维护——功能的扩充或性能改进。

（4）整体系统维护

整个软件系统由公司负责协议范围内的维护。运行维护方保证提供一流技术的同时，还将提供一流的服务。

5.3.4 质量管理

为保证系统建设和运行安全可靠，要建立工程质量管理体系，制定切实可行的质量保障措施。质量管理体系以管理层次划分为基础，工程法人（建设单位）负责、监理单位控制、设计开发单位保证和建设管理办公室质量监督相结合。强调质量保障措施，根据统一的系统技术规范标准，制定严谨的评审计划，对系统开发的每一个阶段进行严格的质量审查；制定详细的工作计划与人员组织表，以及严格的工作实施步骤，分阶段有条不紊地进行系统建设；设计完善的系统测试方案，对各种数据类型和功能做详细的测试，保证系统建设的质量。

5.3.5 资金管理

本工程建设资金严格按照基本建设程序及有关财务管理制度和合同条款规定进行管理；工程办要按照基本建设会计制度，建立基建账户，做到专门设账、独立核算、专人负责、专项管理、专款专用；工程的建设严格按照批准的建设规模、建设内容和批准的估算实施。不得随意调整估算、资金使用范围，不得挪用、拆借建设资金。

5.3.6 相关管理制度

在工程实施中，系统的开发建设要逐步适应市场经济需要，贯彻工程法人制、招投标制、建设监理制和合同管理制，使工程建设管理形成开放的模式。工程承担单位要履行工程法人职责，按照工程法人责任制责、权、利相结合的要求，确保质量、按时完成建设任务；对条件适宜的软件开发、所需设备和商品软件实行招投标制，节约资金，提高投资效益；对独立开发、合作开发或外包开发的工程，成立监理机构或委托专业信息化咨询监理公司或组成合作形式的监理机构，严格监理，保证工程建设进度和工程质量。

6 工程成果效益分析

6.1 建设成果

本工程由 2019 年开始,分三期建设。截至目前,已完成"1+1+N"的软件系统,包含以下几个方面。

6.1.1 农业数据标准规范建设

根据国家和镇江市政府"智慧镇江"建设要求,参考中央和地方农业部门的农业信息化标准规范,建立"镇江市农业大数据标准规范",打通了原有多个软件系统间的数据壁垒。

6.1.2 大数据中心

建立镇江农业大数据中心,采集各科室可对接数据,搭建大数据平台框架,实现数据查询功能、各类农业专题分析。

镇江市农业农村大数据中心遵循"聚、通、用"的建设理念,整合了全市农村土地确权、两区划定、10 年高标准农田、现代产业园区、卫星遥感等空间信息数据和全市各业务数据。目前,已累计创建 35 个数据库和 700 多个数据表,收集了超过 700 万条数据,为整个平台的应用程序提供了坚实的数据基础。

6.1.3 农业地理信息系统(农业一张图)

建设农业"一张图",通过面向空间地图的农业地理信息服务、GIS 地理信息系统、遥感数据、卫星导航、物联网视频监控技术、移动互联、大数据、农业数据采集等技术的结合,构建农业地理信息一张云图。

6.1.4 数据展示指挥中心

数据展示指挥中心的建设,将镇江农业大数据服务平台的专题分析、宏观分析、产业分析等数据多维分析、抽象的网络和系统数据进行可视化呈现,包括二、三维的全局态势以及局部态势,突发事件相关数据的图表展示等,实现镇江市农业大数据辅助决策、应急指挥的集中展示。

6.1.5 智能报告

通过对数据的采集、处理、筛选、分析，利用大数据算法进行智能分析，定期生成发展分析报告，对农业发展提出建设性意见。

6.1.6 农村人居环境管理系统

改善农村人居环境，建设美丽宜居乡村，是实施乡村振兴战略的一项重要任务，事关全面建成小康社会，事关广大农民根本福祉，事关农村社会文明和谐。该模块对镇江市域范围内农村人居环境需要整改问题进行录入与发布，并持续进行动态监控管理及展示。

6.1.7 移动端 App

手机 App 作为大平台应用延伸，主要通过收集 App 解决随时随地数据上报、派发与日常巡检、业务监督等应用场景。主要功能包括：常用应用、人居环境长效监管、业务应用和研判分析 4 个模块。

6.2 经济效益

镇江农业大数据农业建成和有效应用，其直接效益为：将降低农业资源环境管理信息获取、信息交流、信息传递和信息反馈成本，降低镇江农业信息收集、整理、资料处理和加工成本，降低镇江农业资料管理、保存、资料备份和使用成本，降低镇江农业生产管理的运营成本、决策成本、管理成本和研究成本，提高镇江农业信息数据资料使用价值、信息质量、数据作用和分析能力，提高镇江农业管理数据利用率、资料使用率和信息交流能力。

镇江农业大数据服务平台建设工程的间接经济效益主要体现在数据、系统、服务、推广等几个方面。

6.2.1 数据方面

各级农业部门虽然已经建立起了数据集成及相应的应用系统，但对数据的应用水平参差不齐，而应用水平的高低在一定程度上也会反作用于数据的发展。本工程建设以面向应用为核心，使各部门的数据应用更为方便、快捷，推动数据应用的价值体现，从而使数据、应用互相促进的循环往复健康发展。

通过数据整合，建立的镇江农业大数据服务平台能够为相关各部门提供服务，大大避免了数据重复建设、重复投资，节约了财政资金投入。

6.2.2 系统方面

大数据平台工程建成后，将会最大限度地避免类似相关系统的重复建设，进而推动行业领域的深入应用和发展，形成可观的间接经济效益。

基于服务平台搭建的各类业务应用系统，可以大大降低系统的开发门槛、缩短建设周期、降低工程建设风险，间接为政府节约大量的人力、物力和财力。

随着镇江农业大数据农业工程的逐步建设，其将更广泛地服务于农业各部门、企事业单位和公众，由此带来的巨大经济收益更是不可估量的。

6.2.3 服务方面

工程建成后，系统可提供部分有偿服务，形成一定的收益。从利益补偿角度考虑，工程的建设也可以有效改善一些单位和部门信息提交滞后、数据应用程度不高的问题，保证信息及服务能够长效、顺畅地流转。

6.2.4 推广方面

通过各部门信息资源的整合，可以提高农业各部门和相关企业的决策科学性、丰富决策依据、提高决策效率、减少决策失误，从而间接地节约大量社会成本。

6.3 社会效益

镇江农业大数据服务平台的研究和应用，从根本上改变了传统农业落后的面貌，推动了农业增长方式的转变、农业生产与农业经济结构调整的优化，带来了巨大的社会效益。本工程的建设可大大降低各部门的应用准入门槛，降低应用的经费投入，屏蔽不同部门水平的差异，减少维护升级改造的工作量，广泛地促进空间信息的高效、高水平、深度集成应用。

通过镇江农业大数据服务平台的建设，借助现代信息技术与空间技术，建立体现国家长期农业政策、符合生态科学和经济规律的镇江市农业大数据体系，可以确保镇江农业的可持续发展，可以加强全市各级农业部门之间的共同协作，保障农业信息化建设高效运行，实现各类信息系统中农业信息处理量化、可视化及资源共享，提高农业信息化建设、管理及服务部门的管理水平和科学决策能力。

6.3.1　农业生产运营方面

在农业生产运营方面，可以规范镇江农业建设发展和业务管理及政府运营过程，提高镇江农业生产管理运营效率，优化镇江农业发展组织管理流程，提高镇江农业标准化管理工作水平。

6.3.2　农业数据服务方面

在农业数据服务方面，可按用户角色进行分类需求设计，符合各类用户的业务工作需求，按照工作流程及运行模式，实现数据信息收集、处理、查询、统计、分析等功能，提高管控一体化水平。能为农业主管部门、农业基层管理部门、涉农企业、农户、金融保险部门、政府职能部门、其他公众等不同用户分权限、按需求提供软件的各种使用功能，为各行业和社会公众提供科学、准确、及时、快速的数据信息，提供完善、优质和高效的数据服务。

6.3.3　农业业务服务方面

在农业业务服务方面，可以提高镇江农业政务人员信息获取和加工处理能力，增强农业管理人员分析判断和把控能力，培育高素质农业管理国家公务人员，提高镇江农业公务人员对农业数据管理与决策的能力。通过实施镇江农业大数据建设，可以全面带动镇江农业管理方式的根本转变，为实现农业跨越式发展提供可靠的支撑和保障。

7　结语

全面推进乡村振兴，是以习近平同志为核心的党中央站在"两个一百年"奋斗目标的历史交汇点，着眼中华民族伟大复兴战略全局所作出的重大战略决策。江苏镇江作为农业大市，如何推动好农业转型升级和高质量发展，5G、物联网、大数据、云计算等信息技术给出了发展的方向。本次项目的建设为加快数智乡村发展，在"三农"领域建设好信息"高速"、运营好信息"高铁"注入了强劲动力，以信息化、数字化、智能化全面推动乡村产业振兴、人才振兴、文化振兴、生态振兴和组织振兴。

05　构建现代农业经营体系的基层探索
——以睢宁"11841"农业生产经营体系为例[*]

1　案例背景

构建现代农业经营体系，是新时代加快农业农村现代化和全面推进乡村振兴的重要举措。现代农业经营体系，即以农业基本经营制度为基础，由农业生产经营各环节、农业生产经营主体、农业生产经营组织等共同构成的，以农业产业为支撑的市场化的农业经营系统。目前，中国兼具封闭细碎、分散粗放特征的传统农业经营方式，已经严重滞后于现代化经济体系运行的现实需求，不但掣肘了中国农业发展方式转型升级和综合竞争力提升，也不利于有效破解城乡发展不均衡、农业农村发展不充分的现实矛盾。迈入新发展阶段，在经济高质量发展中推进共同富裕，迫切需要农业农村领域进行大的变革。这意味着当前的农业经营体系需要进行重大调整，以符合新阶段、新理念、新格局的现代农业发展要求[2]。

党的十八大以来，在政策引导、政府扶持、市场需求等多方因素的共同作用下，我国在农业经营体系发展实践中探索形成了以"农户+合作社"为代表的农户自体化经营服务模式、以"公司+合作社+农户"为代表的农户与企业合作模式和以"规模经营+专业服务"为代表的市场化交易模式，为农业农村发展提供了新动能。党的十九大报告提出，构建现代农业产业体系、生产体系、经营体系，完善农业支持保护制度，发展多种形式适度规模经营，培育新型农业经营主体，健全农业社会化服务体系，实现小农户和现代农业发展有机衔接。中

　　* 参赛院校：南京林业大学
　　　指导教师：高强、赵淑颖
　　　参赛研究生：侯云洁、孙健、秦伟、徐莹、储安婷、曾恒源

办、国办印发的《关于加快构建政策体系培育新型农业经营主体的意见》《关于促进小农户和现代农业发展有机衔接的意见》等有关文件，进一步为现代农业经营体系构建指明了方向。农业农村部印发的《新型农业经营主体和服务主体高质量发展规划（2020—2022年）》明确提出，到2022年，我国家庭农场、农民合作社、农业社会化服务组织等各类新型农业经营主体和服务主体蓬勃发展，现代农业经营体系初步构建，各类主体质量、效益进一步提升，竞争能力进一步增强。

　　江苏省是农业大省，现代农业发展走在全国前列，但由于13个地级市农业基础条件、自然资源状况以及经济发展水平各不相同，农业竞争力存在明显的区域差异。其中，徐州市作为江苏省农业大市，农业资源禀赋条件好，农业发展潜力大。一方面，耕地较多，农业从业人员基数大，农民积极性高；另一方面，土地利用效率以及农产品商品化率较高，农林牧渔产值较大。徐州市下辖的睢宁县，作为苏北农业大县，可耕地面积155万亩，占县域总面积的近60%，粮食产量常年位居全省前列，是全国粮食生产先进县。针对农业产业基础薄弱、规模经营占比低、产业链条短、产销对接不精准等现状，睢宁县探索出以"1个县农业公司、18个镇农业公司、400个村集体合作社和1万名新型职业农民"为核心的"11841"农业生产经营体系，推动农村产业转型升级，开创了"三农"工作新局面。

　　2020年10月19日至22日，调研组一行五人前往徐州市睢宁县进行实地走访，就该县创新农业经营体制机制、探索构建"11841"四级农业生产经营体系等有关情况进行了调查。

2　具体问题

　　在探索出"11841"农业生产经营体系之前，睢宁县农业发展仍然沿用传统的生产经营方法，未能发挥其自身所拥有的优势条件，导致农业发展较为滞后，整体上呈现出大而不强的状况，并主要表现在以下几个方面。

　　一是生产基础较为薄弱。2016年，睢宁高标准农田面积不足40万亩，占耕地总面积的比例仅为25%，且由于已有高标准农田建成时间较早、标准不高、分布零散，沟渠路等配套设施占地率偏高，既造成耕地资源浪费，也难以发挥规模效应。

　　二是产业调整进程较缓。2016年，全县高效设施农业种植面积仅为20余万亩，占耕地总面积的比例不足七分之一。农业产调多以常规性的粮经产调为主，高效种养模式推广、绿色生态农业种植和农产品品牌培育等发展滞后，农业产出效益偏低，"种地一亩不如打工两周"，越来越多的年轻农民外出务工，农业逐渐陷入"农一代种不动，农二代不想种，农三代不会种"的困境。

三是规模经营占比较低。在农业适度规模经营方面，睢宁的"农田托管"模式曾享誉一时，但整体规模依然较小、层次偏低，未改变以小农户个体经营为主的现状。总的来看，全县适度规模经营水平仍然不高，各类经营主体存在个体规模小、带动力弱、标准化生产率低等问题。

四是产业链条较短。2016 年，睢宁农产品加工产值与农业总产值之比达 2.54 : 1，但纺织加工占据主体，本土农产品实际加工率很低。全县当年拥有省市级以上农业龙头企业占比不足 30%，县内大多数农业产业化企业集聚在产地初加工领域，农副产品加工、精深加工等重点领域几无涉足，农业三产融合层次不深，农民卖的仍是"原字号""初字号"农产品，产品附加值不高、竞争力有限。

五是产销对接不够精准。大部分农户生产存在跟风意识，缺乏良好的市场调研和种植计划，产品很难跟上市场消费需求。规模经营比重偏低导致农业社会化服务发展缓慢且功能发挥受限。仓储、冷链、物流等基础服务设施配套不足，加之缺乏统一品牌和拳头产品，小农户生产成本高、销售难度大，农产品长期处在市场销售的最低端，议价、抗险能力孱弱，增收空间有限，小农生产与现代农业发展脱节明显。

六是农业绿色发展不平衡。江苏省在我国 13 个粮食主产区省份中，农业绿色发展速度最快、发展水平较高，单位面积绿色产品标识产品数量达到 0.268 个/万公顷，单位播种面积农业产值达到 4.982 万元/公顷。但是，省域内农业绿色发展不均衡，苏南、苏中、苏北之间存在较大差异，主要原因是苏北、苏中城市经济发展相对落后，农业生态环境污染相对严重。

3 分析方法

3.1 方法选择

本文采用探索性纵向单案例研究方法。原因如下：①案例研究法通过归纳出具有预测性和普适性的结论，以回答"如何（How）"和"为什么（Why）"的问题。目前，我国的现代农业生产经营体系并没有一套固定的模板，尚处于探索阶段，采用定量的分析方法具有一定的难度，而通过定性的分析方法，更能够探索出睢宁县在探索现代农业生产经营体系的过程中采取措施的内在机理。②单案例分析更适用于对一个独特且具有代表性的案例进行分析，而多案例分析则多用于验证理论的可重复性。睢宁县的现代农业生产经营体系发展具有特殊性。其特殊性在于，基于县域内农业实际发展情况，通过县镇村三级推进模式，进行了自上而下的体制机制创新。③纵向的单案例研究通常采用时间序列分析对案例进行深度剖析，更利于把握事件发展的脉络，易于探索阶段性措施对于其发展性过程的影响。睢宁县自 2016 年以来，采取了多项措施来解决现代农业经营体系建设中遇到的各类问题，通过纵向分析，能够了解各项措施在每个阶段实施的实际效果，利于总结出其中的过程性规律。

3.2 案例选择

本文选择江苏省徐州市睢宁县"11841"体系作为案例分析对象，主要原因有以下几点：①睢宁县是传统农业大县，粮食产量位居全省前列。但是其在2016 年以前主要采用传统的农业经营方式，未能充分利用县域内的丰富的农业资源，农业经营方式已经难以适应农业现代化生产的要求。在此背景下，睢宁县探索形成了"11841"农业经营体系，这一举动加快了农业转型升级步伐，提升了农业现代化发展水平，开创了"三农"问题新局面，对于全国各地农业生产经营状况较为落后的地区有启发性意义。②睢宁县的"11841"模式是一种从上而下的创新型经营模式，具备系统性和整体性，有利于从全局进行，易形成可复制推广的经验。③睢宁县自 2016 年探索"11841"模式以来，已经取得了不小的成绩，有利于从实际效果出发，分析各项举措产生的影响，为全国其他地区构建更加科学的现代农业经营体系建设路径。

3.3 数据收集

本文的数据主要来源于非正式访谈、现场观察，以及县镇村有关部门提供的资料。首先是非正式访谈，在睢宁与农业农村局干部、乡镇干部、村干部、村民等进行交谈，了解睢宁县近几年来的农业经营体系建设情况。其次是现场观察，通过对睢宁县当地的农业生产进行实地考察，对其生产经营体系有进一步的了解。把相关部门提供的资料作为重要补充，以了解睢宁县"11841"农业经营体系构建的具体情况及其产生的实际影响。

4 解决方案以及实际效益

随着经济社会快速发展，传统的农业发展模式已难以适应新型农村集体经济发展的需要。针对农业产业基础薄弱、规模经营占比低、产业链条短、产销对接不精准、农业绿色发展不平衡等现状，"11841"农业生产经营体系的建立主要包括以下几点措施。

4.1 坚持高位推动，做好顶层设计

睢宁县政府运用系统论的方法，从全局的角度进行把控，对农业生产经营的各方面、各层次、各要素进行统筹，集中有效资源、强化政策配套，从上到下逐级优化，推动体系建设。

县级政府积极谋划推动，探索体系建设方法，并抓紧布置实施。自"11841"新型农业生产经营体系建设以来，县委主要领导先后组织了30余次实地调研和基层干群座谈会，有关部门制定出台了一系列推进新型农业生产经营体系建设的政策文件，划拨专项资金成立县级农业公司，选择乡镇进行试点运营。同时，成立农业现代化建设指挥部，深度整合资金，投入体系建设；保障经营主体权益，激发其生产积极性。

镇级政府听取上级指令，高效落实并贯彻实施。作为试点的双沟镇率先出资5 000万元成立秋歌农业发展公司，推行农业社会化服务，按照"五统一"模式，即"统一订购农机农资、统一提供技术服务、统一植保、统一烘干收储、统一财务管理"，为全镇50个村集体合作社提供服务保障。在半年内，政府累计出资近8亿元，推动全县18个镇和街道成立18家镇级农业发展公司，并积极整合镇级各种农业服务力量，引导鼓励各村党支部成立村级合作社466个。同时，大力开展农业培训，累计培养近12 000新型职业农民，超额完成"11841"新型农业生产经营体系建设任务。如表4.1所示。

表 4.1 "11841"新型农业生产体系

设计类别	具体职能责任
1 个县农业公司	农业融资、品牌推广、产品营销、技术支持、寻求科技合作等；同时对镇农业公司进行指导以及提供后勤保障
18 个镇农业公司	品牌打造、产品加工、建设示范基地、提供科技服务等；推行"品牌销售+订单订金+加工仓储+示范基地+合作农户"发展模式，带动村集体合作社的发展。
400 个村集体合作社	吸纳农民以土地入股；经营集体农场以及负责发展中小规模的农产品分拣、包装、初加工企业
12 000 名新型职业农民	经营 50~100 亩规模的家庭农场，为传统小农户提供"耕、种、收"等生产作业环节的服务

4.2 明确运营机制，优化职能分工

睢宁县政府按照政府引导、市场主导的原则，坚持公有性质不动摇、坚持组织结构公司化、坚持职能界定清晰化，积极构建机构完善、职能清晰的体系运作机制，保证体系高效运转。

一是坚持公有性质不动摇，即县、镇级农业公司为国有企业，村集体股份合作社为集体控股合作社，集体股份占比不低于70%，确保其公有性质，切实保障农民的合法权益。二是坚持组织结构公司化，即县、镇农业公司实行公司化运营方式，统一调配各镇的服务力量，整合资源，监督村集体合作社规范运行。三是坚持职能界定清晰化，即县、镇农业公司和村集体合作社各司其职，共同做好农业生产经营体系建设。县农业公司负责农业投融资、品牌推广等，为镇农业公司提供各方面支持；镇农业公司负责具体的品牌打造、农资农机服务等，支持带动村集体股份合作社发展；村集体股份合作社负责土地流转、集体农场和"一村一品"建设等，服务指导农民专业合作社和家庭农场发展。

4.3 聚焦农业增效，健全发展体系

睢宁县政府立足一产强、二产优、三产活的发展目标，推动农业生产全环节升级，着力打造"从田头到市场"的链条化产业体系。同时，为了支持农村集体经济发展，建立了强有力的后勤保障体系。在基础设施建设上，根据县镇农业发展的规划，配套成立农业综合服务中心，提供材料储存、产品冷藏烘干、车间加工、产品质量检测、网络销售等服务；为了使本地农特产品精深加工和

仓储物流便利化、技术化、集中化，还建设了县农产品加工集中区、镇农产品加工园以及万吨冷库。在资金保障上，除向上级争取财政资金外，还深度整合有关于农业农村发展的相关资金，并积极寻求银行和有关企业的支持。在支持体系建设上，充分利用信贷和金融产品，适当将政策性银行和本地金融有关机构相结合，拓宽多样化的主体融资渠道。

在农业科技水平建设上，以县级农业科技创新中心为纽带，与江苏省农业科学院、南京农业大学、南京林业大学等相关农业科研院所开展校企、校地合作。组建睢宁县农业专家智库、县镇级现代农业大学生见习基地、"一镇一业"产业研究院，建成黄墩湖滞洪区优质粮食示范区、佳禾农业、现代农业产业（草莓）研究院、"未名公社"产业研究院4个工作站，吸纳各类农业专业人才100余人，其中首席专家3人。在人才引进储备上，结合"才聚睢宁"行动，积极主动与江苏省农业科学院、南京农业大学、南京林业大学等有关农业科研院所进行交流对接，诚挚招纳有关农产品加工、生产管理（尤其是农业农村管理）等方面的人才，并且大力支持与引导睢宁籍毕业生返乡就业创业，为他们提供相应的保障、指导以及支持。

为贯彻落实"绿水青山就是金山银山"的发展理念，睢宁县将生态环保融入现代农业经营体系建设中，并进行一系列改革和建设。当前互联网发展迅速，电子商务已成为带动农业农村发展的强有力工具。睢宁抓住发展机遇，逐步完善农产品电子商务经营体系。如江苏佳盛源农业发展有限公司建立"睢宁菜系"电商平台，并且在主城区、重要的镇区设立了"睢宁菜系"产品直营店10家，线上线下同步销售睢宁优质农产品。为了拓展销售业务，还在江阴、泰州等地开设分店，与本地实行同模式同价同质（三同）销售。睢宁县沙集镇是较早开展电子商务的镇区，从2006年开始推进，2009年后快速发展。2016年，睢宁县委县政府出台《关于加快打造"沙集模式"升级版全面推进沙集镇产城融合发展的意见》，通过打造家具产业品牌影响力、大力发展物流产业，形成销售链条一体化、扩大内外开放、促进城镇化水平的提高来促使"沙集模式"在全县推广。2017年，睢宁县印发《2017年度复制推广"沙集模式"工作重点》等文件，将"大力发展镇域特色产品线上营销"列为重点中的重点。

在农业生态方面，睢宁打造以农业生态循环为纽带的农业产业体系。睢宁每年产出农作物秸秆116万吨、畜禽粪便100余万吨以及农村易腐垃圾1.8万吨。睢宁因地制宜推动规模化沼气的发展。在睢宁的集中居住区，秸秆太阳能沼气项目是关键一环，它创造性地解决了居住区内的餐厨废弃物与厕所垃圾，同时通过集中供气让农民们用上物美价廉的清洁能源。如姚集镇高党村以沼气工程为纽带,将周边畜禽粪污进行处理加工,生产出健康无害的有机肥料,提供给周边农田和生态园区使用,实现农业生态的有机循环。

睢宁县通过打造百万亩高标准农田、培育规模化生产基地、推动农村三产融合发展、发展规模订单农业等,完善"市场+农业公司+合作社"共同利益链,提升农村集体经济生产效益。截至2019年年底,睢宁已建成高标准农田87.6万亩,规模经营面积超70万亩,"彭城古黄河""双溪翠"等本土农产品品牌初具影响,创成10个淘宝镇、92个淘宝村,建有农业类型网店3 600余家,县农业公司签订订单合同500份,数额达1.6亿元,带动近200个合作社稳定创收。

4.4 注重科学激励,确保规范运行

睢宁县政府在做好各项保障、夯实发展基础的同时,通过建章立制、加强监管、完善激励,确保"11841"现代农业生产经营体系平稳规范运营。

一是实行一套规范管理模式。县镇农业公司参照现代企业内部管理模式,集体股份合作社实施村社事务剥离、村账镇管等一系列相互监督、公开透明的管理制度,保障体系平稳运行。二是建立一项科学奖励机制。将体系建设纳入政府考核内容,县镇农业公司实行"多劳多得、创新多得、干成多得"的薪酬制度,对入股村集体合作社的村干部和村民实行奖金和分红制度,激发其积极性。三是创新一条人才培养路径。依托县农业科技创新中心,积极与高等院校建立合作,组建大学生实习基地、研究工作站等,开展新型职业农民培育工程,培养有技术的新型农民,开通农民工创业绿色通道,吸引人才回乡创业,为体系建设添砖加瓦。

4.5 "11841"新型农业生产经营体系的实际效益

总的来看,睢宁"11841"新型农业生产经营体系,加快了全县农村产业转型升级步伐,推动了农村集体经济发展壮大。

一是实现了集体经济节本增效。通过建设高标准农田和提供统一服务等方式,降低了农业生产成本,全面提升了农村集体经济的生产效益。例如,通过提供统一服务的农资采购、农产品销售、农技服务和财务管理,使农业每亩生产成本降低200元,仅此一项全年节约成本近8 000万元。

二是加快了农村集体产业升级。通过推进土地规模流转、农业适度经营,为农村集体经济产业结构调整提供了条件,尤其是通过村集体引领示范,积极打造绿色有机农产品,大力发展品牌农业,提升了产业层次,加快了农村集体

产业升级。

三是推进农业生产绿色转型。通过支持村集体发展生态有机高效农业，构建以优质粮食等为主导、中草药等为特色、稻田养殖等为重点的绿色高效农业种养格局，降低农业面源污染，保护农业生态环境，推进农业生产向集约高效、绿色安全方向转变。

四是拓宽了富民渠道。体系的建立，既打通了靠地致富的瓶颈，又进一步解放了农村劳动力，拓宽了群众增收路径。在村集体合作社带动下，农户围绕市场精准组织种植实现增收。调研了解到，大部分农户自愿流转土地后进厂务工，按照土地流转 800 元/亩和进厂务工 80 元/天计算，农户每年可增收超 2 万元。2019 年，全县低收入人口实现基本脱贫，脱贫率 99.9%，连续三年进入省扶贫开发工作考核第一方阵。

五是促进了集体增收。在体系牵引下，村集体通过成立合作社发展集体农场、开展农机服务、组织初深加工，有效增强了集体"造血"功能。2019 年，村均经营性收入为 41.37 万元。村集体经济的增长，让村"两委"办成了许多过去想办而没有办成的实事，更增强了村党组织在群众中的威信和号召力。同时，村干部通过参股和绩效考核，部分工作实绩突出的村支书年收入超过 10 万元，进一步增强了村干部的获得感和归属感。如表 4.2 所示。

表 4.2　睢宁县现代农业经营体系发展的实际效益

效益方面	实际效益
农业结构	形成优质稻麦、绿色蔬菜、精品果业和生态养殖 4 个主导产业；形成西（甜）瓜、蚕桑、中草药和小花生 4 个特色产业；形成稻渔共作和花卉苗木 2 个培育产业；建成 28 个粮食绿色优质高效示范片；建成稻田综合种养示范基地 1.8 万亩；建成鲜食玉米、稻蟹、花生等 300 亩以上经营示范基地 30 个；打造近 10 个优势产业示范基地
产业链条	拥有 1 个省级农产品加工区，184 家农业龙头企业；16 家企业在江苏股权交易中心农业板首批挂牌；建成 15 个万吨级冷库；建成 14 个淘宝镇、112 个淘宝村，2019 年上半年农产品网销额达 7 亿元、增长 30%
农民收入	亩均生产成本降低 200 元；每个合作社常态性用工在 10 人左右，人均年工资在 2 万元以上；已示范带动低收入农户 3 234 户，年均增收 1.5 万元以上
集体经济	2018 年，53 个省定经济薄弱村全部脱贫，贫困发生率由 2016 年初的 13.8% 下降到 0.8%。2019 年，全县低收入人口实现基本脱贫，脱贫率 99.9%

5 案例启示

构建现代农业经营体系是我国加快农业农村现代化和全面推进乡村振兴的重要举措，同时也是促进农民增收和实现全体农民共同富裕的重要抓手。本文通过研究睢宁"11841"新型农业经营体系的主要做法，分析实际效益，得出以下几点启示。

一是坚持市场运作理念。要广泛引入企业经营管理制度，实行经营管理绩效与经营者收入挂钩，推广经营班子年薪制、风险抵押金制度、外聘职业经理人、独立董事等经营管理机制。

二是加强要素供给保障。强化要素保障是构建高质量农业生产经营体系，助力农村集体经济发展壮大的关键一环。要充分发挥农村优质要素资源的乘数效应，加强人才培育引进、加快推进土地流转、强化资金投入保障，形成助推农村集体经济高质量发展的优势力量。

三是加快集成改革步伐。要以创建农业农村集成改革试点为抓手，着力破除体制机制弊端，扎实推进土地制度改革、稳妥推进宅基地制度改革、持续深化农村金融改革，充分激发农村集体经济发展活力。

四是健全完善体制机制。完备的制度建设是做好一切工作的保障。因此，要优化完善制度体系建设，健全考核机制、规范财务机制、落实奖励激励机制，推动农村集体经济持续健康发展。

02

产业发展篇

06 桃林结硕果 红土焕新颜
——杏虎村一、二、三产业融合发展之路[*]

1 案例背景

1.1 政策引领 制度护航

2014年12月召开的中央农村工作会议第一次提出："要把产业链、价值链等现代产业组织方式引入农业，促进一、二、三产业融合互动"。在党的二十大会议上，习近平总书记指出："全面推进乡村振兴，坚持农业农村优先发展，巩固拓展脱贫攻坚成果，加快建设农业强国，扎实推动乡村产业、人才、文化、生态、组织振兴。"深入推进农村一、二、三产业融合发展，培育壮大乡村产业，是推动乡村产业高质量发展、促进农民增收致富、加快城乡融合发展的重要举措。当下，全国已经涌现出一批具有创新性和示范性的经济主体，在实现乡村振兴，农民增收方面取得了一定的成效。江苏省丹阳市杏虎村围绕水蜜桃产业，通过突出特色种植、激发红色动能、构建多元合作、创新研学教育、丰富销售渠道等方式，积极培育一、二、三产业融合发展体系，打造特色品牌、特色小镇，助力本地及周边村民致富增收，更成为一、二、三产业融合的示范村。本文围绕杏虎村水蜜桃产业，多维度分析产业融合发展现状，总结案例启示，以期为其他相关地区产业发展提供一定参考。

---

  * 参赛院校：河海大学
    指导教师：贺丽蒔
    参赛研究生：祁婷、李爽、刘畅、徐蒙、龚韬文、成恺然、张铄鑫、徐艺宸、尹文静

1.2 理论立足 研究有道

（1）文献分析法。充分搜集国内各类文献，收集与本研究相关的文献，吸收和消化有关的研究理论、研究成果，以及相关学者研究同类主题所使用的方法和工具。同时，查阅中央、省市关于乡村振兴，农村农业发展，一、二、三产业融合相关文件规定，为后期论文的撰写提供素材支撑。

（2）案例分析法。本研究以江苏丹阳杏虎村水蜜桃产业融合为案例，从融合历程和现状、融合特点及融合经验等多方面对农业产业融合发展情况等进行分析，找经验、查问题、提对策，为其他相关地区产业发展提供借鉴。

（3）走访调研法。通过对杏虎村党委书记、杏虎村村民、杏虎村水蜜桃种植户以及顾客等进行调查问卷和访谈，收集该村水蜜桃产业发展情况资料及数据，并加以分析。

1.3 甜蜜融合 成果丰硕

我国农业产业融合发展起步较晚，在 20 世纪 90 年代初，三类产业还处于分离状态，随后在发展市场经济的条件下，开始出现农业与加工工业、服务业加速融合的趋势。我国多名学者开展了对产业融合的专题研究，但从现有的研究成果来看，大多是从理论的层面以及宏观的角度定义关于农业农村一、二、三产业融合发展的含义、分析产业融合的必要性、总结我国产业融合发展的几种模式以及存在的问题，缺乏在特定的区位、环境、市场条件下对特定农业产业融合发展现状进行分析性研究。该研究小组通过实地调研和资料查询，发现杏虎村水蜜桃产业经过多年发展，日渐成熟与完备，其发展模式和具体做法具有一定的示范作用和参考价值，目前，对于丹阳市杏虎村产业融合发展的研究较为缺乏，本文将以产业融合为主题，从多方面分析杏虎村农业产业融合发展情况，绘制出一幅具有典型性和可研究价值的乡村振兴经验"实景图"，旨在为其他相关地区产业发展提供参考。

2 桃林结硕果——水蜜桃赋能产业升级之路

2.1 做强一产 成就水蜜桃甜蜜事业

杏虎村水蜜桃种植历史悠久，20 世纪 70 年代已具有一定规模，2001 年在时代楷模赵亚夫及其团队的指导下，成立了以种植水蜜桃为主的农业科技示范园。同时，杏虎村水蜜桃种植坚持按标准化生产，以施有机肥为主，用动物天敌和声波控制等生物防治、物理防治方法消灭虫害，用人工除草代替化学除草剂，确保产品绿色安全。2008 年和 2012 年杏虎村水蜜桃被中国绿色产品发展中心认定为"绿色食品 A 级认证"，并通过"无公害食品"认证。"杏虎村"水蜜桃不仅具有果型大、纤维少、糖分足的特点，还含有多种维生素和果酸，以及钙、磷等无机盐。

2.1.1 因地制宜 十里桃缘

南宋时期的《临安志》首次记载了"水蜜桃"这个品种，随后萧山、台州先后出现"水蜜桃"的记载，证实南宋时浙江地区已有水蜜桃被大量种植。及至元代，水蜜桃传播至镇江，首次被称为"桃中佳品"。

杏虎村位于镇江丹阳市西部，属北亚热带季风气候，春夏秋冬四季分明，年均气温 15.6℃，降水量 1 051.9 毫米，有效日照 2 089.6 小时，无霜期 229 天。该区域面积 10 平方千米，70% 以上属于微丘陵和岗坡地，土壤以黄土为主，土层深厚肥沃，有机质含量丰富。得天独厚的地理环境，生态环保的种植，使得此地特别适宜水蜜桃的生长。

表 2.1 杏虎村农林用地构成情况

分类原则	地类	面积（公顷）	占比（%）	备注
农林用地	耕地	273	31.18	
	园地	130.56	14.91	31.39 公顷工程恢复，63.28 公顷即可恢复
	林地	247.74	28.30	70.39 公顷工程恢复，144.16 公顷即可恢复
	其他农用地	224.18	25.61	20.39 公顷工程恢复，30.56 公顷即可恢复
总计		875.48	100	122.17 公顷工程恢复，238.00 公顷即可恢复

2.1.2 组织引领 党员带头

党的二十大为乡村振兴工作再次明确了方向和路径。要发挥党建工作在乡村振兴中的引领作用，必须聚焦组织振兴，用心用力种好乡村振兴"责任田"。

1999 年 5 月时任光明日报社驻南斯拉夫大使馆记者许杏虎夫妇在北约轰炸中不幸遇难，为缅怀英烈，原高甸村更名为杏虎村。当全国时代楷模、全国脱贫攻坚楷模、农业专家赵亚夫，从"新闻联播"中看到党和国家领导人看望许杏虎父亲的画面时，他毅然决然前往杏虎村，努力帮助村民们摆脱贫困落后的现状。

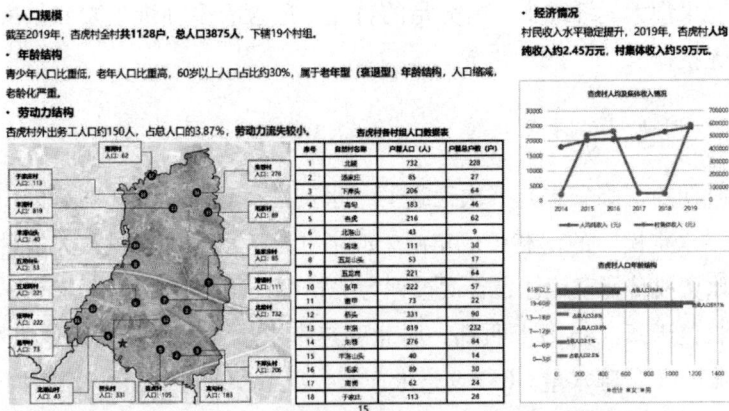

图 2.1 杏虎村经济人口等现状表

2000 年，杏虎村还是一个省级贫困村，全村人均年收入不足千元，当时村委会欠账 11 万元，村干部 5 年没领到工资。赵亚夫见状，立即邀请杏虎村原党支部书记许德胜和村民组长、党员、种田大户去句容参观特色种植基地。在考察了句容市大卓镇全国劳模杨修林的桃园后，他们认为杏虎村地处丘陵地区，特别适合种植水蜜桃，而且水蜜桃相比其他经济作物，前期投入低，收益比较大。考察结束后，赵亚夫不仅带领村民引进水蜜桃新品种，还在杏虎村大力推广新品种的种植新技术：给桃树施有机肥，要绕树一周，庄稼地里不打农药、不施化肥……刚开始，听到赵亚夫介绍这些种植新方法时，不少农户将信将疑，一是认为桃树种植周期过长，收成慢；二是担忧桃子收获后，销售成难题，种种顾虑使得村民们一度不敢尝试。为了激发村民的种植积极性，赵亚夫带着老党员率先带头改种桃树。"做给乡亲们看、带着乡亲们干、帮助乡亲们销、实现乡亲们富。"在第一次收获时，老党员们种植的有机桃品相好、甜度高、产量大，一经上市，很快就销售一空。尝到了甜头的村民们纷纷开始种桃子。赵亚夫及其团队，挨家挨户地对村民进行"一对一"指导，并积极带动土壤改良、品种更新、科技推广，加快水蜜桃种植向专业化、生态化转变。

截至 2022 年，杏虎村先后种下了 1 500 亩水蜜桃，打响了"杏虎水蜜桃"

品牌，杏虎村年人均收入已超 25 000 元，相较于 2001 年，提高了近 30 倍，2019 年杏虎村更是成功脱贫，摘掉了省级贫困村的帽子，一步一步走向富足生活。

2.2 做优二产 拓展水蜜桃产业链

2.2.1 建立合作社，推动加工产业提能增效

自 2001 年种植以来，虽然杏虎村水蜜桃的名气越来越大，但缺乏统一化管理，杏虎村水蜜桃销售遇到诸多瓶颈。于是，2006 年村里成立了杏虎村果品专业合作社，合作社制定了《杏虎村牌无公害水蜜桃生产技术规程》，实施了"一号、一卡、一册"的管理模式，即一户一个工号、一户一张销售卡、一户一本生产技术手册，从种植到采摘到销售，每个环节上都做到有据可依、有章可循。另一方面，合作社建立标准化生产领导小组，设立了 5 个生产服务小组，明确分工，职责到人，按标准化生产规程严格指导。合作社还提供"产前、产中、产后"三大服务，统一果品育苗、技术指导、生产管理、品牌包装、产品销售。截至 2022 年，果桃年产量 200 余万斤，年销售额 500 余万元，种植户的纯收入亩均达到了 1.1 万余元，果农成员人均收入增收了 3.8 万余元，有效地带动了农民经济收入增长，形成了规模效益。合作社成立以来，先后获评全国农民专业合作社示范社、江苏省"百佳"农民专业合作社、江苏省"五好"农民专业合作社示范社等多个荣誉称号。

在合作社的统一组织和管理下，为了充分挖掘水蜜桃的经济潜能，杏虎村果品合作社开发出桃胶、桃酒、桃果干、桃果粉，以及桃花研制成的面膜等水蜜桃系列加工产品，建起了家庭农场、农资超市等服务配套设施。与此同时，合作社还加大了冷冻桃片、桃花茶等新产品的开发力度，使其符合现代消费者的营养需求。从水蜜桃及其第二产业加工产品的生产销售到物流售后，都采用标准化的管理模式。依托杏虎村水蜜桃产业基础和合作社的统一化管理，合作社积极配套农副产品分拣、加工、贮藏、物流等设施，完善农业加工体系，延伸农业产业链条，做大做强农产品加工产业规模，增强产业综合竞争力和经济效益。

2.2.2 品牌加持，合作社实现"五统一"

十几年前，我国大多数合作社还处于"初级联合"阶段。对于什么是农业品牌，为什么要发展农业品牌，很多专业的"三农"工作者都缺乏清晰认识。

图 2.2　杏虎村第二产业桃胶加工

而作为合作社的创始人许德胜深刻明白，品牌是品质的体现、信誉的凝结，品牌打造不必一开始就"求大求全"，不妨从一个商标开始，从订购一批包装纸箱入手，让合作社的产品和周边同类产品拉开差距，每一件售出产品都是对合作社无声的宣传推广，更是对杏虎牌水蜜桃的销售和价值提升起到"润物细无声"的作用。在老党员许德胜的倡导下，果品合作社注册了"杏虎村"牌商标，不仅让水蜜桃产业在杏虎村实现了"五统一"，即统一品种供应、统一技术指导、统一生产管理、统一品牌包装、统一产品销售；更是获得 2009 年、2012 年"镇江知名商标"称号及 2010 年镇江市农委评比通过的"知名农产品"等荣誉。

2.3　做活三产 助推"水蜜桃+"产业升级

2.3.1　红色引擎助推乡村振兴

近年来，杏虎村以缅怀烈士许杏虎夫妇为思想内涵，结合许杏虎故居、纪念馆，打造杏虎村特色红色文化旅游产品。一方面，针对中小学生团体、企事业单位团体，开展传承红色基因主题活动、爱国主义教育活动；另一方面，针对机关单位团体、党校团体等，以开展党组织教育为主要项目，联动村内烈士故居、纪念馆及其他食宿服务业，打造红色文化研学产业。杏虎村党委将"许杏虎朱颖革命烈士纪念馆""丹阳市党员教育实践基地"作为党员的学习教育课堂，推进学习教育常态化，激发全村 137 名党员在"脱贫攻坚""人居环境整

图2.3 "杏虎村"水蜜桃商标注册

治""村级治理"等主战场上的精气神。当前，杏虎村正以水蜜桃产业、红色故事为主旋律，力争打造一个集绿色生态、红色教育、休闲度假、旅游观光于一体的新型特色乡村。

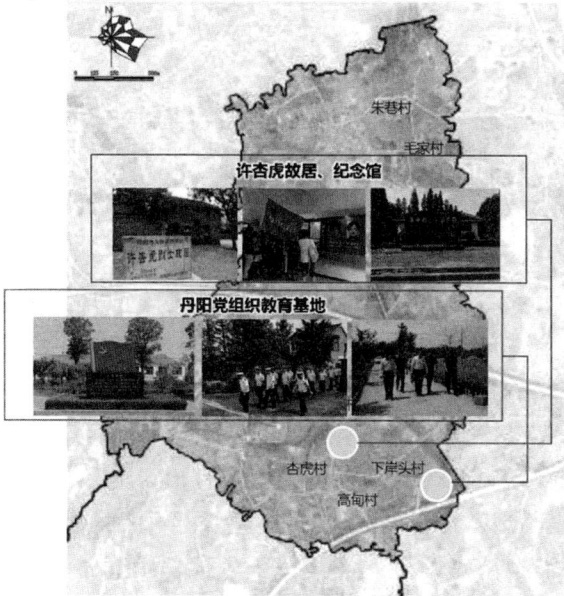

图2.4 红色文化研学构建图

2.3.2 桃园综合体绘就美好画卷

桃园综合体模式是以桃产业为农业产业发展基础的田园综合体，是顺应农村供给侧结构性改革、新型产业发展，集现代桃产业、休闲旅游业、田园社区于一体的乡村综合发展模式。

多年以来，杏虎村以桃产业为主导产业，集循环农业、创意农业、农事体验于一体，通过产业的交互渗透，把生产、技术、产品、休闲度假、养生娱乐等有机结合起来，成为现代文旅农业和社区农业的载体，拓展了桃产业的链条，发挥了产业价值的乘数效应。

在此背景下，当地村民将水果种植与乡村体验游结合，把自己的家庭农场发展成为一家集林果采摘、农事体验、休闲垂钓于一体的休闲观光农场。通过利用自家庭院、自己生产的农产品及周围的田园风光，吸引了众多游客前来吃、住、玩、游、娱、购。

针对杏虎村劳动力外流的问题，政府将农户生产生活直接同休闲服务业紧密结合，推行"农家乐""农家院"等服务模式。近年来，杏虎村坚持生态立村，将生态优势和"杏虎水蜜桃"品牌优势结合，逐步融入桃文化、红色文化、地质文化等多种元素，让"杏虎村落赏花醉，桃花源里闻果香"成为杏虎村诗情画意的生动写照。

3 红土焕新颜——水蜜桃三产融合振兴之举

杏虎村产业融合发展改变了单一的水蜜桃产品结构，从根源上打通了杏虎村水蜜桃上下游产业链，形成了新的商业模式。

2019 年，杏虎村全村整体脱贫。杏虎村水蜜桃种植面积已经扩大到 1 500 亩，年产量约为 200 万斤，每亩平均年收入达到 12 000 元。种植范围也从示范区扩展到周边 3 个村，涵盖 300 多个种植户。水蜜桃成了杏虎村的"甜蜜事业"，全村 3875 多位村民也过上了"甜蜜的生活"。

当下，我国桃林产业仍然是以传统栽培、种植为主，水蜜桃产品基本为初加工，产品附加值不高、溢价低，对应的配套服务不能满足第一产业发展需求，桃林种植以分散的农村、农庄个体村户为主。三产融合的策略可以从根源上打造杏虎村现代化桃林产业，改变单一的水蜜桃产品结构，依托目前市场需求，打通杏虎村水蜜桃上下游产业链，串联种植、加工、运输、渠道、销售、服务等链条，从而实现杏虎"仙桃"发展方式的创新，生成新业态、新技术、新商业模式、新空间布局等。

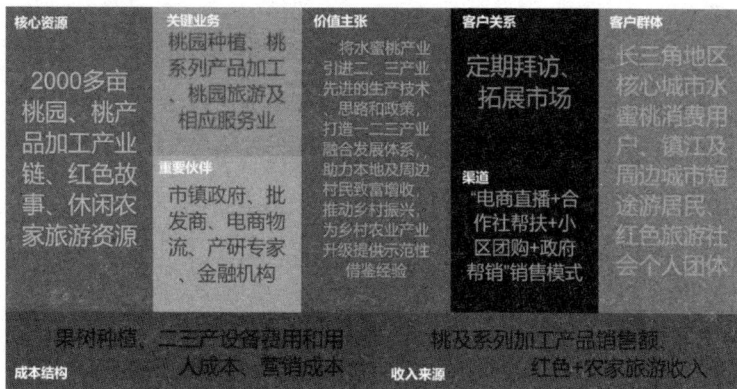

图 3.1 杏虎村一、二、三产业融合模式商业模型画布

3.1 聚力四模式 融合新业态

3.1.1 实施"电商直播+合作社帮扶+小区团购+政府帮销"的销售模式

丹阳市扶贫三会携手杏虎村，通过果品专业合作社在当地核心产区精选了三大水蜜桃直供基地，率先在电网销售渠道中发起了杏虎村水蜜桃"精品果品"直销活动，借助多个电商平台，统筹对接高品质商超门店，市扶贫三会与合作社进行统一协调行动，把杏虎村水蜜桃"精品果品"推向华东区域乃至全国。在销售模式上，杏虎村一改传统销售模式，采取线上线下无缝衔接模式，利用抖音、快手、淘宝、京东、微店等诸多线上渠道进行全力销售，并制定了"三个统一"，即统一品牌、统一销售、统一标准，改变了过去"各自为战、价格不一"的销售现状。线下则以小区团购、农户自销为载体，打造中高端品牌，杏虎村模式从根本上解决了桃销售困难问题，推动了水蜜桃产业的融合发展。

3.1.2 红色文旅产业功能多元化——以桃为媒，杏虎村"卖风景"

"杏虎村十里桃林，每年春季就能吸引几万名游客。"杏虎村党委书记黄兢说。以桃为媒，杏虎村将"卖水蜜桃"变为"卖风景"，打造当地特色的蜜桃小村镇，为杏虎村定制自己的旅游特色新模式。近年来，杏虎村坚持生态立村，将生态优势和"杏虎水蜜桃"品牌优势结合，潜心酝酿桃园综合体。依托江苏省丹阳现代农业产业示范园、许杏虎烈士纪念馆、桃花山庄、万新蓝莓庄园、党员红色教育基地等，将十里桃林融入旅游观光农业；依托两千亩桃园和千亩茶园，大力发展二、三产业，使农家乐餐饮、鲜果采摘、度假休闲为一体的综合旅游观光农业进档升位，着力打造"春天踏青赏花、夏天避暑纳凉、秋天采摘瓜果、冬天品尝美食"的"世外桃源"。

3.1.3 大力采用高新农业技术

杏虎村桃园产业的种植、发展采用聚拢栽培新技术，土壤营养，有机无公害，且在丹阳市政府的引导下，持续地进行品种更新、科技帮扶，推广标准化种植模式、有效流转土地，建设示范基地、做精做强水蜜桃种植产业。建设"互联网+"的现代农业生态工程、实施生产智能化控制管理、构建物联网农业化、丹阳市农业地理综合信息系统客户端共享信息链。利用先进的科学技术，推动杏虎村桃产业的发展，促进杏虎村地区桃产业的融合。杏虎村着重发展中高端品牌精品水蜜桃标准化生产、桃胶深加工、冷链物流与农产品电子商务；结合丹阳周边高校和企业资源与国内外一流农业专家建立"桃专家工作室"，建设水蜜桃品种基因库和资源圃，开展桃文化挖掘与桃系列产品研发。

3.1.4 依托区域品牌建设拉动杏虎村综合发展

区域品牌的建设是促进现代三产融合发展的途径之一。杏虎村田园综合体在建设中借用"杏虎村"水蜜桃这一区域品牌，推动产业转型升级、提升产品附加值、拉动产业市场竞争力。实施区域品牌战略是优化产业集群、实现产业集群转型发展的有效措施，是促进产业融合发展的关键举措。着力打造"镇农游"休闲农业品牌，重点推出10项乡村休闲旅游项目，将农业景观资源、地域文化资源和观光休闲旅游紧密融合，全面展示杏虎村的乡土、乡情和乡韵特色。

2021年的镇江农产品购销帮扶会上，镇江市10家大型企事业单位与丹阳司徒镇等签订农产品购销帮扶协议，现场认购杏虎仙桃7500余箱。镇江市休闲农业和乡村旅游接待游客超700万人次，呈现出蓬勃发展的态势，美丽的乡村颜值正转化为推进乡村振兴的绿色产值。

3.2 融合新成果 拓宽振兴路

杏虎村将一、二、三产业融合发展作为乡村产业振兴的核心策略，积极探索和实践，成立农业科技示范园：一方面，立足园区桃园资源和产业特色，围绕"三农"的供给侧结构性改革主线，以提高农业质量效益为中心任务；另一方面，以培养壮大新型经营主体、推进农村三产融合为重点，以水蜜桃为核心产业，延伸农产品加工物流产业链。最后，以丹阳市政府为主导，整合各方资

图 3.2　杏虎村荣誉牌匾

源，全力打造区域公共品牌，充分发挥生态农业优势，大力发展智慧农业、生态农业与休闲农业等现代农业，打造镇江市现代农业产业示范园、丹阳区域一流生态高效农业科技示范园，进一步扩大水蜜桃种植规模并以期产生辐射效应，形成三产业融合发展新模式，进一步拓宽振兴之路。

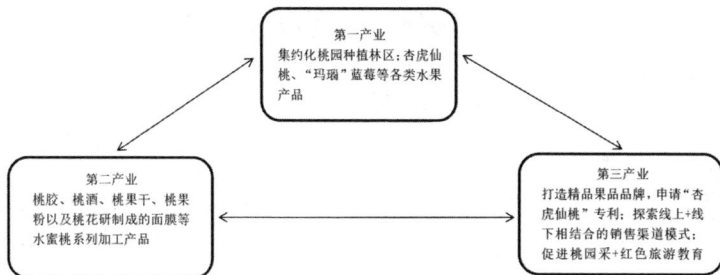

图 3.3　杏虎仙桃三产融合发展示意图

为调动农民种植的积极性，近几年，杏虎村除了上级政府的补贴资金以外，司徒镇还对杏虎村村民给予了技术和资金的补贴：一方面，给予水稻、小麦、果树新品种引进、新技术推广、新模式种植，提高农产品产量、质量，节省种植成本，提高亩均收益；另一方面，还对农民给予经济林果、机械、粮食等补贴，2020 年 1 至 10 月，司徒镇对农民发放各项补贴 200 多万元。当下，江苏省丹阳市现代农业产业示范园组织健全、管理有效，丹阳司徒镇党委政府给予杏虎村政策支持，后期将重点打造省级园区新标杆。

4 稳抓产业融合 着力乡村振兴

丹阳市司徒镇杏虎村通过实施多类型的农村产业融合方式，打造产业一体化互动发展，助力乡村振兴。两年来，杏虎村村集体经济增长了40%；经营性收入增长了45%；集体资产增长了127%；经济性资产更是实现了质的飞跃，增长了458%。

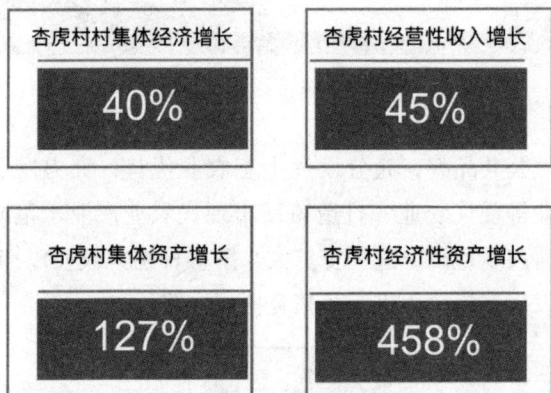

杏虎村村集体经济增长	杏虎村经营性收入增长
40%	**45%**

杏虎村集体资产增长	杏虎村经济性资产增长
127%	**458%**

图 4.1 杏虎村三产融合成果

经过研究小组实地调研和理论研究发现，当地一、二、三产业融合的各项举措，对拓宽农民的增收渠道、构建现代农业产业体系等方面具有重要借鉴性意义。回顾以水蜜桃产业为主导的杏虎村三产融合发展路径、实现乡村振兴方针，研究小组归纳出其在发展过程中的"五个稳抓"重要战略。

4.1 抓好党建引领，广辟"动力源"

从党的建设上下功夫，增强基层党组织凝聚力。杏虎村牢牢握住党组织建设，筑牢党建之基，激发红色动能。一是坚定不移构建从党委到群众，一级带一级的新模式，最大化释放组织正能量，夯实村级党建工作基础。二是突出党建引领基层治理核心作用，在4个二级网格、9个三级网格基础上，建立健全红色网格长、网格员，实现了村内信息实时采集、问题联动处置。三是发扬许杏虎革命烈士精神，组建"虎子志愿服务队"，在疫情防控、疫苗接种、人居环境整治等方面发挥先锋模范作用，打造出符合"农文旅三位一体，一、二、三产业融合"发展理念的红色文化研学品牌。

4.2　抓住特色保障，瞄准"风向标"

在"水蜜桃+"上发重力，提升优势产业数字效能。通过发展杏虎村特色产业——水蜜桃，支持农民直接经营或参与经营的乡村民宿、特色农家乐，拓展农民就地就近就业创业路径。为做大做强水蜜桃产业，村党委主动对接"全国脱贫攻坚楷模"赵亚夫及其团队，为农户、合作社提供及时、优质的技术指导，推动农旅融合产业发展。杏虎村村党委广泛听取村民建议，以口碑和特色为基础，构建"村集体公司+合作社+示范基地+农户"运营模式，带动杏虎村实现产加销一体化经营发展订单种植和新型线上模式，为杏虎村一、二、三产业融合发展提供夯实基础。

4.3　抓牢深度融合，掌好"船尾舵"

在产业融合上出实招，构建一、二、三产业融合发展新体系。因地制宜，制订做强一产、做优二产、做活三产，实现产业链拓展延伸的总目标。杏虎村重点突出水蜜桃种植特色并融合二、三产业发展，激发杏虎牌水蜜桃核心竞争力。以水蜜桃产业为主导，开发桃胶、桃酒、桃果干等系列加工产品，实现从无到有的突破。同时，发展红色文化研学、渔业等特色产业，打造江苏特色名优农副产品和红色教育基地名片，提升杏虎村吸引力和名气。现种植水蜜桃 1 500亩、黄桃 500 亩、蓝莓 500 亩，猕猴桃、草莓、葡萄、梨、茶叶等其他果品 690亩，逐步形成以采摘应时鲜果、体验乡村生活为主题的乡村旅游项目，绘就杏虎村一、二、三产业深度融合的美好画卷。

4.4　抓实多元创新，吹响"集结号"

在多元化发展上做文章，夯实一、二、三产业融合发展基础。把握多元化发展的主流趋势，积极打造"1+2+3"产业融合发展体系，助力杏虎村产业转型升级。首先是做强一大主导产业，发展集水蜜桃种植、观光、采摘、微加工、文化休闲体验等于一体的"水蜜桃+"全产业链，打造精品种植示范基地、观光桃园、桃文化体验馆、主题展销、桃源民宿、电商平台、微加工坊等项目。其次是做优两大特色产业，实现红色文化研学品牌化；打造特色杏虎村渔业养殖、休闲体验一体化。最后是升级 3 个兼容产业，引入农业科技、互联网科技，依托通用机场，提高农产品生产效率和品牌效益，做好多个兼容产业。同时，植入采摘、休闲、体验、餐饮等功能，丰富乡村旅游业发展。境内现有万新西郊蓝莓庄园、隆芳生态园等10余家观光休闲农庄，能够提供全方位、全时令农家餐饮、鲜果采摘、休闲垂钓等综合服务，真正实现杏虎村一、二、三产业融合的可持续发展。

4.5 抓深绿色发展，提升"好成色"

在现有融合模式上下功夫，发展现代绿色高效农业。依托现状农业资源，激发产业新活力，为一、二、三产业融合发展增色添彩。杏虎村首先通过明确建设空间、农业空间、生态空间，加强"两线三区"管控，构建"林—田—水—村"生态景观格局，让杏虎村望得见山水，记得住乡愁。其次，聚焦水蜜桃产业，旨在引导扶持龙头企业创建标准化、规范化、清洁化农副产品加工厂，推进"三品一标"，打造拳头品牌。最后，杏虎村采用"点+面"控制的方法，居民点污水采用管网和设施一体化的形式，同时引导生态农业和生态养殖，减少农业污染，改善河道生态圈环境，丰富水生动植物的多样性，提高水体的自净能力和活力，推进一、二、三产业融合，走绿色发展之路，提升了杏虎村产业经济创新力和竞争力。

5 固成果望未来 凝心力振乡村

为积极响应党中央关于实施乡村振兴的战略，走稳走实中国特色社会主义乡村振兴道路，杏虎村严格按照"产业兴旺、生态宜居、乡风文明、治理有效、生活富裕"的总要求，积极落实"党建引领、特色保障、深度融合、多元创新、绿色发展"二十字方针，让农业成为有奔头的产业，让农民成为有吸引力的职业，让农村成为安居乐业的美丽家园。研究小组经过理论和实践，从研究意义出发，在以水蜜桃产业为主导的杏虎村三产融合发展路径的指引下，清晰地绘制了一幅具有典型性和可研究价值的乡村振兴经验"实景图"。见下图

在图5.1中，我们可以看到，乡村振兴，关键是产业要振兴。产业要振兴，产业融合是核心。产业融合以农业现代化为根基，以培育和发展新型经营主体为引领，以利益联结、多元化业态调整为纽带，通过产业联动、技术渗透等方式进行跨界集约化配置，使得农村第一、二、三产业之间紧密相连、协同发展。乡村振兴，要按照"延伸产业链，提升价值链，完善利益链"的思路，推进农村一、二、三产业融合发展，把农民增收嵌合到农村产业链的每一个环节，把群众的积极性凝聚起来、发动起来，推动新时代农业转型发展、构建现代化体系、促进城乡发展一体化。

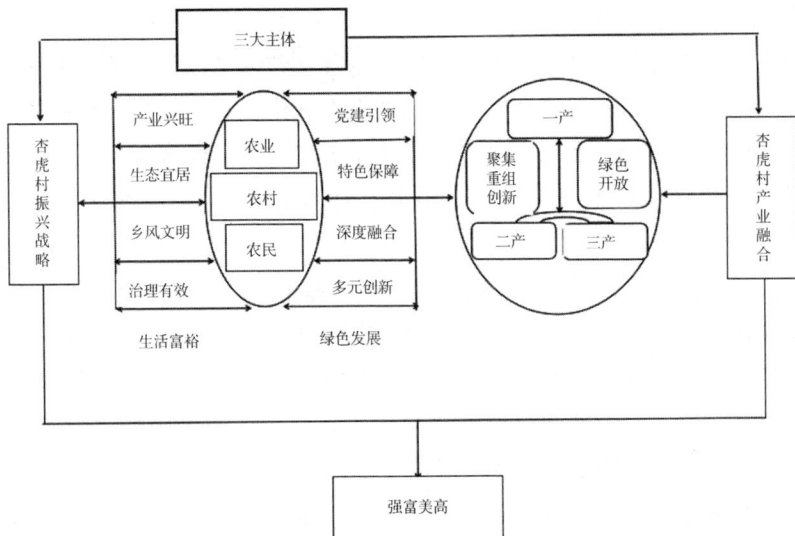

图 5.1　杏虎村三产融合与乡村振兴战略性路径图

第一，产业兴旺是实现乡村振兴的基石。杏虎村通过产品、技术、制度、组织和管理创新，提高良种化、机械化、科技化、信息化、标准化、制度化和组织化水平，推动水蜜桃特色产业以及农产品加工业转型升级，积极融合一、二、三产业发展，成功打造特色优势产业，保障乡村振兴战略全面实施。

第二，生态宜居是提高乡村发展质量的保证。杏虎村把改善道路基础设施作为为民办实事的有效载体，加快实施乡村道路改造，畅通完善乡村公路路网，着力优化群众交通出行环境。坚持生态文明理念，保留了杏虎村乡土气息，保存了乡村原有风貌，保护了乡村生态系统，治理了乡村环境污染，实现人与自然和谐共生。

第三，乡风文明是乡村建设的灵魂。杏虎村作为英雄故里，以党建引领为"红色引擎"驱动乡村振兴提质增效，以缅怀烈士许杏虎夫妇为思想内涵，推进学习教育常态化，激发全村 137 名党员在"脱贫攻坚""人居环境整治""村级治理"等主战场上的精气神。同时，大力弘扬社会主义核心价值观，传承遵规守约、尊老爱幼、邻里互助、诚实守信等乡村良好习俗，努力实现乡村传统文化与现代文明的融合。

第四，治理有效是乡村善治的核心。杏虎村突出党建引领基层治理核心作用，在 4 个二级网格、9 个三级网格基础上，建立健全红色网格长、网格员，实现了村内信息实时采集、问题联动处置。切实强化责任担当，全力抓好网格化管理服务工作推进落实。

第五，生活富裕是乡村振兴的目标。为做大做强水蜜桃产业，杏虎村相关领导主动对接"全国脱贫攻坚楷模"赵亚夫及其团队，为农户、合作社提供及时、优质的技术指导，推动农旅融合产业发展。同时，围绕杏虎红色资源，打造红色旅游产业，实现一、二、三产业融合可持续发展。推动城乡一体化建设，打造"经济强""百姓富""环境美"和"社会文明程度高"的新江苏。

二十年光阴流转，烈士纪念馆依旧矗立在那里，但院墙外早已是瓜果飘香。烈士纪念馆，是杏虎村的"魂"；如今的这片桃林，成就了杏虎村的"根"。杏虎村还给了烈士一幅美丽画卷，但这幅画卷的灵魂，依旧是烈士留下的不屈精神。这股精神，是一座丰碑，一座让后人永远铭记、时刻警醒的丰碑。如今，在红色领航下，烈士故乡的人民把对英雄的敬仰与怀念化为奋斗动力，用勤劳的双手续写着乡村振兴故事。

07 "从无到有"乡村电商产业发展的村企协同之路——以江苏省睢宁县为例*

1 数字赋能：电商推动乡村经济腾飞

以淘宝村为核心模式发展起来的乡村电商产业已经成为实现乡村振兴重要推力。淘宝村模式的成功吸引了大批农村人口以及外出务工人员返乡创业，这种农民自发产生的提高自身收入、改善生活质量的内在需求正在推动着乡村电商集群化发展。

1.1 乡村电商产业整体情况

自 2009 年初次发现淘宝村，经过十年的发展，截至 2019 年，中国淘宝村的数量已经达到了 4 310 个，覆盖面达到了 25 个省区市。根据阿里研究院的调查，"截至 2020 年，淘宝村已经实现覆盖全国 28 个省区市，数量达到 5 425 个，比上年增加了 1 115 个，总数量约占全国行政村总数的 1%。淘宝镇覆盖了全国 27 个省区市，数量达到 1 756 个，比上年增加 638 个，总量约占全国乡镇总数的 5.8%"。同时，"淘宝村和淘宝镇的年交易额突破一万亿元，活跃网店 296 万个，创造了 828 万个就业机会，已经成为乡村人口实现自主就业创业的沃土"。如图 1.1 所示。

* 参赛院校：南京理工大学
　指导教师：范炜烽
　参赛研究生：张宇舰、吕丽芹、金晶、周祖曙、王焕、黄亚榕

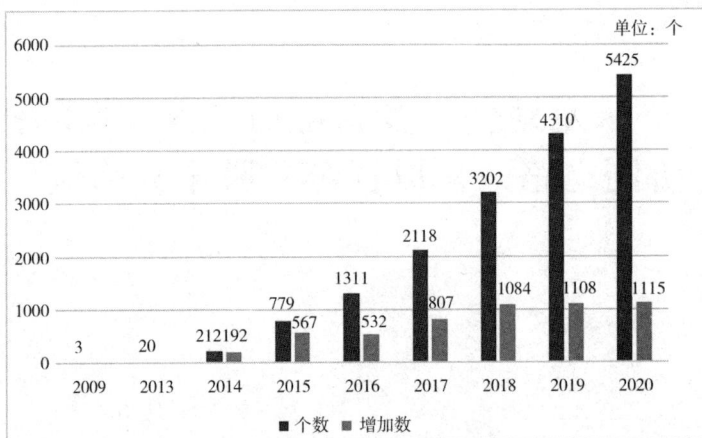

图 1.1　2009—2020 年全国淘宝村数量①

在度过了萌芽阶段后，当下乡村电商产业呈现出了向集群化、产业化方向发展的趋势。在政府部门的介入下，顺利解决了资金、人才、技术、基础设施等多方面的问题，催生了大量的淘宝村集群。根据阿里研究院的调查，"近年来，淘宝村集群所含淘宝村数量占全国总数的比例逐年提高，由 2015年的 54%提升到了 2019 年的 76%，并且到 2020 年淘宝村集群数量依旧在不断增加"。如图 1.2 所示。

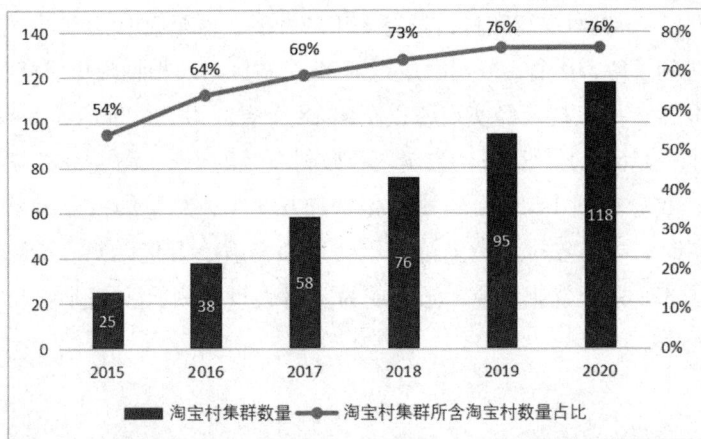

图 1.2　2015—2020 年淘宝村集群数量及所含淘宝村数量占比②

---

① 图片来源：阿里研究院，中国淘宝村研究报告
② 图片来源：阿里研究院，中国淘宝村报告

在全球化的影响下，"跨境淘宝村"的数量也逐渐增多，乡村电商市场的边界被不断拓宽，本处于边缘化的乡村电商产业开始走进中心圈。2019年，共有474个淘宝村开拓了海外市场，通过阿里旗下的"速卖通"平台将乡村电商产品销往国外。另外，"直播卖货"开始成为乡村电商产品销售的新势力，通过直播带来的情景体验极大地增强了用户黏性。根据阿里研究院的统计，"2020年，通过直播方式开展销售活动的淘宝村数量达到了4 755个，达到了淘宝村总数量的87.6%，销售额超120亿元"。

虽然在新冠疫情的冲击下，各地淘宝村的增长势头受到了不同程度的抑制，但是乡村电商产业显示出了顽强的生命力。江苏睢宁县作为受疫情影响较为严重的区域。"1—2月份交易额比去年同期减少了29.4%，4月份同比增速恢复为7.2%，到6月份同比增速达到了12.6%。"这表明以数字技术为支撑的乡村电商产业在推动复产复工和经济复苏上发挥了至关重要的作用。如图1.3所示。

图 1.3 部分县市疫情期间销售额同比变动情况

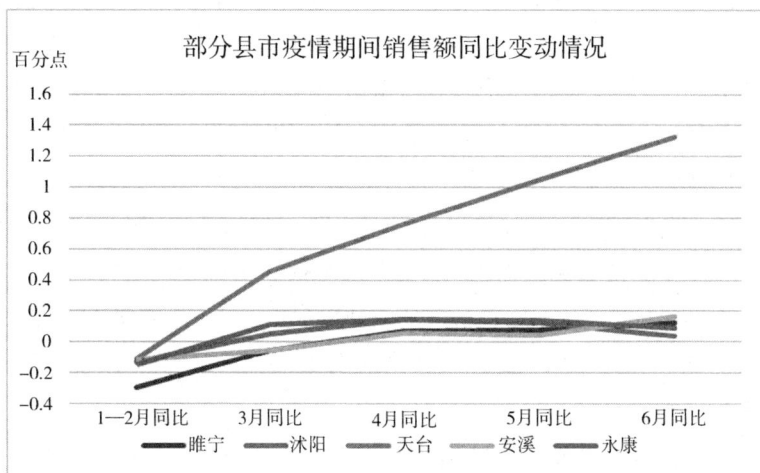

百分点

| 1—2月同比 | 3月同比 | 4月同比 | 5月同比 | 6月同比 |

睢宁　沭阳　天台　安溪　永康

图1.3　部分县市疫情期间销售额变动情况①

1.2　睢宁县电商发展概况

江苏省徐州市睢宁县位于江苏省的西北部，其本身并不存在已有的优势产业，睢宁县的乡村电商产业源于引进外部产品，并通过网络销售而催生出的产业集群。其中的沙集镇东风村作为最早被发现的三个淘宝村之一，通过创立并发展独特的"网络+公司+农户"的"沙集模式"，基本形成了县域东部电商家

---

① 图片来源：阿里研究院，1%的改变——2020中国淘宝村研究报告

具、西南部小饰品、北部特色农产品、中部传统店铺与网店结合的"四大电商片区",其中电商家具已成为全县主导产业。

2006年,睢宁县沙集镇东风村的几名青年开始在网上销售简易拼装家具,并且在短短几年时间里被附近村民学习复制、广泛传播。到了2010年,东风村的网店数量已经超过了2 000家,从事网络销售业务的村民达到了400多户,年销售额达到3亿元,年平均增速达到了200%,并且形成了全国知名的农村电子商务创业发展典型——"沙集模式"。2016年,沙集镇电子商务城、电商产业园和电商物流园正式启用,帮助镇里近40家企业扩大了生产规模。2017年,睢宁全社会消费品零售总额完成179.2亿元,年均增长19.4%;城乡居民人均可支配收入分别达到23 410元、13 820元,较2011年增长61.8%、64.8%,全县综合实力显著增强。

2018年,睢宁县网商共有3.2万人,网店达到4.3万家,电子商务交易额达到216亿元,带动就业人口达21万人次,电商增收占全县农民人均纯收入超过50%。并且睢宁淘宝村数量达到51个,成为江苏省最大的淘宝村集群,作为农村电商发展的中国案例得到推广。截至2018年年底,全县培育电商家具企业一般纳税人158家,通过ISO9001质量管理体系认证的电商家具企业近200家,电商领域专利授权数量达到近1 000件,注册商标4 339个,市级以上知名商标13件。睢宁县出现的淘宝村数量达到92个,继续位居江苏省第一位。淘宝大学全国首家市级培训中心落户睢宁,成功获得"2018·中国淘宝村高峰论坛"举办权。睢宁县积极推进星星集团新型节能环保家电等11个技改升级项目,加快立陶宛SBA宜家家居、天虹色染等项目落地建设,推动电商家具、纺织服装、白色家电等主导产业向中高端延伸。

截至2019年年底,睢宁县市场活力不断增强,"沙集模式"继续得到广泛学习,全县电子商务交易额实现335亿元,其中网络零售额近290亿元,比2015年增长296.9%;网商和网店数量分别比2015年增加2.1万家、3.2万个;淘宝村比2015年增加90个;电商产业带动从业群体五年间增加近15万人。以家具电商产业为例,五年来,家具电商销售额从2015年的80亿元增长到2019年底的260亿元,增幅高达325%,家具经营主体从1.6万家增加到如今的4.2万家;从最初的简单拼接木架到现如今的30种家具品类。区域上从为数不多的沙集、高作等少数镇几乎拓展到全县各板块。

2020年睢宁县淘宝村数量达到129个,淘宝镇数量达到18个,实现镇域全覆盖。全县新增淘宝镇4个、淘宝村20个,全县电子商务交易额达395亿元,同比增长17%,网络零售额253亿元,其中家居类占比超过90%。数据显示,

"2020 年，全县电子商务交易额达 400 亿元，同比增长 17%；今年 1—8 月底，电子商务交易额预计可达 305 亿元，同比增长 22%。全县各类电子商务经营主体（电商企业、个体户、实体店与网店结合等）约 3.5 万户，带动从业人数 20 多万人。全县 18 个镇级单位实现淘宝镇全覆盖，共有 129 个淘宝村，占全市淘宝村总数的 85%，位居全省第一、全国第四，成为全国首批'全域淘宝镇'的县份"①。

电商家具作为睢宁县电商产业的代表，是睢宁县产业规模最大、品牌力最强、可复制性最高的产业。"2019 年，全县电商家具线上销售额近 260 亿元，电商家具产值占全县电商产业总量比例高达 9 0%。全县电商家具各类生产经营企业 9000 多家（含纯生产型、产销一体和商贸类，占比分别为 15%、20%、65%），占全县各类电商企业的 70% 以上。沙集、高作、凌城、邱集四个镇和睢城街道（八里社区）是电商家具主阵地，电商家具企业数量占全县 80% 以上。"

"沙集镇现有家具生产企业数量共计 1 260 家，其中，入园入区 65 家，自建厂房 140 家，前店后厂 330 家，家庭作坊 725 家。企业类型的实木家具企业 480 家、板式家具 750 家、钢木家具 30 家。"如图 1.4、图 1.5 所示。

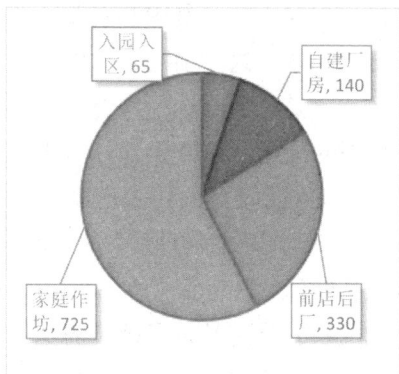

图 1.4　沙集镇现有家具企业

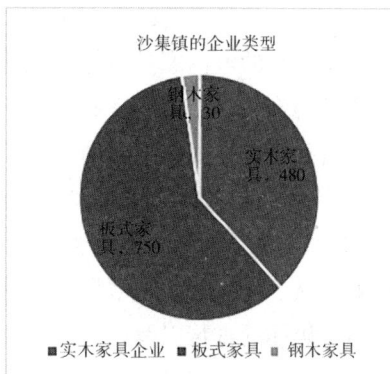

图 1.5　沙集镇的企业类型

"高作镇全镇现有家具生产企业 286 家，以家庭作坊式为主，无入园入区企业。其中，板式 152 家、实木 30 家、钢木钢架 104 家。"如图 1.6 所示。

---

① 徐州市人民政府."睢宁元素"闪耀第八届中国淘宝村高峰论坛［EB/OL］. 2020-09-30［2021-09-04］. https：//www. xz. gov. cn/001/001002/20200930/1e2eed17-5efc-4db8-b1c7-80eae9bf6339. html.

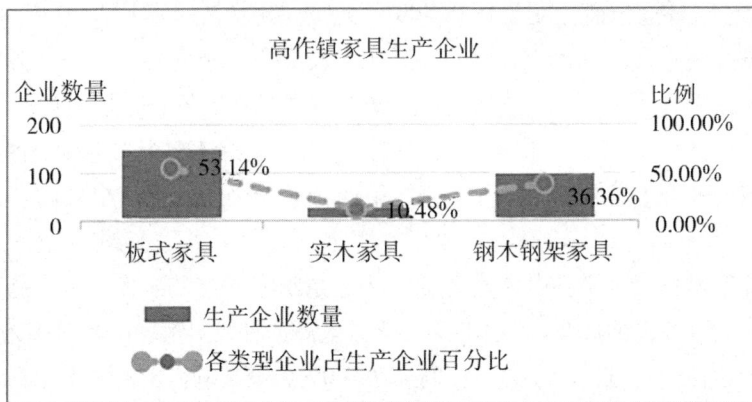

图 1.6　高作镇家具生产企业

2　政府助力：乡村电商走向高质量发展

　　从以上数据中能够看出，在睢宁县电商产业发展的过程中，越来越多的人群开始加入到家具电商的行业中来，在改善广大农村人口的贫困和就业问题的同时，睢宁县的电商家具市场面临着转型升级的需求。这主要与乡村电商市场的发展环境有关，由于缺乏技术、资金和人才等支持，面临选择的新兴电商产业模仿者往往难以根据现实的发展环境做出合理的决定。2020 年 3 月《中国青年报》报道了睢宁县县长现身直播间推荐沙集镇电商家具的代表产品"子母床"。2020 年 8 月，新华社新媒体也报道了江苏省睢宁县借助互联网发展家具电商产业，从一个"垃圾之乡"转变为电商赋能乡村振兴的典范。

　　由于媒体的宣传以及相关政策文件的推动支持，睢宁县越来越多的乡村农户了解到电商家具市场，并加入进来。由于不断注入新鲜血液，睢宁县家具电商产业形成了自己的优势，在对大量个体电商商户进行统筹的基础上，形成了家具性价比高、价格实惠的优点。以睢宁县主打的拳头产品"子母床"为例，当前睢宁县 80% 以上的客单价在 800—3 000 元之间，凭借着价格优势，市场占比领先。但也正是因为睢宁县家具电商依靠的是新发展起来的小微企业，除了带来价格优势外，产品质量、品牌知名度以及利润率等问题也接踵而来。另外，由于企业中的工人甚至管理人群都是由乡村农户转化，他们没有接受过专业的教育和训练，因此企业内部管理上也存在管理粗、企业制度不健全等问题。并且，睢宁县一部分电商企业流动资金需求大，在资金上也面临着巨大压力。面对这些困境，睢宁县在政府的引导和政策、资金支持下，采取了以下举措。

2.1 夯实物流体系：推进电商与物流协同化发展

电商产业的发展需要与之相配套的物流体系的支持，只有具备高效的物流系统才能进一步拓宽外部市场，使得乡村电商真正走向规模化、产业化。首先，睢宁县一直以来都将物流体系建设作为其电商产业链中的关键一环，其着力打造徐淮路物流产业带，扭转原本粗放式管理中的"小、散、乱"局面，构建适应电子商务发展的"智慧物流"服务体系。其次，睢宁县注重对电商带头企业的培养，从而通过电商联盟的方式使得那些过于零散的物流企业被整合起来进行统一规划管理。睢宁县还积极推动"下乡进村"，通过邮政物流和交通客运，完善县镇村三级物流，实现城乡产品能够进行有效的双向互通。近年来"四通一达"、德邦、安能、天地华宇等多个快递物流公司开始在睢宁县建立仓储和配送中心。全县物流快递企业共有 138 家，营业网点 450 多个，年发货量超过 3 200 万件，并且睢宁县积极在各镇建立电商物流产业园。其中，高作镇德邦物流分拣中心是全市第二大、全县唯一一家德邦物流分拣中心，日均吞吐货量 1 500 吨，2019 年操作货物量超 60 万吨。

2.2 加强人才培养：加快构建本地电商人才队伍

面对乡村电商产业发展中的电商人才缺失问题，睢宁县政府始终坚持打造本地电商人才队伍。构建"高校—企业—地区"的人才培养框架，鼓励和引导高校电商及复合型人才与本地电商企业对接，积极引导优秀人才返乡创业，带动家乡电商产业发展。总体上形成了培养本地人才为主，积极引入外部人才为辅的培养模式。其中，最重要的是依靠学校、优秀电商企业、电商协会等重要平台，展开电商培训工作，不断提升乡村电商从事者的专业水平。至今已经与淘宝大学、知名电商企业等机构合作开展专业化的电商技能培训和提升式培训，累计培训超 8 万人次，并先后举办"诚信网商""十佳网商""电商风云人物"等活动，积极宣传电商从业知识和知名代表人物。

2.3 重视质量把控：实现电商产品的高质量发展

睢宁县在提高产品质量以及提升产品竞争力方面做了许多努力，包括将"质量月"专项整治行动常态化，对本县电商家具产品进行严格的质量把控，达到通过提升产品质量推动产业健康发展的目的。并且积极探索组建睢宿联合执法队伍，形成各监督主体联动、跨区域合作、线上线下互动的监督机制，引导本地电商企业加入 ISO9001 质量管理体系。此外，睢宁县还着力开展质量标准和生产技能培训，在产品生产过程中推行"两证上岗"，持有质量安全证书、培训合格证书的电商企业员工才能够上岗从事生产活动。

此外，睢宁县电商产业的高质量发展还包括对于产品市场的拓展和品牌竞争力的提升。首先是紧抓电商产品的专利问题，加强小微企业的产品专利意识，杜绝假冒伪劣、抄袭等情况的出现。在各部门的监督指导下，睢宁县电商企业的知识产权意识不断强化，在主导的电商家具领域中，近几年来，注册商标数从 1 008 个发展到目前的 4 300 多个，申请专利数量从 143 个到目前的 1 000 余件。此外，除了允许符合生产标准的企业使用"沙集镇"集体商标外，还积极鼓励广大电商从业者创立自己的品牌，通过打造创新产业园提升电商产品创新能力。

2.4 紧抓精准扶贫：加快乡村电商精准扶贫步伐

此外，睢宁县积极推动电商发展赋能乡村振兴，以推动本县电商产业发展为切入点，通过吸引广大农村贫困户复制、学习"沙集模式"，实现自我的创业就业。扶持培育"小布共享消费"和"残疾人电商之家"精准扶贫模式。其中，截至 2019 年，共有 11 080 户低收入户在小布网开店，总收益达到 1 210.69 万元，平均每户收益为 1 092.68 元。睢宁县残联与京东江苏信息技术有限公司在此开展的"包容美力"助残培训就业项目，为残疾人提供电商技术培训。推行扶佑公益扶贫项目，帮助残疾人加入电商创业就业。帮助 5 500 余户贫困户实现就业、2 万多人成功脱贫，电商直接和间接带动从业人数超 20 万人。

3 效益递减：乡村电商的同质化竞争加剧

随着睢宁县电商产业的集群化发展，乡村电商市场不断被瓜分，同质化竞争日益严峻。

从数据上看，虽然睢宁县电商家具产业销售额超 200 亿元，但单个企业线上销售额最高的仅为 1 亿元左右。这显示了睢宁县淘宝村发展大而不精的情况，虽然总体产出以及淘宝村数量不断增加，但是人均收入以及农村人口生活水平并没有得到很大的提升。2020 年，全县电子商务交易额达 395 亿元，同比增长 17%，网络零售额 253 亿元，其中家居占比超过 90%。

在家具的产品种类中，睢宁县电商家居产品主要是以住宅家居为主，同时兼顾其他应用场景，其中，住宅家居占比超 85%，主要有实木、板式和钢木三大类，其中板式和各类实木家居占比超过 85%，家居产品种类也仅有 30 余种。从产品价格上来看，睢宁县的家具电商产品主要的单价居于 800—3 000 元之间，价格远低于同类家具品牌，虽然形成了一定的市场竞争优势，但是也造成了利润低、难以扩大规模的困境。其中主要的原因依旧在于乡村电商产品的品牌知名度不够，缺乏产品创新，而这也加剧了其乡村家具产业的同质化竞争。

从营销方式上看，睢宁县乡村电商企业的营销方式主要是在传统电商平台上开设网店销售产品，主要的平台包括淘宝、天猫、京东、拼多多等。绝大多数电商企业仍然采取购买付费流量、参加促销活动等方式进行引流，这些方式成本高，流量转化效益低。能够运用当下火热的直播方式进行促销的个体电商商家并不多见，相对于应用多元化的营销途径，大多数电商户挤在传统电商平台中打价格战以期获得用户数量的上升，这也是造成同质化竞争严重的原因之一。

4　理念重构：多元主体协同共治的未来

面对电商市场同质化竞争的困境以及递减的边际效益，乡村电商产业发展需要专业机构的引导和支持，增强发展的可持续性。睢宁县在全县电商产业情况汇报中提出应加速推动乡村电商产业集聚化发展，坚持"培大育强"，采用"内培外引"的方式，双管齐下，既积极支持本地优秀电商企业规模化、产业化，同时加大招商引资力度，从而集中配置资源，实现"大带动小"的发展模式。总体上睢宁县旨在形成电商精英引领、腰部企业支撑、中小企业储备的梯次发展格局。

4.1　产业多元化发展

面对睢宁县电商家具市场的同质化竞争，最有效的解决方式依旧是推动产业形成多元化发展。近几年，睢宁县的电商产业发展已经呈现出与地域相融合的趋势，不仅局限于家具类产品，包括各类具有镇域特色的商品，涉及农产品、手工艺品、小食品等。

其中，农产品电商正在成长。主要以梁集、魏集、王集、姚集等传统农业重镇和黄河古道沿线区域为主；产品主要包括时令果蔬、花生、蟹田米等农产品，鸭制品、粉皮、卷煎等加工食品；营养土、花卉等园艺绿植类产品。

饰品电商主要借助于李集镇传统小饰品产业基地，并且近几年在电商平台的推动下加快转型，从代加工逐渐升级为自主销售。

除此之外，跨境电商也不断发展。睢宁县加入徐州国家级跨境电商综试区建设，并且在空港开发区建立了跨境电商监管中心，在经济开发区搭建了县级跨境电商运营孵化中心，也从外部招募了一大批优秀的跨境电商企业。如浙江名淘、杭州信天翁、兰诚国际贸易有限公司（KKS跨境电商平台项目）等，从而建立并不断优化睢宁县的跨境电商体系。

这些新的领域虽然整体规模与成为支柱产业的家具类产业相比仍相差甚远，但却为已经陷入同质化竞争困境的乡村电商市场开辟了一条新的出路。未来，在政府部门的引导下，结合各精英企业以及外部资本的支持，睢宁县电商产业会朝着更加多元化、特色化的方向前进，实现对"同质化困境"的根治。

4.2 多角度破解资金难题

目前，政府部门提供的支持在很大程度上解决了睢宁县乡村电商产业在萌芽期中的资金短缺问题，实现了产业"从小到大"的跨越式发展。但是在迈向"从大到强"的新阶段的过程中，需要通过多角度进一步破解资金难题，包括积极引入外部资本力量、加大招商引资力度、拓宽跨境市场等。

由县政府设置资金池，在规范使用的框架下为急需资金周转的中小微电商企业提供资金支持。相关监管部门需要对金融放贷行为加强监督、审查，引导银行开发真正符合电商企业经营特点的贷款产品。

未来将通过以奖代补的形式，对符合经营标准、安全生产、产品优质的企业采取税收减免、贷款担保、优先入园、政策扶持等奖励，在减少优秀企业资金压力的同时，也能进一步提升产品质量、促进行业规范。

另外，睢宁县也不断加快电商产业园建设，在沙集、凌城等电商家居重点镇，先后建成8个家居产业园区，并且吸引了一大批优秀的电商企业进驻，通过电商精英对产业园中其他中小企业的带动，在一定程度上缓解资金压力。未来以企业对企业的互助形成产业的良性运转将成为趋势。

4.3 新业态、新模式

互联网技术和理念的不断更新，将会催生出一大批具有巨大发展潜力的新模式，睢宁县乡村电商产业也将随着时代脚步不断转变自身的发展方式。

睢宁县积极推动以"小布网"为代表的新零售产业，通过新零售模式吸引更多的困难人群创业就业。此外，睢宁还支持企业通过网络社区、社群等新兴营销方式开展业务。在直播行业兴起的环境下，努力发展以"直播电商"为途径的营销新模式，深度挖掘"粉丝经济"，提高用户黏度。

睢宁县在睢河街道睢谷科技园成立了影人谷短视频直播电商产业基地，并与佳盛源公司以及姚集、岚山等镇开展合作，举办多次农产品直播带货活动。还鼓励农户通过微商形式对农产品进行销售，鼓励"共享经济"的发展。未来，各种新业态、新模式将会不断出现，这些新鲜的元素将会汇集成推动乡村振兴的强大动力。

5　总结

睢宁县基本做到了企业与政府协同、企业与企业协同，以及政府部门之间的协同。在各主体协同共治下，扩大了乡村电商产业规模、提高了产业发展质量，推动乡村振兴实现了跨越式发展。

在企业与企业之间的协同中，通过招商引资，形成内外部企业、资源、市场的有效联动。并且睢宁县也邀请天猫、拼多多、京东等多个电商平台进行专题招商，从而为更多的新兴电商企业提供更多可选择的平台，在一定程度上减少同一平台上的价格战和竞争的同质化。睢宁县聚焦家具产业发展，先后招引南都喷涂、佛山全铝家居产业园、淮海电商物流公路港、互联网家具产业园等项目。

在企业与政府的协同中，睢宁县积极争取国家质量监督检验检疫总局在睢宁设立"电商家具产品质量提升示范区"，并且与中国家具协会一起建设"中国电商家具产销集群""中国电商家具产销第一镇"，从而全面提升家具产品质量水平。另外，在保证产品生产标准方面，在江苏省质量技术监督局支持下建立团体标准，进行统筹规划管理。

在政府与政府的协同中，睢宁县首先建立县市场管理监督、环保、消防等多部门联动监管执法体系，多部门协同开展电商家具综合整治活动，规范电商家具行业市场发展。其次，睢宁县还积极与宿迁市宿城区合作成立跨区域家具产业联盟，通过跨地域协同作战以破解同质化竞争的难题。

虽然通过多部门联动以及引入外部企业在一定程度上缓解了乡村电商产业发展同质化竞争的程度，但是如何实现乡村电商产业治理过程中的多主体有效协同，解决政府外部性产品供给问题仍然是值得思考的，未来是否能通过建立有效的机制解决部门之间的协同问题，甚至对传统的组织结构进行重构以及对观念上的重构还需要我们进一步去探索。

03

生态环保篇

08　建设美丽水台：让山清水秀成为常态*

1　案例背景

水台村位于镇江市丹徒区高资街道最南面，北依十里长山大学城和新312国道，隶属于茅山革命老区，全村共设 8 个自然村，14 个村民小组，610 户人家，总计人口 1 872 人。水台村地处宁镇山脉东段、青山和莉莉山之间，原本多年来"靠山吃山"，村集体收入主要来源于村里的采石场、石灰窑的租金收入，然而，大大小小的采石场不仅没能将村子的"穷帽子"摘除，还造成了严重的环境污染，甚至村里吃水的水源地——青山水库都被污染了，严重影响了村民的健康。同时，由于窑厂的开设，村里也出现了贫富差距，拥有窑厂的村民要比务农的村民收入高许多，久而久之贫富差距拉大，大部分青壮年选择外出打工谋生，只剩下老人选择继续从事农业种植。水台村的生态环境与村民生活受到了严峻挑战，所以乡村发展模式的转型升级迫在眉睫。"绿水青山就是金山银山"，2013 年起，结合西南环境综合整治，曾经靠"吃资源饭"的镇江市丹徒区高资街道水台村陆续关闭了所有的采石场、石灰窑和污染企业，取而代之的是水青专业合作社、西林茶叶合作社、天成养殖专业合作社、春之蕾苗木合作社等，以绿色发展为主题，依靠科技力量、坚持规划先行，走上了生态发展的绿色致富之路。

1.1　抓机遇：从"吃资源"到"用科技"

抓住全面建成小康社会和实现第一个百年奋斗目标的时代机遇，水台村以

＊　参赛院校：江苏大学
　　指导教师：庄晋财
　　参赛研究生：王昕怡、吉诗雨、周乐韵、蒋佳琪、刁芸菲、党晨阳

内外两大推力为契机推进产业转型。在水台村内部，生态环境被破坏、贫富差距过大，村民脱贫的愿望十分强烈；在外部，习近平总书记提出了"两山理念"，党的十九大提出了"乡村振兴战略"以及"十四五"规划强调"生态文明建设"等，这些利好政策均大力推动了水台村的产业转型与乡村建设。

机遇助推转型，离不开有效管理。自2010年起，水台村建立了新型村领导班子。张志青当选村书记，全村建设了"双带"型基层组织队伍，村干部在村务、党建、财务等方面进行分工，为产业转型提供制度保障。村干部张志青以身作则，响应中央号召，带头关闭经营多年的石灰窑，在村干部的带动下，全村相继关闭石灰窑42座、轧石场2处、采石场2个，转而发展现代农业、特色种植业，形成特色农业产业。在这样的党建领导下，有效减少水台村内部熵增，逐步变高开采、高消耗、高排放的传统经济为低开采、低消耗、高利用的循环经济。其次，为了可持续地产生负熵，抵消复合系统自发性产生的正熵，水台村先后成立水青水稻专业合作社、土地股份专业合作社、春之梦苗木专业合作社等。目前，水青水稻专业合作社已有102余农户入社，成员大约300余人。变原来的农户分散生产为如今的合作社雇佣农民统一生产。水台村抓住合作社的机遇带着农民增收，打造品牌效应，为科技、人才等新要素的引入提供平台。最后，水台村建立了新型利益联结机制，初步形成了以种植大户、农民合作社、农业产业化龙头企业为主导的规模化经营格局。从原来的政府、经营主体、农民相互分散，且利益主体间非线性相互作用效率下降，到如今三者紧密联系，职责明确，从而减少内部熵增，使得村庄系统开放且内部涨落有序。

机遇助推转型，离不开土地资源。水台村位于丘陵地带，占地6.4平方千米，全村有耕地2 325亩，水面1 110亩，土地资源丰富，地势平坦、土壤肥沃、水源充足，土壤环境非常适宜种植水稻和茶叶。所以在转型过程中，水台村抓住土地资源和政策红利，变原来的单一用地为多元化用地。首先，水台村因地制宜，进行土地资源多元化利用，逐步减少石灰窑相关产业的单一土地利用，不断提高水稻、茶叶、苗木等土地资源利用率。先后建有西林、青山、水台等3个茶园，茶叶用地1 800余亩；除此之外，水台村利用原石灰窑拆除后的闲置土地，分配200亩土地用于有机稻种植，900多亩用于苗木种植，划分剩余部分用于稻米加工厂及附属用房的建设。这样土地资源多元化利用有效联动了一、二、三产业，引入充足的负熵流，为产业转型提供基础保障。其次，水台村以地引商，2013年村集体流转668.8亩土地给镇江春溧农业有限公司，用于茶叶生产；镇江市天成农业科技有限公司承包土地近100亩，用于养殖技术的研发；江苏索普集团投入资金流转土地用于产业发展。水台村通过以地引商的方式拓宽销售渠道，推动农产品等要素输出。

机遇助推转型，离不开科技的影响。水台村加大对科学技术及创新的投入，有效地引入了负熵流，在与外部进行技术信息交流的过程中，扩大开放程度，进一步向远离平衡态方向转化。水台村在产业转型的过程中，邀请全国劳动模范、农机专家赵亚夫进行全程技术指导。在"亚夫工作室"专家的指导下，水台村引进水稻新品种、新技术，并且因地制宜地选择了"稻鸭共作"这一绿色农业进行产业生态转型。变原先的产品经济为功能经济，变环境投入为生态产出，促进生态资产与经济资产、生态基础设施与生产基础设施、生态服务功能与社会服务功能的平衡与协调发展，有效地减少了内部正熵，推动形成新的有序系统。

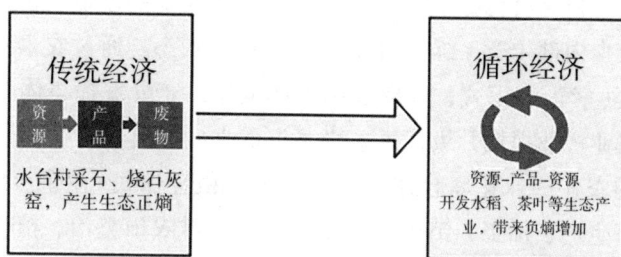

图1.1　水台村传统经济到循环经济的转变

通过"稻鸭共作"这一复合生态型的种养模式，在生态效率和生态效用上进行创新，以更合理的生态、经济的方式利用资源。在实现稻田清洁生产的同时，又提高资源的利用效率，构建以绿色技术为支撑的循环经济体系。使鸭子参与到稻田生态系统中，一方面，通过鸭子对稻田除草除虫，减少化肥农药投入，减少环境污染，同时鸭子的活动又能刺激水稻生长；另一方面，稻田杂草、害虫成为鸭子的饲料，减少养殖投入，鸭子的粪便又可以为稻田提供丰富肥料。两者互惠互利，既能生产出优质的有机稻米，提供生态鸭，又节约了农本，改善了稻田生态环境，在节省人工除草除虫费用的同时，提升了土地利用率，将生态效益转化为实际的经济效益。

在水台村打造有机水稻种植基地的基础上，作为工商资本加入的镇江市天成农业科技有限公司也为水台村引入了新的负熵流，积极进行科学研究和技术拓展。天成公司在水台村建立了目前国内唯一的稻鸭共作专用役用鸭培育基地，并为江浙沪皖稻作农户提供全程技术服务。近年，天成公司又成功"复活"已消失三百余年的凤头白鸭，通过国家鉴定，凤头白鸭被列入国家畜禽品种资源。水台村也借助国家级凤头白鸭资源保种基地的宣传和推广，在全国打响了知名度。为了可持续性地产生负熵，抵消系统自发性正熵带来的不稳定性，水台村成立水青水稻专业合作社，设立"亚夫"农业创新工作室，保证有机大米的质量，建成集"烘干、仓储、加工、包装、成品、冷藏、销售"为一体的有机稻米产销中心。

机遇助推转型，需要抑制劳动力资源熵增，促进劳动力资源耗散。而劳动力资源管理系统是远离平衡态的系统，具有复杂性和开放性特征，在运行的过程中，它不断从外界引入新的人才，获取新的信息，通过这些方法来抵消由于内耗造成的发展效率的降低，并将这些新的能量融入到原来的组织中去，通过水台村系统内部的各种作用，提高发展效率，系统重新逐步走向稳定发展的状态。

一方面，水台村为村民提供与其劳动力技能相匹配的就业岗位，尽可能减小自身熵增，减少内部矛盾，维持村庄系统的有序状态。通过农事农办，推行"共建、共营、共享"的模式，坚持农民主体地位，充分发挥集体企业带动作用。通过特色农业产业提档升级，建立"龙头企业+农民合作社（家庭农场）+农户"为一体的农业产业化联合体，农民通过"租金保底+盈余分红+打工收入"形式，分享生产、加工、销售环节多重收益。对农田整治、植树造林、农村道路等基础工程，由村集体组织村民施工，增加农民收入。

另一方面，在开放的环境中，水台村系统通过不断地从外界引入负熵流来降低系统的总熵值，使衰败的村落系统跃变到一种新的稳定有序状态，从而成为更加有序的组织结构。水台村建立了人才共享机制，村委会提供专门的副书记岗位给索普集团，以提高人才衔接效率。同时，与索普集团初步达成一致，在村里为企业懂经济又懂经营的高层次人才团队腾出空间，围绕村级经济发展和基层治理等问题，进行更深层次的合作共建。

1.2 集资金：从凋敝到美丽

资金助推转型，水台村创新融资模式，发挥政府财政资金的引领作用，将财政支持资金与社会资本投入相结合，引领工商资本下乡，发挥财政资金带动效应，增加外部负熵流。在 2010 年，水台村还是一个经济薄弱的小村庄，村民的生活水平和质量普遍不高，为了改变这一困境并推动产业转型，在 2016 年 8 月，水台村利用原石灰窑拆除后的闲置土地开发产业转型项目，其中，索普集团投入资金 100 万元、大学城指挥部投入资金 20 万元、市政府帮扶投入资金 50 万元建设稻米加工厂及附属用房，并配套购买稻米烘干、成套加工、包装等设备。水台村于 2018 年申请了"市级特色田园乡村示范村"的项目建设目标，先后投入资金 740 万元，其中，上级政府先期投入 400 多万元；在此基础上，水台村于 2020 年创建"省级特色田园乡村示范村"，又陆续投入资金 300 多万元。政府的这些资金补助给予了水台村成功创建"省级特色田园乡村"稳定的资金支持，水台村在创建"省级美丽乡村"时政府又投入 220 万。政府的一系列举措使得水台村特色田园乡村建设卓具成效，社会各界有目共睹并纷纷效仿，促进了社会资本的投入，形成了水台村多样化的资金流。其中，2013 年镇江春溧农业有限公司投资 1 100 万元，用以实施对水台村的地形调整、场地平整、农田基础设施以及乡村茶园经济带的建设。在进行村企联建的过程中，索普集团 2017 年已投入 100 万元进行稻米合作社加工厂的建设，2020 年又投入了 100 万元用以提升水台村的品牌效应，并且扩大了农业经济作物的种植面积，为提升水台村的产业链运行效率打下了基础，实现了社会资本的介入，产生了财政支持资金与社会资本投入相结合的效益。这些资金产生外部负熵流，减少了原来由于采矿而产生的生态正熵，并且引入的负熵流大于系统产生的正熵，系统由此自发有序向上发展。

资金助推转型，需要基础设施的支持，水台村逐步加大基础设施的建设，减少系统内部的熵增。几年前，水台村内的道路规划布局一直存在不合理的情况，村间道路更是晴天多灰、雨天成泥，村中环境脏乱差，垃圾随处可见。随着村落周边经济的发展，水台村积极申报特色田园乡村建设项目来谋求发展，定下了努力打造生态文明示范村的目标。在道路建设中，水台村在 2017 年至 2019 年争取区交通局投资的过程中，建设完成了新 312 国道至水台村口 1.1 千米的道路，水台村至后黄村 1.35 千米的水泥路。目前，水台全村已将约 8 千米的道路提档升级、修缮及硬化，8 个自然村之间均设有宽敞的能够直达各村的柏油路。此外，在道路两边还配套安装了 LED 节能路灯，使得每一个晚归的村民都能被路灯照亮，方便了村民的日常生活。水台村在 2020 年对大干水库旁的环湖大道的路面进行了改造，道路改造完工已顺利通车，除此还将进行道路两边的绿化、亮化及部分景点的建设。在生活垃圾处理方面，为了整治生活环境、改善生态，水台村还配备了完善的垃圾收运设施，在村庄道路两边置备垃圾桶和回收车等，督促村民逐步形成垃圾分类的概念，达成生活垃圾日产日清的目标，同时还建立了回收点，对农业废弃物、畜禽养殖废弃物、秸秆等进行有序的回收。针对乡村污水处理，水台村建设了局部覆盖拉网式污水管网，实施农村改厕并建设三格式化粪池，配建三类水冲式公共厕所 3 座，卫生户厕无害化达标率 100%。通过这一系列的资金投入与建设，有效减少了系统内部的熵增。

1.3 借文化：从无人知晓到特色乡村

文化助推转型需要借助名人效应。水台村是全国 70 多万个村子里名不见经传的一个，它和大部分村子一样，既没有什么文物古迹、历史建筑和其他具有被保护价值的历史文化遗存，也没有什么知名的历史人物。水台村虽然没有但是它周边的村镇有，水台村巧妙地借用了邻村巫岗的闻捷和黄墟的王文治这两个名人，为水台引入新的负熵流。水台村建成了闻捷诗歌馆，组建了王文治诗书画研习会，把"无名"的水台村建设成了远近闻名的文化特色村。

闻捷，原名赵文节，曾用名巫之禄，现代著名诗人。闻捷出生于水台村附近的巫岗村，他是丹徒籍当代杰出的诗人，被誉为"人民诗人"、新中国边塞诗开拓者，与贺敬之、郭小川、李季并称为新中国成立以来最具影响力的诗人。水台村在巫岗村错失机会后，积极主动争取，于 2019 年 4 月 24 日，在美丽的大干水库北岸投入 900 余万元开工建设"闻捷诗歌馆"。同年 10 月 12 日，"闻捷诗歌馆"建成开馆，随后被列为镇江市爱国主义教育基地。从开馆至今，全国各地已有 16 个团队近 60 场次 1 000 余人次走进闻捷诗歌馆参观，江苏大学文学院也把这里作为"行走的红色文学课堂"，组织学生党员和入党积极分子走近人民诗人闻捷，读红色经典，学百年党史，续红色文脉。从闻捷纪念馆到闻捷诗歌馆，"人民诗人"闻捷正被更多人熟知，闻捷诗歌馆也逐渐成为水台村，成为丹徒，成为高资一张靓丽的文化名片。

王文治，字禹卿，号梦楼，江苏丹徒人。王文治工书法，能得董其昌神髓，与梁同书齐名。南京下放知青葛丽霞女士回乡后，在党总支书记张志青的介绍下，与其老伴史建华先生于 2020 年注册组建了"丹徒区高资王文治诗书画研习会"。今夏，十多名儿童来到研习会，跟随葛丽霞和史建华两位老师，学诗词、习书法、学美术，孩子认真学，二老认真教，中华优秀传统文化正在有序传承。水台村的文化底蕴也越来越深，减少了内部正熵的产生。

水台村借用历史文化名人资源，打造品牌效应、文化效应，提升村子的知名度，并将其融入水台经济、旅游中去，为新农村建设提供了文化支撑，给水台村带来了文化底蕴。以乡村旅游与文化旅游相结合的开发模式，用文化旅游提升价值。旅游目的地生态系统是一个多成分、多变量、具有耗散结构的开放系统，所以在实施旅游管理时，应该遵循熵增原理和耗散结构原理，克服组织的混乱，使其有秩序地运作。水台村村集体成立了水之青文化旅游发展有限公司，改效率低下的多头管理为权责分明的单头管理，有效减少了正熵的产生。水之青文化旅游发展有限公司目前租用了 13 户空心房，并请来专业设计公司设计，运营公司运营，给农户带来了除地租以外的房租收入。除此之外，农家乐在水台村也已经试点成功，通过游客进一步帮助农户增加农产品销量，增加收入。

通过文化旅游综合体，外来游客将最新的市场信息、先进的思想和文化传递给村民，将促进村民不断解放思想，在生产方式和思维方式上逐步转变观念，增加信息负熵，改变村民一些落后的习惯，减少正熵产生；促进村民增收致富，进一步加快社会主义新农村建设的步伐。依托新型城镇化和城乡一体化建设，水台村学会利用"互联网+"和"亚夫在线"等农业商务平台，主动融合"人文、文化、科技"等现代元素，着力打造精品休闲农业与乡村旅游线路。在营销渠道上，以旅游产品多元化为基础，采用多元营销渠道策略，在旅游广告、宣传促销、形象营销、品牌推广和事件促销的基础上创新旅游营销手段，加强与网络媒体和旅游电商的合作，积极开展微博、微信等网络社交媒体营销，采用"互联网+旅游"营销新模式，实现了从传统营销向现代营销方式的转变。

1.4 实际效益显成果

水台村通过近些年来的努力，积极践行"循环经济"的基本理念，充分提高资源和能源的利用效率，最大限度地减少废物排放，保护生态环境，以"减量化、再利用、再循环"为原则，以"资源节约和循环利用"为核心，构造出"资源—产品—再生资源"的反馈式闭路循环，已经基本完成特色田园乡村建设，实现了自然、社会、经济的共赢发展。水台村容貌有了较大改善，群众获得感明显提升。

（1）自然效益

"污水有了家，垃圾有人拉"。水台村抓住省级美丽乡村和市级特色田园乡村建设契机，全面提升村域环境，建设污水管网、升级道路，设置分类垃圾亭，开展河塘、水库整治清淤，修建护坡石栏，改造环湖慢行道，村庄整体面貌、村民生活环境焕然一新，呈现出"村在绿中、绿在村中、宁静祥和"的美丽景象。水台村的大干水库周边环境治理、闻捷诗歌馆建设、观光设施打造等一系列工程已经完成。村里还增设了多项基础设施，满足了村民日常需求。接下来，水台村将着手打造旅游观光带，吸引更多游客前来参观。水台村党总支副书记顾勇曾对水台村的发展做出详细规划，将以大干水库为中心，在周边规划果园，种植无花果、梨、葡萄等各种水果，供游客们观光采摘，以三产服务促进村集体经济增长，从而形成崭新的、稳定的有序结构。

（2）经济效益

水台村在保护生态环境的基础上，充分利用环境优势，把生态环境优势转变为经济优势，以生态农业、生态旅游为特色发展生态经济，带来了负熵流。生态旅游的发展带动了其他产业的发展，促进了生态就业，减少了正熵。水台村自 2018 年实施特色田园乡村建设以来，村集体收入不断突破新高，村民人均收入逐年上升，经济效益显著。2016 年，水台村村集体收入破 80 万元，成功脱贫。2019 年，水青水稻合作社拥有 400 亩有机水稻田和 1 000 亩绿色水稻田，年产大米 100 万斤，净利润达 75 万元。102 名社员亩均能获得 700 多元收益，16 名在稻米加工厂做季节工的村民，每年增收约 3 000 元。2020 年，村集体经营性收入达 307 万元。

（3）社会效益

水台村在引来负熵流后，大力加强基础设施建设。水台村的道路、河塘、村容村貌焕然一新，基础设施大为改善，村民幸福指数明显提升，达到了预期的建设效果。新建了健身公园、省级卫生室、老年活动室等，形成了生态养殖区、有机种养生态园区、美丽乡村建设示范区、精品林果种植示范区、有机水稻种植示范区、生态茶园营造示范区和工业遗产保护区为主的七区多点。同时，又大力新建仿古戏台、道德文化长廊、老年活动室等，为村民开展文化健身活动提供场所；以农家书屋为载体，举办农村少年儿童主题阅读实践活动；组建村文艺队，在村古戏台举办送戏下乡活动，吸引了周边村庄群众的广泛参与，丰富了村民精神文化生活。

产业转型后，水台村群众的物质生活不断提高，经济基础不断壮大，精神文明建设见成效，村风民风风气好，科学文化知识有了空前的提高。一方面，在一定程度上，充分满足了村民的生活生产需要，带来了更好的社会效益；另一方面，增强了游客的旅游体验，反过来增加了经济效益。

2 理论阐释

2.1 耗散结构理论与乡村发展演变的一致性

耗散结构理论可概括为，一个远离平衡态的非线性的开放系统，通过不断地与外界交换物质和能量，在系统内部某个参量的变化达到一定的阈值时，通过涨落，系统可能发生突变，即非平衡相变，由原来的混沌无序状态转变为一种在时间上、空间上或功能上的有序状态。这种在远离平衡的非线性区形成的新的稳定的宏观有序结构，由于需要不断与外界交换物质或能量才能维持，因此称之为"耗散结构"。

村庄是具有自然、社会、经济特征的地域综合体，兼具生产、生活、生态、文化等多重功能，是一个与外界不断进行资源交换的开放性的、远离平衡态并具有非线性特征的系统。因此，耗散结构理论与乡村的发展演变存在一致性，主要表现在两方面：①二者涉及的都是系统的问题，乡村是一个系统，它不断地与外界发生物质、能量与信息等多面交换；②二者研究的都是有序结构的形成过程，历史上每一个新的乡村系统的产生都可以认为是一个新的耗散结构的自发形成过程。因此，耗散结构理论对乡村这一系统的形成、发展、演变、消亡等方向性问题提供了重要启示。

2.2 耗散理论下水台村实现生态文明产业转型的路径

水台村的生存和发展是在与外界不断进行资源交换的过程中实现的。以内外两大推力为契机，在耗散理论的支持下，水台村从无序到有序，依靠产业转型实现了从"脏乱差"村到省级特色田园乡村的转变。

通过六大要素的输入，水台村从一直消耗能量的状态到不断产生新能量，逐步改善结构，完成功能输出。通过土地、科技、管理、劳动力、资金、文化六大要素的投入，依靠党组织领导村集体、村企联建，在实现高效管理的同时，也使村财政资金与社会资本投入有效结合，并为人才共享机制的实现提供了可能；引入新技术，发展稻鸭共作的生态绿色农业，建立有机稻种植基地和茶叶观光园，土地资源得到多元化利用；借助名人，挖掘村庄文化，推动文旅结合，为村民增收创造新的途径。通过要素输入、结构优化，可控减少系统内部正熵、外部引入充足负熵流，产生新的能量，实现了水台村的积极有序的向上发展。

3 经验启示

3.1 技术引领，要素输入

水台村通过邀请全国劳动模范、农机专家赵亚夫进行全程技术指导，并在其指导下，引进水稻新品种、新技术，并且因地制宜地选择了"稻鸭共作"这一绿色农业进行产业生态转型。在消除地质灾害隐患、恢复生态的同时，复合利用残余资源、种植苗木、发展复合生态型种养模式等方式，既节约了成本，又实现了经济创收，还为当地提供生态就业，可谓一举多得。同时，坚持有为政府与有效市场相结合，以党建作为引领，采用"企业＋合作社＋农户"的方

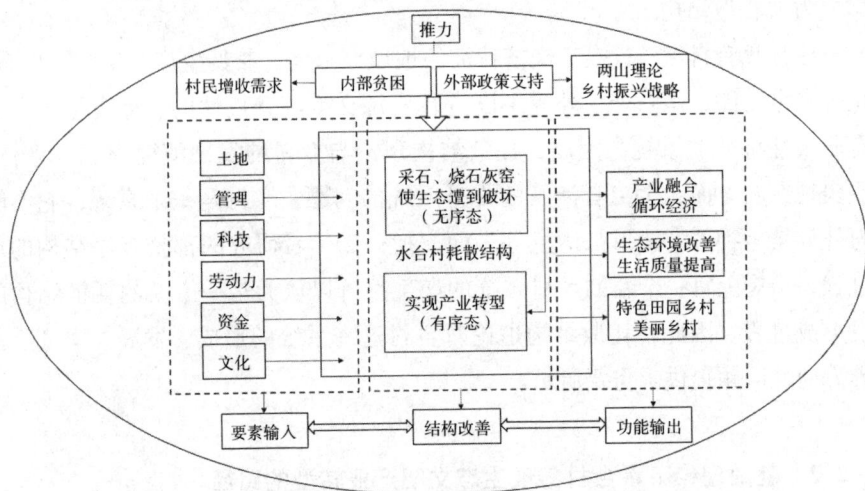

图 2.1 耗散理论下水台村实现生态文明产业转型的路径

式，社会资本与合作社共享收益和共担风险，既发挥社会资本在建设、运营、维护等方面的优势，又充分发挥农民生产技能、经验等方面的优势，最终形成政府、市场及农户共赢局面。

3.2 产业联动，绿色发展

受土地政策限制，水台村的土地资源紧张，于是积极探索了土地资源利用新方式。在耕地方面实行休耕轮作制度，一方面，使耕地得以修养生息；另一方面，使旅游业得到大力发展。既达成农业可持续发展目标，又使处于休耕期土地资源的附加功能得到了最大限度的开发。水台村探索出了以文旅产业为"火车头"，带动其他产业，有机整合全域资源，解决生态遗留问题与发展新产业结合，实现绿色可持续发展农业的道路。

3.3 稳定关系，共同富裕

水台村在利益分配机制方面，允许部分社员入股，在给予社员一定的话语权的同时，合作社探索实行了"首次分红+二次返利"的分配方式，在合作社与社员的产品交易阶段实行首次分红，将利益提前分享给社员，提高社员与合作社交易的积极性，后通过后期的盈余分配二次返利，使合作社在现有的合作关系下能够走得更远，保障农户的利益，稳定合作社的长期可持续发展。

4 总结

水台村这一案例探索了生态修复与多产业融合发展，对类似村庄实现传统产业转型升级具有一定借鉴意义。最初通过借势发展、借力建设，借着全面建成小康社会和实现第一个百年奋斗目标的东风，让贫困地区的自然资源、劳动力、文化等要素活起来；以科技推进一、二、三产业联动，形成生态种养、生产加工、生态观光等农业、制造业、旅游业多产业融合发展的模式；有机整合全域资源，不断增强区域发展活力和动力，以地方政府财政投入为引领，社会金融资本参与，支持乡村产业发展；为乡村实现生态文明产业转型，找到一条党建带头引领，辅以"企业+村级合作社+农户"的运作模式，开辟生态修复和发展经济相得益彰的共同富裕之路。

09　水韵戴埠——水美乡村助力戴埠乡村振兴[*]

《中共中央关于坚持和完善中国特色社会主义制度、推进国家治理体系和治理能力现代化若干重大问题的决定》指出，实施乡村振兴战略，完善农业农村优先发展和保障国家粮食安全的制度政策，健全城乡融合发展体制机制；必须践行绿水青山就是金山银山的理念，坚持节约资源和保护环境的基本国策，坚持节约优先、保护优先、自然恢复为主的方针，坚定走生产发展、生活富裕、生态良好的文明发展道路，建设美丽中国。实施乡村振兴战略，农村生态文明建设成为我国解决"三农"问题的重中之重，推进农村经济迈向高质量发展。

1　案例背景

党的十九大以来，江苏各地农村根据乡村振兴战略的具体要求，立足自身自然资源禀赋和经济发展条件，优化调整农村产业结构，发展农村生态经济，打造农业生态品牌，走出了一条特色田园发展的好路子。常州市溧阳市戴埠镇依山傍水，为实施乡村振兴战略，不断改善农村河道生态环境，发挥农村河道综合效益，提升和完善农村水安全体系，不断推进"水美乡村"建设。

1.1　"水美乡村"是生态文明建设的基本要求

生态文明建设作为新时期我国建设的中心工作之一，不仅是推进中国特色社会主义事业做出"五位一体"总体布局的关键，也是关系人民福祉、关乎民族未来的大计，是实现中华民族伟大复兴的重要内容。习近平总书记在中央农村工作会议上强调，加强农村生态文明建设，保持战略定力，以钉钉子精神推

　　* 参赛院校：扬州大学
　　　指导教师：丁奠元、陆培榕
　　　参赛研究生：李婷、穆奎、周津臣、刘健峰、徐志鹏、周滨荣

进农业面源污染防治，加强土壤污染治理，严惩地下水超采，注重水土流失修复。

1.2 "水美乡村"是实绩考核的重要指标

2021年7月，中共江苏省委农村工作领导小组印发了《关于印发〈2021年度全省推进乡村振兴战略实绩考核实施方案〉的通知》（苏委农发〔2021〕8号），明确将"实施河湖水系综合整治、强化河湖长制。推进农村河道疏浚及生态河道建设"作为乡村振兴长期重点任务，将"农村生态河道覆盖率"纳入乡村振兴战略实绩考核十个指标之一，明确了考核将采用定量指标（百分制中农村生态河道覆盖率指标权重为8分）结合综合指数的方式进行计分。实绩考核实施方案的出台，凸显了农村生态河道建设在乡村振兴战略中的重要性和必要性。

1.3 "水美乡村"能够满足广大居民的亲水诉求

河流是人类文明的发祥地，是经济发展的基础，是自然景观的依托，更是生态环境的重要载体。随着我国国民经济持续高速发展，城镇居民的生活水平大幅提高，居民的环保意识持续增强，对河流的要求不再仅仅满足于防洪、排涝、灌溉和航运等基本功能，对人—水自然和谐共处的亲水诉求愈加强烈，进而对河道的生态功能和景观功能，乃至整个水安全系统提出了更高的要求。以农村水生态、水环境和水资源保护利用为基础，以生态宜居为目标，以环境优良为前提，以生活富裕为根本，以农业发展为手段，统筹规划各个领域，才能让更多的农民在乡村振兴中获得切实的满足感、幸福感和安全感。

2 戴埠水利发展如何服务乡村振兴

戴埠地处江苏溧阳南部，苏、浙、皖三省交界处，北部为平原圩区，南部为丘陵山区，山水平原交融，区域面积163平方千米，下辖17个村和1个居委会，全镇人口5.2万。戴埠旅游资源丰富，有国家AAAAA级旅游景区南山竹海和御水温泉，是首批国家生态旅游示范区，还是江苏省百家名镇、全国千家名镇之一，是江苏省首批对外开放卫星镇、江苏省小城镇建设试点镇、国家卫生镇、全国环境优美乡镇、江苏省安全文明乡镇。戴埠镇立足"山水林田湖草"资源禀赋，结合地理位置优势和经济发展潜力，确定了"生态立镇、旅游兴镇、工业强镇"三大发展路径。

2.1 "生态立镇"中的水生态、水资源、水文化

戴埠属太湖水系，凭借溧戴大河过境之便和太湖水网交错之利，自古以来便是水运重镇。戴埠大河直通芜申运河，沟通戴埠与溧阳、无锡、苏州、上海的漕运。近年来，戴埠立足特有的水利条件，围绕美丽宜居乡村目标，推进水生态文明建设。戴埠重点完成了主要村庄人居环境整治，加大区域供水一体化程度，实施区域治污一体化工程，加强土壤污染防控治理；在山丘涧沟中，兴建了许多梯级坝和滚水坝。境内山河相间，库塘星罗棋布，"涧水悠悠，串起珍珠一路，良田千亩；南山隐隐，孕育石塘无数，竹海飞渡"成为戴埠生态资源的真实写照。戴埠水环境质量得到明显改善，水安全保障水平得到明显提高，水生态优势得到明显提升。

由于城乡发展水平差异，更多优秀人才流入城市中。留守农村的大多为老幼，务农人员普遍文化程度低，未能充分重视环境保护问题，环境管理、治理和保护意识相对薄弱。这样使得河道的管护和生态的维持难度大大增加，对环境危害的源头和危害程度往往认识不清。部分农民过分使用化肥和农药，土壤当中大量的农药残留和养分随雨水和地下水进入河道，使得河道水质污染物严重超标，危害生物和人体健康。生产和生活垃圾处理、生活污水处理成为影响戴埠村容村貌的重要问题。戴埠部分地方水污染威胁水生态问题日益突出，影响当地农村生产、生活和生态安全。如何在"生态立镇"中，更加充分发挥水资源优势、突出水生态亮点、传扬水文化特色，成为戴埠全面贯彻乡村振兴战略部署、建设美丽乡村的关键问题之一。

2.2 "旅游兴镇"中的水景观

戴埠属于北亚热带季风性气候，干湿冷暖，四季分明，雨水丰沛，日照充足，四季特征是夏、冬季历时比较长，春、秋季短。无霜期长，温、光、水资源比较丰沛，是我省雨量热量的高值区。戴埠镇适宜的气候条件为旅游业的发展奠定了基础。此外，戴埠西靠天目湖旅游度假区，南接南山竹海风景区。戴埠镇抓住旅游产业地理位置和基础条件优势，由农家乐逐步向精品民宿转型，大力推进全域旅游，旅游线贯穿全镇。戴埠先后被评为江苏最美乡村、中国美丽休闲乡村、江苏乡村振兴旅游富民先进村。旅游业的发展提高了戴埠镇的知名度，使之被评为江苏特色景观旅游名镇。

明显的季风气候造成降雨年内年际和地域上的很大变化，不同的降雨，在一定的地理环境下形成戴埠特定的水文特征。根据对溧阳水文站的资料统计，年平均水位 1.49 米，年平均降雨量 1 149.6 毫米，年水面蒸发量 896.1 毫米。汛期（5—9 月）降雨量占全年降雨量的 60.5%，集中降雨主要在每年的 6 月中下旬至 7 月上中旬，使河库水位猛涨，造成大洪大涝，防汛进入紧张阶段；7 月下旬至 8 月，由于受西太平洋副热带高压势力控制，炎热少雨，为丘陵山区抗旱的关键时期。戴埠河塘和水库的建设和管护如何既能满足丘陵山区防洪功能，又能满足旅游旺季景观功能，满足水美、景美，以及水安全的要求，成为水利规划和设计的重点关注的问题。

2.3 "工业强镇"中的农林牧渔业

随着戴埠镇经济的快速发展，农民生活水平得到大幅度提高，人居环境质量得到明显改善。但农林牧渔行业仍出现供需不平衡、发展不稳定等现象。新冠疫情影响了我国经济发展势头，而物联网技术的发展不减反增，使得人们重新思考了未来产业链的发展趋势。然而，戴埠镇农村留守人员多为老幼，文化程度普遍偏低，使当地居民更难以运用互联网、人工智能等现代信息技术打开市场。农林牧渔业的发展需要紧跟时代发展潮流，大力推广科技创新技术，协调供给端与生产端的动态平衡，实行规模化管理，改变"跟风种植"的陈旧思维定式。

3 振兴之路——绿水青山

水安全是人类和社会经济可持续发展的一种环境和条件，是指在一定流域或区域内，以可预见的技术、经济和社会发展水平为依据，以可持续发展为原则，水资源、水环境和水生态能够持续支撑经济社会发展规模，能够维护生态系统良性发展的状态。乡村振兴战略的总要求为坚持农村优先发展，实现产业兴旺、生态宜居、乡风文明、治理有效、生活富裕。农村水安全体系的建设和维护与"生态宜居"的要求密切相关，特色水文化的传扬可以有效促进"乡风文明"目标的实现。因此，保障水安全在乡村振兴中显得尤为重要。

戴埠镇依托资源优势，成为溧阳市最早发展农家乐的先行区。近年来，戴埠镇整合旅游要素、提升资源价值和优化旅游功能空间，引导推进农家乐向精品民宿转型。目前，精品民宿成为戴埠镇引领全域旅游特色产品的重要标杆。然而转型过程中，保障水安全是转型成功的关键。目前，不少农家乐的经营处于粗放模式，污水纳管处理不到位，生活污水到处排放，严重危害了土壤和河流生态系统，也限制了戴埠精品民宿的品质。由此可见，戴埠旅游业的发展、旅游产品的开发和建设离不开当地水安全体系的建设和提升改造。因此，依托当地河湖塘坝等水利资源优势，将自然山水、历史文化和现代文明相结合，成为戴埠镇进一步挖掘旅游生产潜力的必经之路。

4　水美戴埠——山水搭台，经济唱戏

习近平总书记在论"三农"工作和乡村振兴战略中指出，做好巩固拓展脱贫攻坚成果同乡村振兴有效衔接，立足新发展阶段、贯彻新发展理念、构建新发展格局，坚持以高质量发展统揽全局。戴埠结合美丽宜居乡村建设和农村人居环境整治，以恢复农村水系功能、提高水安全保障能力、改善水生态环境为目标，以"河畅、水清、堤稳、岸绿、景美"为标准，打造农村生态河道，推动农村水环境持续向好。

4.1　六水统筹，提升潜力

近年来，戴埠立足健全水安全（水资源、水环境、水生态）体系，不断打造水产业（水景观、水文化），有效提升水效益（水经济）。戴埠遵循自然生态系统的演替规律，以资源性、生态性、环保性为立足点健全水安全体系，不断打造与当地产业相关的水景观和水文化，从经济发展的角度提升水效益，着力推进保障水安全、修复水生态、彰显水文化、提升水管理，努力实现"河道通畅、水体清澈、岸坡绿化、长效管护"的目标，助力戴埠旅游产业的改造升级。

4.2　水陆协同，齐头并进

戴埠多数村落依山傍水，河流与陆路相近相离，穿插行进。1号公路是溧阳的一条乡村道路，路中间的红黄蓝三色隔离线串联起了戴埠镇内多个景点。沿1号公路赏乡村风貌，饱览戴埠山水风光、人文底蕴。1号公路与山涧河溪相得益彰，河流蜿蜒，清水畅流，凸显戴埠人文风光。

4.3　以点带面，辐射全镇

戴埠李家园村作为全国首批乡村旅游重点村，山水错落，河塘相间，绿色植物覆盖率达78%以上，全年空气质量优良率达到80%以上。独特的生态环境

优势，奠定了李家园农业旅游产业的基础。近年来，李家园村借助南山竹海景区的带动，以水利和农业生态资源为依托，深度开发乡村旅游资源潜力，重点打造升级精品民宿；积极调整农业结构，努力改善河道生态环境；不仅带动了村民就业，盘活了全村的闲置劳动力，而且吸收周边村落等外地劳动力300多人，引导村民走上旅游致富的道路。戴埠镇科学规划、合理布局，发挥李家园核心景区示范辐射作用，以点串线，连线成片，全力打造"水美乡村""全域旅游"示范乡镇。

4.4 开发资源，变废为宝

"十三五"以来，戴埠镇聚焦打赢污染防治攻坚战，累计关停混凝土、砖瓦窑、石灰窑、码头等28个，关闭化工企业7家，取缔"散、乱、污"企业11家、生态修复矿山7个，建成南山水源300亩涵养林，大气环境整治成效明显。

铁石岭山矿关闭废弃多年，留下了高陡边坡、大面积的矿业废弃地，生态环境和地形地貌景观破坏严重。戴埠镇采取矿坑整治、生态修复、农业种植结构调整的措施，对废弃矿山进行综合整治，吸引了相关旅游企业家前来投资，发展生态旅游，打造精品民宿，目前已成为变废为宝、综合治理的典型。

4.5 规划先行，制度保障

戴埠镇注重农村水系综合整治与乡村振兴规划、空间规划等各类规划的思路衔接，确保开发边界、保护性空间等重要空间参数的协调，统筹谋划水、滩、坡、岸综合治理。为恢复河岸的野趣与生机，在河道的规划设计中尽量维持河流的自然蜿蜒形态，结合硬质工程隐蔽化、上部结构生态化、堤岸修复微创化的设计理念，采用天然石块防护、木桩防护、水生植物和本土植物固坡，人为形成自然鱼类栖息地。在保障河道原有灌溉、除涝、供水、航运等功能的基础上，因地制宜对河道进行特色化改造，增添亲水戏水、改善水质、两岸交通等功能，构建水美乡村的绿色长廊。

4.6 响应政策，服务大局

2016年12月，中国中共中央办公厅、国务院办公厅印发了《关于全面推行河长制的意见》，并发出通知，要求各地区各部门结合实际认真贯彻落实。自2017年，戴埠镇为深入贯彻落实河长制工作，进一步强化落实河长制责任体系，先后出台了《戴埠镇河长制工作计划》和《戴埠河长制工作方案》。此外，为切实加强河库的建设、管理和保护，统筹推进"安全水利、环境水利、生态水利、节水水利、智慧水利、法治水利"建设，有效保障全镇水资源、水环境和水生态安全，全面提升戴埠镇小型水利工程的管护水平，镇政府相继出台了《戴埠镇关于印发河库"三乱"专项整治行动方案的通知》《戴埠镇人民政府关于成立戴埠镇小型水利工程管理工作领导小组的通知》《戴埠镇人民政府关于成立戴埠镇水利工程建设管理处的通知》。针对不同河道、水库等制定切实可行的"一河一策"治理方案，以长久提升河道管理水平。最近，为巩固村庄环境整治成果，深化"美意田园"行动，全面提升全域环境品质，激活生态力量，戴埠出台了《戴埠镇村庄（美意田园）环境卫生长效管护考核办法》。

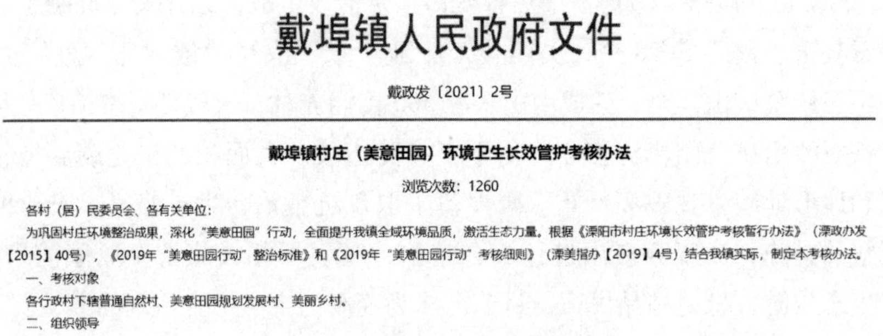

戴埠镇人民政府文件

戴政发〔2021〕2号

戴埠镇村庄（美意田园）环境卫生长效管护考核办法

浏览次数：1260

各村（居）民委员会、各有关单位：

为巩固村庄环境整治成果，深化"美意田园"行动，全面提升我镇全域环境品质，激活生态力量，根据《溧阳市村庄环境长效考核暂行办法》（溧环办发【2015】40号）、《2019年"美意田园行动"整治标准》和《2019年"美意田园行动"考核细则》（溧美指办【2019】4号）结合我镇实际，制定本考核办法。

一、考核对象

各行政村下辖普通自然村、美意田园规划发展村、美丽乡村。

二、组织领导

图 4.1 政策文件——有章可依

2020年以来，戴埠镇处理了全镇重点民宿5分钟车程内环境问题，拆除陈旧破损旅游标识标牌113处。完成竹海分流线郑墅至云湖星径段弱电线路整治、房屋清理、流动摊位取缔和可视范围内散坟迁移工作，结合美意田园行动，以垃圾分类、污水处理、绿化美化等活动为抓手，对沿线郑墅、牛场、戴南3个村庄实施综合环境提升工作。垃圾分类设施建设已覆盖12个行政村，日处置生活垃圾45吨。全年累计清理河道100多千米。全面贯彻"两清两拆"工作部署，拆除违章建筑165处，拆除面积4.5万平方米。

戴埠镇对东涧河、中涧河、西涧河小流域进行了治理，结合"农村污水综合治理工程"和"美意田园行动"，对流域的生态环境、人居环境进行了系统化的治理。戴埠镇致力于小流域生态清洁治理、河道及小型农田水利管护；加快推进农村生活污水综合治理，在农村中推广雨污分流，生产、生活污水被集中处理后达标排放。小流域及周边人居环境、水环境明显改善，生态旅游发展经济效益持续增加，基本达到"山青、水净、村美、民富"的目标，其中中涧河小流域已创建为"江苏省生态清洁小流域"。

5 戴埠乡村振兴经验

江苏省常州市溧阳市戴埠镇以习近平新时代中国特色社会主义思想为指导,深入贯彻落实习近平生态文明思想,牢固树立"绿水青山就是金山银山"的理念,全面贯彻乡村振兴战略部署。坚持生态优先、绿色发展、系统思维、强化问题导向,遵循自然规律,确立了"生态立镇、旅游兴镇、工业强镇"的发展路径。立足"山水林田湖草"资源禀赋,推动城乡融合发展,优化产业结构,建立健全城乡融合发展体制机制和政策体系,提升城乡居民生活条件,改善农村人居环境。加快推进农业农村现代化,推动乡村产业、人才、生态环境等全面振兴,奋力打造美丽、生态的戴埠新农村格局,实现生态清新优美、产业兴旺红火、人民安居乐业的目标。

5.1 生态立镇为核心

以绿色发展模式引领乡村振兴是党和国家顺应广大农民群众美好生活要求的重大战略决策。新时代以来,乡村生态环境治理和建设已经进入一个崭新的发展阶段,强化乡村居民"保护环境即保护生产力"的观念,才是振兴乡村的优势与潜力所在,从而实现农民与社会的双赢。水生态的建设是苏南地区生态建设的核心。戴埠镇积极践行新时期治水方针,系统推进农村河道生态治理与建设,优化防洪排涝工程和水资源配置工程,提升农村河道综合功能,维护农村河道生态健康。2018年以来,戴埠镇综合整治省骨干河道2条(溧戴河、沙河水库溢洪河),重点塘坝2座(青龙山水库、大干水库),小(二)型水库6座(六家田水库、桃树岕水库、北山岕水库、磨恒坝水库、长岭水库、文武岭水库),镇级河道3条(百家塘河、破圩河、月潭河),村级河道20条(长效管护的村级河道)。戴埠镇加强河、溪、塘、坝、库等水系连通和健康保障系统,把水安全风险防控作为重要红线,在规划和设计中充分发挥水利工程的生态和景观作用,推动水利事业发展的同时,助力乡村旅游经济的发展。

戴埠镇推进农村区域整治的高标准化,高质量推动水污染防治攻坚战,努力实现村庄污水处理率达到100%,确立"村村有风景,处处有美景"的目标;加强小流域治理、河道及小型农田水利管护,不断完善农业生产基础设施建设,助力农业种植结构调整和优化;恢复河流的自然生态系统,保护生物多样性,保持河流生态的完整性;积极构建水景观,打造水清、岸绿、景美的江南特色乡村;挖掘和传承水文化,继承和发扬当地特有的历史水运经济文化;强化并落实河湖长制，协调各部门，积极推进项目运行和管护；打造"水美戴埠"，让农村成为安居乐业的舒适家园。

5.2　旅游兴镇为动力

2018年3月，国务院办公厅印发《关于促进全域旅游发展的指导意见》，就加快推动旅游业转型升级、提质增效，全面优化旅游发展环境，走全域旅游发展的新路子作出部署。戴埠镇借助国家政策支持，立足自身"山水林田湖草"等自然资源优势，推动全域旅游再赋能。激活旅游业在乡村振兴实施过程中的潜在动力，激发村民的创造力和积极性。戴埠镇科学编制规划，系统提升旅游产业水平，以"打造长三角地区最具吸引力的休闲度假目的地"为定位，科学编制《戴埠镇全域旅游概念策划》，利用片区开发理念指导全域旅游发展。针对李家园村理念落后、配套落后、管理落后、业态落后等发展现状，编制《李家园村旅游提升规划方案》，为推动旅游业态提档升级、谋划夜间经济发展、完善公共区域配套提供现实路径。重视产业与资源对接，进一步推动文旅融合、体旅融合、农旅融合、康旅融合，丰富"全景、全时、全龄"旅游业态。

围绕"1号公路"、乡村旅游示范点、5A级旅游景区等主动融入市级宣传渠道和平台，与长三角广电旅游联盟签订合作框架协议，开展旅游宣传推介戴埠民宿宣传报道登上学习强国平台，戴埠秋冬季景色登上中央电视台，南山竹海风情小镇接受省文旅局等多部门联合中期考核并获评优秀等次。李家园村借助靠近南山竹海景区的地理优势，发展精品民宿，打开旅游消费新领域。民宿的精品化和特色化进一步优化，民宿业态进一步演化和升级。目前，李家园村已成功入选"全国乡村旅游重点村"和"中国美丽休闲乡村"，宣传片亮相北京园博会。全镇现有代表性民宿、茶舍60多家，精品民宿36家，年接待游客19万余人次，营业收入超亿元，大幅带动农民就业和农副产品销售。城市与乡村连结，使城乡居民共享风景，增强戴埠镇居民的参与感与获得感。积极推广农副产品，展现独特的乡村文化。统筹区域内城乡文化布局，深入挖掘当地的历史、建筑、风俗、饮食等文化，促进城乡的融合发展。只有充分挖掘乡村发展优势，才能发挥农民的主体作用。戴埠的绿色生态发展，成为戴埠镇实现乡村振兴的支撑点。

5.3　工业强镇为保障

戴埠明确工业发展的主攻方向，大力推进产业转型升级，推动现代经济体系深入农村，促进农村经济社会转型发展，推动农村一二三产业融合发展，注重经济发展的质量和效益。实行"向先进制造出发"行动计划，工业园区载体建设持续完善，统筹谋划全镇项目发展，重大项目招引实现接连突破，累计引进总投资 5 000 万元以上项目超 40 个。科技创新步伐稳步迈进，全镇高新技术企业从"十三五"初期的 6 家增加到 11 家，高新技术产业产值占规模以上工业总产值比重由 28% 提升至 35%。2021 年全力推进高端航空航天成套零部件生产线等 6 个市级重点工业项目建设；加快推进悠然南山特色田园乡村项目；全力保障温德姆至尊酒店、南山和园开元度假村综合服务大楼建成并运营。

行政区划调整后，将旅游业摆在了经济社会发展中更加突出的位置，以生态创新引领发展成效更加凸显。工农互补为出发点，以工业基础做保障，带动农业发展，把实现乡村振兴战略与城市化工业化发展相融合。戴埠镇依托毛竹产业优势，积极创成省级绿色竹笋基地。着力发展经济果林，打造品种丰富、季节跨度长、布局合理、体验感强的水果小镇。壮大乡村振兴队伍需要稳定粮食产量，实施"藏粮于地、藏粮于技"的战略，加快高标准农田建设，促进粮食稳产增产。推进绿色兴农，建立绿色低碳循环的农业产业体系，加快农业产业结构升级。推广生态畜牧渔业发展，支持使用环保饲料，以降低畜禽粪便中氮、磷含量，减轻对土壤和大气的污染。强化科技创新引领，健全土地利用和人才保障制度，优化乡村特色产业，推动科技创业，为戴埠镇的全面振兴保驾护航。

6 结语

戴埠镇全面贯彻乡村振兴战略部署，确立了"生态立镇、旅游兴镇、工业强镇"的发展路径。生态立镇分别从保障水安全、防治水污染、恢复水生态、构建水生景观、传承水文化、促进水经济六方面展开；旅游兴镇分别从环境与景观一致、产业与资源对接、城市与乡村连结三方面展开；工业强镇分别从工农互补、稳定粮食增产、推进绿色兴农、推广生态畜牧渔业发展、强化科技创新引领五方面展开。以生态立镇为核心，以旅游兴镇为动力，以工业强镇为保障，共同致力于实现戴埠镇乡村振兴宏伟目标的实现。

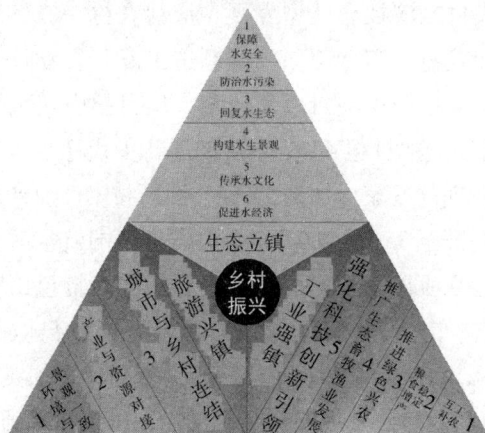

图 6.1 戴埠镇乡村振兴发展路径

10 提升乡村振兴的环境"底色"——以非规划布点村生活污水处理工程为例*

1 案例背景

1.1 政策背景

2023 年的江苏省委一号文件提出，要实施农村人居环境整治提升五年行动，关注农村厕所革命、垃圾处理、生活污水治理、生态河道建设等多个方面，实现鱼米之乡村美人和。乡村要发展，环境是"底色"与"底线"，提升农村人居环境质量是实现乡村振兴的基础一环。农村生活污水治理是乡村振兴的重要举措，是新一轮农村人居环境整治的重点和难点。

据了解，到去年底，全省 1.1 万个行政村建有生活污水治理设施，覆盖率为 74.6%，位居全国省份第二位，较 2019 年提升了 18 个百分点。但在农村人居环境整治三项重点任务中，与垃圾处理、改厕相比，农村生活污水治理是较为明显的短板。就全省而言，自然村覆盖率仅 31%，农户覆盖率为 30% 左右。农村生活污水治理工作存在建设资金需求大、筹措难，区域发展不平衡，长效管护机制不健全等难题。

面对短板和难题，省委一号文件明确了许多"硬任务"——到"十四五"末，苏南等有条件地区的自然村生活污水治理率达 90%，苏中、苏北地区行政村生活污水治理率达 80%、自然村生活污水治理率大幅度提升。到"十四五"末基本消除较大面积的农村黑臭水体。2021 年，农村生活污水治理设施正常运

---

* 参赛院校：南京林业大学

指导教师：徐霄枭

参赛研究生：孙裕、王吉、杨足远、刘艳、祁雯、李冬

行率达75%、农户覆盖率达35%，新建农村生态河道300条以上，建设绿美村庄500个。

1.2 农村生活污水特征

目前，农村经济发展迅速，农民生活水平大为提高，但是农村环境建设与经济发展不同步，其中水环境污染问题尤为严重。未经处理的生活污水随意排放，导致沟渠、池塘的水质发黑变臭，蚊虫滋生，影响农村人居环境及威胁居民的身体健康，同时会造成饮用水水源污染以及湖泊、水库的富营养化。

我国农村生活供给水量小，生活污水排放分散且水质复杂。我国大多数农村地区的供水设施简陋、自来水普及率较低，特别是偏远山区等条件落后的农村地区，居民的用水得不到保障。此外，农村地区的居民日常生活较为单一，农村居民人均用水量远低于城市居民，农村地区生活污水的人均排放量也远低于城市生活污水的排放量。目前，我国农村地区的房屋基本都属于自建房，具有较大的随意性，缺乏合理的总体布局规划。因此，居民的生活污水排放方式存在诸多差异，有的生活污水排入明沟或暗渠，有的就近排入溪、河及湖泊，还有的农户将粪便等收集作为肥料，其余的用水直接泼洒，使其自然蒸发或渗入土壤。从总体来看，村镇分布密度小和居民的建筑布局随意导致农村的生活污水排放变得极为分散。农村地区缺乏垃圾收集、处理设施，致使垃圾随意堆放。因此，农村生活污水除了居民的家庭活动用水外，还混有垃圾堆放产生的污水和高浊度的雨水径流等，汇集的污水水质成分复杂。各类污水比例受生活条件状况、生活习惯等因素影响而不同，并且随着农村经济发展，农村家庭生活方式的改变，生活污水的来源会越来越多，水质成分也势必更加复杂。

我国农村居住环境和人文风俗的差异导致不同农村地区排放的生活污水水质差别较大。生活污水中氨氮、溶解态磷等污染物浓度与居民经济条件、生活习惯、作息规律等密切相关。例如经济条件较好、肉类蛋白类食物消费比例高的地区，生活污水中的氨氮浓度较高，同时洗涤剂的大量使用致使生活污水中溶解态磷偏高；而经济条件较差的农户往往反复用水后再排放，导致化学需氧量浓度较高，且这些农户一般较少使用卫生洁具和洗涤剂，产生的生活污水氮、磷含量不高。农村生活污水的日变化系数较大，排放量的峰值一般出现在早晨、中午和晚上三个时段，在这些时间段中，居民的家庭活动往往比较集中，用水量也相对较大，污水中的氮、磷等主要污染物浓度的峰值也随之出现。而在其他的时段，尤其是午夜至清晨这段时间，由于用水量的大幅减少，污水量很小，甚至出现断流。农村生活污水的排放量随季节变化的规律表现为夏季较多，冬季较少。与排放量相反，主要污染物如化学需氧量、总氮和总磷的浓度变化规律为夏季较低，冬季较高。

1.3　农村生活污水处理现状与问题

目前，国内农村生活污水有增长快、来源广、处理率不高以及量大的特点。伴随着农村生活方式的改善以及农村经济的发展，生活污水量也逐渐上涨；村庄分散的特点易导致污水不集中，难以集中处理；并且，农村污水不仅仅来自厨房污水以及人畜便，还有生活垃圾以及家庭清洁所渗滤的污水。现阶段，农村生活污水处理并没有形成完善的体系。农村生活污水治理能力不佳，后果堪忧。未经治理的污水流经山河、池塘以及湖泊等地表水体中，极大地污染了各种各样的水源；并且，生活污水也是导致疾病传播的渠道，极易造成地区污染病、人畜共患病以及地方病的流行与传播。

我国农村生活污水处理需要解决的主要问题如下：

问题一是我国农村缺乏完善的污水收集系统。由于经济条件限制及环境保护意识的缺乏，我国农村地区大都以明渠或暗管收集污水，污水收集设施简陋，不能实现雨污分流，往往会汇入雨水、山泉水等，汇集的污水成分复杂。而水量的增加和污染物浓度稀释作用降低，使得生活污水的收集处理难度加大。粗放式的排放方式以及管网设施简陋、缺少维护是导致农村生活污水的收集率低的重要因素，由此导致的生活污水的露天径流和地下渗漏不但使村民的居住环境恶化，而且易造成地表及地下水污染。

问题二是农村生活污水治理是一项耗资很大的民生工程，一个村庄的污水处理投入的费用在几十万元到上百万元不等。目前，我国城乡之间贫富差距大，大部分农村的财政能力和农村地区家庭的支付能力都严重不足。许多地区政府对污水处理设施常常存在"重建设，轻管理"的现象，由于缺乏长期资金来源致使村镇无法承担污水处理设施的运行维护费用，导致污水处理设施因缺乏费用逐渐被停用。此外，农村地区环境保护机制不健全，污水处理设施缺少专业人员监管。由于长期无人负责维护，污水处理效果下降甚至处理设施停止运行，造成二次污染，并且出水水质没有专业人员定期检测，难以对处理效果进行评价。维护管理资金投入不足和专业技术人员缺乏是造成大部分农村地区污水处理设施不能长期有效运行的重要原因。

2　具体方法

2.1　污水处理标准

污水处理排放标准直接影响着污水处理设施的工艺选择和投资规模，间接关系到污水处理设施管理和运行费用。合理地制定污水处理排放标准，对农村生活污水处理具有十分重要的作用。目前，农村生活污水处理的出水水质可参照的排放标准有：《城镇污水处理厂污染物排放标准》（GB18918-2002）、《农田灌溉水质标准》（GB5084-2005）、《城市污水再生利用景观环境用水水质》（GB/T18921-2019）、《渔业水质标准》（GB11607-89）等。但是针对村镇生活污水处理排放的标准仍然缺失，要制定合理的排放标准，明确村镇污水的处理目标，从而权衡水环境质量要求和建设投资及运行费用。此外，排放标准的制定要充分考虑我国各地区的差异，例如我国东部地区经济条件较好，公共基础设施较完善，可根据出水用途与去向灵活选择排放标准；西部地区经济条件较落后，农村人口数量较多，水环境容量较大，可以适当放宽排放标准，降低处理要求；北方地区相对南方地区较干旱，水资源不够丰富，水环境容量也较小，相应的排放标准也应该较严格，并且鼓励和引导污水处理回用。

2.2　如何应对污水处理难题

要想解决农村生活污水处理的问题就要完善农村地区的污水收集体系。农村生活污水收集率低是我国大部分地区普遍存在的问题，解决农村地区生活污水收集问题是治理农村水环境的重要环节。随着农村地区的经济条件增长以及国家对农村生活污水的整治力度加大，许多地区已在完善生活污水收集管网，在一些经济条件较好的新农村，已经具备较完整的收集和处理体系。现有的收集处理方式主要可分为三类：农户分散收集处理、村镇集中收集处理、统一收集归入市政管网。污水分类收集也是农村生活污水处理的一个有效途径。在国外，对生活污水分离处理的应用模式已较为成熟，将"黑水"和"灰水"分处理，一定程度上可降低处理难度，还能达到中水回用的目的。国内有条件的农村地区可以借鉴生活污水分类收集处理的模式，"黑水"经过收集池收集后可农用，"灰水"经收集处理后可中水回用或直接排放，以达到减少处理量，降低建设运行成本的目的。

维持污水处理设施的长期有效运行，需要长期稳定的资金投入，以满足污水处理系统运行的日常维护和定期检查工作。中央财政应加大对农村环境综合整治的支持力度，进一步完善污水处理设施及配套管网的建设，提高污水处理率。除此之外，还可设立奖励制度，通过以奖代补的方式引导各地区加大对农村生活污水的治理力度。地方财政则负责解决污水处理设施的建设和日常运行维护所需要的资金。另外，可以向村民征收少量污水治理费用，一方面提高村民的环境责任意识，另一方面可对污水的收集处理设施建设及维护提供支持。在污水处理系统运行管理和维护方面，可以借鉴国外已成熟的方式，即承包给专业的第三方服务公司，由这些服务公司对设备的运行进行定期检查，监测运行状况及出水水质，地方政府则可提供专业培训，以及对专业人员和服务公司进行资质认证和监管。

2.3 现有生活污水处理工艺

农村生活污水的处理技术形式多样、工艺成熟，但只有因地制宜的污水处理技术才能真正达到控制农村水污染的目的。目前已具备一些低成本、易管理的技术，例如利用园林地慢速渗滤系统处理农村生活污水，处理规模14.7立方米/天，建设成本仅为3.6万元，并可保持较低的运行费用；采用三段式组合人工湿地处理生活污水，运行和维护费用相对传统的分散处理工艺可减少2/3；采用人工生态浮床处理农村污水，对总氮、总磷有较好的去除效果，运行维护技术要求低。这些技术适用于人口规模较大、布局紧密、污水能集中处理的地区，在污水不易集中收集处理的地区要采用灵活的分散处理技术，例如采用蒸发罐技术处理居民生活污水中的"黑水"部分，几乎不需要日常维护，而"灰水"则接入庭院式小型湿地。此外，还可根据不同的出水水质要求选择处理工艺，出水排入封闭水体时，应将氮、磷等营养元素作为主要控制指标，可选择新型阶梯式人工湿地、塔式蚯蚓生物滤池、接触氧化法等脱氮除磷效果好的污水处理技术，出水排入开放水体时，则可适当降低氮、磷的排放要求，可采用漂浮植物塘等工艺。在农村生活污水处理工艺选择方面，不仅要考虑处理效果、费用，还要考虑工艺的适用性以及技术应用的工程建设是否存在问题，只有这样才能保证污水处理设施能够达到正常的治理效果和使用年限。

我们通过查阅资料仔细研究分析了各污水处理工艺的流程特点，现将各工艺特点和选择对比归纳如表2.1。

表 2.1　生活污水处理工艺特点与对比

工艺	优点	缺点	适合使用范围
一体化处理系统	对有机物去除率较高、工艺占地面积小	设备维修与更换不方便	经济条件好的农村
土壤慢速渗滤	工艺占地面积较小、运行费用低	污水处理能力有限	经济较为落后的农村
土壤快速渗滤	工艺占地面积较小、运行费用低	容易受气候影响	气候稳定的农村
土壤地下渗滤	工艺简单、占地面积较小、基本无运行费用	系统容易出现含氧量不足情况，系统污水处理能力低	地势平坦和地基良好的农村
人工湿地	工艺简单	占地面积大、稳定运行需要时间长	居住相对集中的农村
稳定塘	对于生化需氧量、总悬浮固体、病原体、氨氮去除效果较好	占地面积大、处理效果不稳定	经济条件欠发达，规模小且有自然塘的村庄
蚯蚓生物滤池	去污效果好、工艺流程简单、占地小	容易受季节影响	人口居住分散的农村
膜生物反应器	有机物去除效率高，占地小	膜组件受污染率高、能耗高、维护成本高	经济较为发达地区

3　分析方法与案例描述

3.1　案例分析流程及研究方法

本次案例，我们团队总体分析流程如图 3.1 所示。

在分析过程中，我们主要运用了比较分析法。就这个案例而言，比较分析法是通过对石湫街道在不同时期（工程竣工前和工程竣工后）、不同地点、不同情况下的环境情况进行比较分析，切实调查石湫街道在工程的初始状态及工程完工后各阶段的情况和变化趋势，认真比较，进行统计分析，看环境的变化是朝着工程所希望的方向发展还是事与愿违，以便分析、归纳、总结、转化他们的方法。

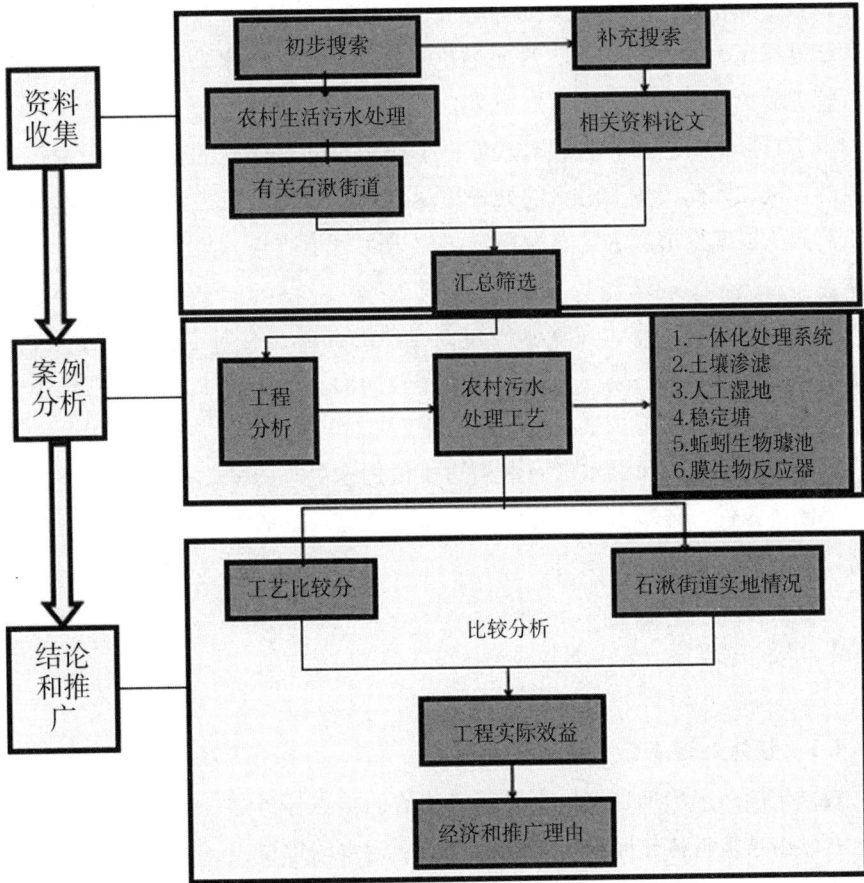

图 3.1　案例分析流程图

3.2　实际案例分析

南京市溧水区石湫街道在农村地区，经济条件较弱，但是空间大、地形地势好，可利用的水塘及废弃洼地多，可以优先采用节能降耗、管理方便的生态处理技术，在土地面积有限的情况下，采用生物生态组合处理技术实现污染物的生物降解和氮、磷的生态去除，以降低污水处理能耗，节约建设、运行成本。

南京市溧水区石湫街道生活污水水质水量变化平稳。当污水排放量较小时，容易造成处理系统的资源浪费，污水排放量大时，容易超出污水处理系统的处理负荷，造成出水恶化。而石湫街道生活污水排出量比较平稳，所以不需要考虑选择抗冲击负荷能力强的污水处理技术。

农村居民的文化程度相对薄弱一些，对污水处理技术了解较少。复杂的污水处理系统操作复杂，农村居民可能由于知识有限而无法管理，这样装置出了问题就可能无人修理、维护，进而退化、毁坏，失去净水功能。因此，应选用运行管理简单、维护方便的污水处理工艺。

由于石湫街道居民收入相对较低，生活污水处理设施的建设费用主要来自政府的投资，因此，生活污水的处理应尽量选用造价较低、运行与管理费用少的工艺。所以南京市溧水区石湫街道可以采用管道收集、集中处理的污水处理方案。

在城市污水处理中，在使水质得到净化的同时，有时也会带来空气污染、蚊虫增多、化学药剂污染等其他环境问题，因而，在农村生活污水处理中，应尽量选择无二次污染或少二次污染的处理工艺。

综上所述，南京市溧水区石湫街道生活污水处理方式，应结合当地的地理条件、经济条件、环境条件、管理水平综合考虑，生活污水处理方式必须符合经济、高效和简便易行的原则。

4　解决方案

4.1　整体处理工艺流程

农村生活污水治理是农村人居环境整治的重点任务之一。江苏省南京市溧水区石湫街道被省住建厅列为首批村庄生活污水治理试点，当地出台村庄生活污水治理实施方案和专项规划，按照"政府主导、企业运营、因地制宜、逐步推进"的总体思路，采用市场化运作、项目总承包形式，委托专业化公司负责实施村庄生活污水治理工程。

经统计，南京市溧水区石湫街道下属各行政村自然村平均每天合计产生生活污水约 675 立方米。其具体数值如表 4.1 所示：

表 4.1　各自然村生活污水规模数据表

行政村自然村名称	户数	人口	规模（立方米/天）
同心行政村杨家自然村	159	569	50（北边一套为 15 立方米/天，南边一套为 35 立方米/天）
同心行政村汤家自然村	93	389	35
光明社区芮家自然村	43	140	15
光明社区左山自然村	49	189	15
光明社区洪曹自然村	116	424	35

行政村自然村名称	户数	人口	规模（立方米/天）
光明社区杨甸自然村	147	444	40（北边一套为25立方米/天，南边一套为15立方米/天）
光明社区沟西自然村	49	181	15
光明社区罗家自然村	77	332	30
向阳行政村张家自然村	115	395	35
向阳行政村华村自然村	110	348	30
向阳行政村赵华自然村	101	315	25
向阳行政村汤家自然村	39	165	15
向阳行政村农场自然村	21	63	10
向阳行政村陈家自然村	42	176	15
向阳行政村龙坎自然村	107	321	30
明觉社区东旺自然村	170	665	55（北边一套为25立方米/天，南边一套为30立方米/天）
明觉社区西旺自然村	115	516	45
明觉社区茅村自然村	127	510	45
明觉社区水库里自然村	46	171	15
明觉社区上甸自然村	106	392	35（北边一套为15立方米/天，南边一套为20立方米/天）
三星行政村杨家头自然村	33	97	10
三星行政村大谢塔自然村	62	227	20
三星行政村黄塔自然村	85	288	25
三星行政村小谢塔自然村	100	328	30
总计	2112	7645	675

综合考虑，南京市溧水区石湫街道生活污水主要来源于农村居民住所的厕所、卫生间、厨房、洗衣机排水以及少量禽畜养殖产生的污水。这类水中富含氮、磷、硫等营养元素。再加上地势地形好，有可利用的水塘及废弃洼地。所以采用A2O处理加人工湿地的解决方案，本工程处理工艺流程如图4.1所示。

4.2 主要处理工艺介绍

针对我国当前资金短缺、能源不足与污染日益严重的现状，厌氧处理技术

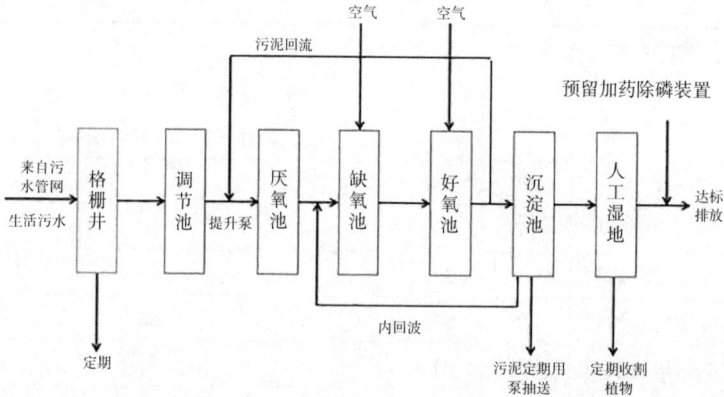

图4.1 南京市溧水区石湫街道农村生活污水处理工艺流程图

是特别适合我国国情的一项技术。但因为单独的厌氧对氮、磷等营养元素基本上没有去除能力，污水中的氮、磷会使水体富营养化。同时单独的厌氧处理也不能很好地去除病菌，厌氧处理后的出水通常情况下不能达到国家的排放标准。因此，单独的厌氧处理还只能作为一种预处理，必须选择合适的后续处理单元，所以"厌氧—缺氧—好氧法"的应用产生了。

A2O工艺，即"厌氧—缺氧—好氧"污水处理工艺，该工艺具有适应能力强、耐冲击负荷、高容积负荷、不产生污泥膨胀、排泥量小、脱氮效果较好等特点，特别适合中小型污水处理点使用。氧化沟集厌氧、缺氧、好氧、沉淀功能于一体，构筑物数量少，大大节省了占地面积，A2O氧化沟共用墙体，池内墙体采用砖混结构，节省部分管道阀门系统，因此，可以有效地降低投资成本。氧化沟由于采用组合池体，省去了池体之间的连接管道和阀门，降低了总体水头损失。A2O氧化池使得污水处理的主要单元集中度提高，能有效地同步去除水中的磷和氮，便于运行管理。缺氧池为污泥反应池，设计水力停留时间为2至4小时，池底为污泥床。好氧池是利用污水中的好氧微生物在游离氧存在的条件下，消化、降解污水中的有机物，使其稳定化、无害化的处理装置。好氧池为接触氧化池的形式，池内设置有填料，已经充氧的污水浸没全部填料，并以一定的流速流经填料。微生物一部分以生物膜的形式固着于填料表面，一部分则以絮状物的形式悬浮于水中，因此它兼有生物滤池和活性污泥法的特点。

人工湿地是人工建造的类似沼泽的生态系统。它通过过滤、吸附、微生物分解等作用来实现对污水的净化。人工湿地处理污水是充分利用了"土壤—植物—微生物"系统的净化能力，既可去除有机污染物，又可去除造成水体富营养化的氮、磷等污染物。但对氮的去除率较低，在35%~50%，主要是因为人工湿地缺乏生物碳源和溶解氧。人工湿地处理技术的应用较多，出水效果较好。人工湿地由于其特点，适合缺乏污水管网的地区。再加上南京属于亚热带湿润气候，不像北方的冬季气温特别低，不会严重影响人工湿地系统的正常运行，降低处理效果。因此需充分考虑当地气候去选择植物。植物材料应长势健壮、株形美观、完整、无病虫害、根系发达。还需要根据植物吸收效率适当补种本地物种植物，使水质稳定改善，充分发挥效能。进入冬季，当植物停止生长并产生枯萎现象时，应及时收割以免形成二次污染。

4.3 主要处理单元介绍

格栅井是连接生活污水与处理设施的第一道关卡。沉渣格栅井设置在住户厨房出水管的末端，主要起到拦截厨房排水中的悬浮物，并隔除浮油的作用，避免下游管道发生淤堵。村庄居民常年散排污水的生活习惯，导致对安装格栅井存在抵触情绪。原本按一户一座设计的沉渣格栅井，现场实际的安装比例为65%。沉渣格栅井在工程运维阶段的清掏周期较短，容易发生堵塞现象。建议由政府加大宣传力度，提倡村民自行清掏；对于未实施的沉渣格栅井，建议集中设置，以降低清掏频率。格栅井施工图如图 4.2 所示。

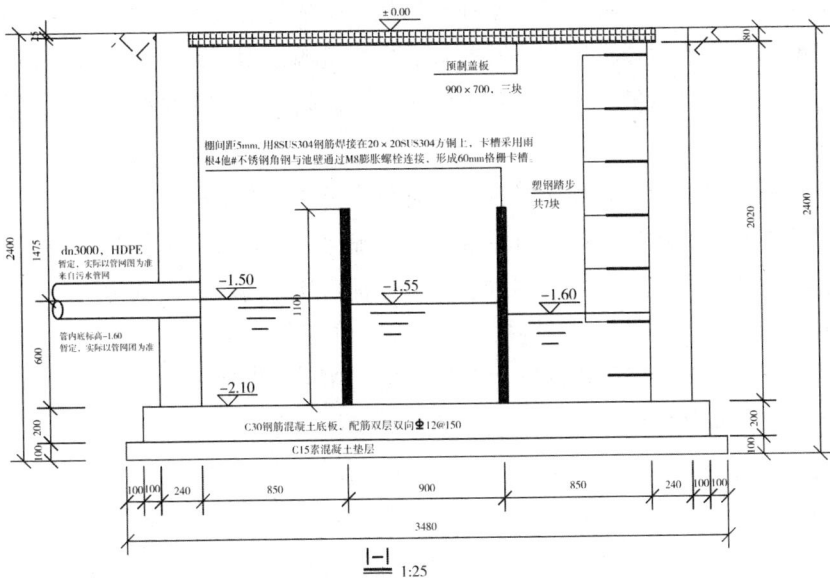

图 4.2 格栅井施工图

A2O 工序在污水处理中也是相当重要的一环。A2O 生物脱氮除磷系统的活性污泥中，菌群主要由硝化菌和反硝化菌、聚磷菌组成。在好氧段，硝化细菌将入流中的氨氮及有机氮氨化成的氨氮，通过生物硝化作用，转化成硝酸盐；在缺氧段，反硝化细菌将内回流带入的硝酸盐通过生物反硝化作用，转化成氮气逸入到大气中，从而达到脱氮的目的；在厌氧段，聚磷菌释放磷，并吸收低级脂肪酸等易降解的有机物；而在好氧段，聚磷菌超量吸收磷，并通过剩余污泥的排放，将磷除去。

5 实际效果

5.1 工程展示

2021 年江苏省南京市溧水区石湫街道 2020 年第二批非规划布点村农村生活污水处理工程已经竣工，经过 A2O 处理和人工湿地技术处理的出水水质达到《城镇污水处理厂污染排放标准》（GB18918-2002）一级 B 标准，尾水可直接排放及利用，对农村整体的环境有很大的改善。

5.2 取得效益

农村生活污水可以将水资源循环利用从而扩大经济利润空间，应用再生水浇灌农田、清洗农机器具等，这既能减少净水资源使用量，又能全方位保护生态环境，为村民营造健康、舒适的居住环境，长此以往，新农村经济效益会持续增加。

石湫街道在当地建立环保机构，配备环保员，政府部门为街道各村环保员提供培训机会，以此提高环保员业务水平，确保污水处理设施规范化运行。同时，落实污水处理设施维修、养护，进而保证水质，为农民提供优质服务，为社会提供了工作岗位，污水处理的社会效益得以发挥。

人工湿地在氮、磷物质去除方面发挥重要作用。借助微生物硝化作用吸附氮元素，借助植物净化方式吸附磷元素，进而创设良好的生态环境，使石湫街道生态效益大大提高。

原来石湫街道饱受农村生活污水的困扰，河道也因为排水中富含氮、磷元素而导致水生植物和藻类大量繁殖，致使水体透明度下降、溶解氧降低、水质变差、鱼类及其他生物大量死亡。

现如今的石湫街道房屋四周没有了异味，路面也变得干净整洁，河水变清了，也没有腐烂的水草和生物，绿化也多了起来。

6 结语

村镇污水治理的问题日渐严峻，已经成为人们关注的焦点。新农村建设阶段无法逃避污水处理这一现实问题。在农村污水处理过程中，要加强污水处理力度，尽早建立完善的农村生活污水处理系统，促进城乡一体化发展，实现农村稳定发展，提升农村生活污水排放效率。要想优化新农村建设效果，确保污水处理综合效益全面显现，第一，应适当创新污水处理方法，更新污水处理设施，这是顺应新时代发展趋势的具体体现。第二，在实际的规划和生活污水处理设施建设中，需要结合农村的实际地形和农村聚集程度进行操作，有针对性地分析各个地区生活污水治理方法的合理性和可行性，根据实际情况选择具体的污水治理模式和污水处理工艺，逐步改善乡村环境。科学地采取污水处理措施，才能够有效解决污水处理的现实问题，最终实现能源效益、经济效益、社会效益、生态效益共赢。

11   环保助力生态乡村建设[*]

1   绪论

1.1   研究背景

生态文明建设是中国特色社会主义事业的重要内容，关系人民福祉，关乎民族未来。党的十九大报告和党章修正案都明确将"美丽中国"纳入建设社会主义现代化强国的奋斗目标。与此相对应，党的十九大党章修正案在总纲部分，中国共产党领导人民建设社会主义生态文明自然段，增写了增强绿水青山就是金山银山的意识、实施最严格的生态环境保护制度等内容。

《中共中央、国务院关于推进社会主义新农村建设的若干意见》明确指出，要把国家对基础设施建设投入的重点转向农村，而加强环境基础设施建设是乡镇生态建设的重要内容，环境基础设施是人们赖以生存和发展的重要基础条件，对一个区域的经济社会发展起着基础性和决定性的作用，要全面实现社会主义新农村建设，必然要求乡镇调整发展思路，加大环境基础设施建设力度，确保辖区内居民拥有良好的环境条件和发展空间。

环保在线监测系统可用于实时监测空气环境质量，由布置在不同点位的在线监测设备和信息平台组成。利用在线监测设备对环境质量进行实时监控，得出环境质量的数据，并通过数据采集传输设备将排污企业的监测数据上传至环保部门信息平台。该平台可以对监测信息数据进行分析、处理和管理，是现代环保监管工作的实时需求，也是提高环境管理水平的有力手段。

———————

   * 参赛院校：南京大学
     指导教师：周跃进
     参赛研究生：王立坤、孙海洋、覃芳玲、杨振平、潘扬、张政在该系统中，在线监测设备的正常运转是基本条件，其决定了数据的真实性及有效性。近年来，我国环境监测网络日益完善，环境空气监测网分为国家、省、市、区（县）4个层级，监测网的监测站点已超过5 000个，已经形成了较为完善的监测网络。环境空气自动监测数据从"测得出""测得准"，正在向"测得精"的方向推进。因此，对在线监测设备的维护管理具有重要意义。

在线监测设备是一个具有监管性质的工具，但是若这套设备没有得到有效管理，往往很难发挥应有的监管作用。第三方运维企业接管了在线监测设备的运维后，能及时有效地解决上述问题。首先，第三方运维企业签订合同后负责监测设备的维护及保养，第三方对监测设备的测量真实性负责；其次，第三方运维企业具有较好的技术支持和维护经验，可以及时发现和处理设备异常，保证监测设备正常运行；最后，第三方运维企业会建立备机和常规更换的备件库存，保障设备在线率和有效数据传输率。

在某一区域内，第三方运维企业会签订多个环保在线监测设备的运维合同，运维人员需要每周至少一次对所负责的运维点位的设备进行巡检。由于设备位于不同点位，两两之间较远，因此每个运维人员都配备了车辆，用于各运维点位之间的通勤。根据本案例样本寿光环保设备运维车辆的统计数据，每辆运维车每年行驶3万公里左右，车辆行驶里程越高同时也反映员工工作量越大，成本也越高，在市场竞争日益激烈的情况下，成本的控制对运维企业的盈利水平产生了较大的影响。

本文基于定量分析的视角，使用数学模型对环保设备运维进行优化，使得运维人员可以通过最优的维护计划完成所有点位的运维工作，以减少人员工作时间和车辆使用费用，节约运维企业的成本。

1.2 研究流程

本研究严格遵循案例研究的流程：理论回顾→案例研究设计→案例描述→案例分析，研究流程如图1.1所示。

2 相关理论基础

随着科技发展和社会进步，在自然资源日渐紧缺、市场竞争愈加激烈的时代里，优化是普遍存在的课题，并逐渐在科学研究、工程应用、金融贸易、管理等方面发挥着越来越重要的作用。对优化问题需要相关学科的技术与知识，

```
┌─────────────────┐
│  环保设备运营车辆  │
│  路径优化研究背景  │
└─────────────────┘
         │
         ▼
┌─────────────────┐
│  优化相关理论基础  │
└─────────────────┘
         │
         ▼
┌─────────────────┐
│   案例研究设计    │
└─────────────────┘
         │
         ▼
┌─────────────────┐
│    案例描述      │
└─────────────────┘
         │
         ▼
┌─────────────────┐
│    案例分析      │
└─────────────────┘
         │
         ▼
┌─────────────────┐
│   研究结论与展望   │
└─────────────────┘
```

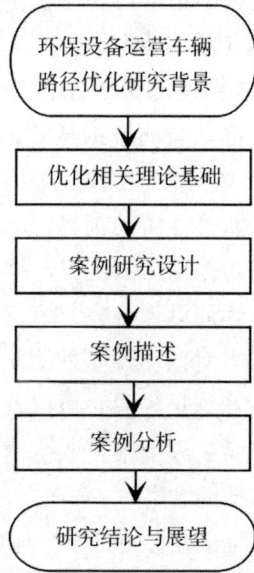

图 1.1　案例研究流程

利用各学科的数学工具，规划约束条件，根据实际情况建立数学模型，并且在约束条件下得到最优解。

本案例所研究的设备的预防性维护是提高设备可靠性、防止设备故障以及减少维护成本的重要手段。传统的预防性维护往往采用周期性检修的方法，其维护周期自始至终是相等的。但在实际操作中，由于预防性维护并不能使设备修复如新，随着维护次数及设备役龄的增加，周期性维护策略不可避免地会使设备的可靠性逐步降低，而使维护周期中出现的故障次数逐步增加。因此，更符合实际情况的应该是随着役龄的增加，设备预防性维护的次数随着故障次数的逐步增加而增加。另外，几乎所有的预防性维护模型得出的都是设备在长期不变运行条件下的期望维护周期，无法准确反映设备在某一特定阶段的维护需求，因此，较难用于设备的现场维护作业调度。

为此，本文以设备的可靠性为中心，通过整合役龄递减因子和故障率递增因子的优点，建立一种有限区间 $[O, T]$ 内基于设备可靠性的顺序预防性维护模型，并利用仿真方法对设备的维护策略进行优化，最终得到设备的最优维护计划。这种基于可靠性的维护模型反映了设备在某一特定时间区间内的实际维护需求，可用于设备运维的实际管理中。

3 案例研究设计

3.1 研究方法

本研究采用探索性单案例研究方法。首先，由于旨在回答怎么样节省运维成本，属于回答"怎么样"问题的范畴，并且本研究采取数学定量分析视角，展现一个动态的优化过程，因此适宜采用案例研究方法。其次，由于本研究需要研究运维规划数学模型，在环保设备运维领域属于已有文献没有深入解答和涉及的内容，因此需要采用探索性案例研究方法。再次，由于本研究使用数学定量分析方法的特性，要求有大量的案例数据作为支撑，因此以单案例为基础进行分析。

3.2 研究样本

本研究遵循典型性和代表性原则，选取南京市某公司山东寿光"美丽乡村"环保设备运维作为案例研究样本，该项目可以代表一类具有相同特征的企业及这类企业运维工作的实践。

首先，从企业发展和现有规模来看，南京市某公司从 2006 年开始从事环保在线监测，在江苏、山东、浙江等地从事环保在线监测业务，经历了环保在线监测的从无到有、从无序到有序的发展历程；根据生态环境部和中国环境保护产业协会发布的《2020 中国环保产业发展状况报告》中产业规模分布状况来看，中型企业占比达到 37.0%，在环保行业中是占比最高的企业类型，南京市某公司 2019 年营业收入约为 3 000 万，属于典型的环保行业中型企业。

其次，南京市某公司现有运维站点 262 个，运维部人员 65 人，全国 6 个办事处分布在江苏、山东、安徽等地。其中，山东寿光"美丽乡村"项目具有运维点位 14 个，每年运维成本占销售额的 71.5%，具有成本优化的分析价值。

3.3 数据收集和分析策略

在数据收集上以文件档案为主，访谈为辅。首先，本文的作者之一在南京市某公司担任管理职务，在工作前期直接参与过多年的环保设备运维工作，能够基于参与者角度为本研究提供丰富翔实的事实和企业内部资料。其次，我们采用上下结合的方式对运维相关人员进行沟通，即通过面对面或者网络方式对

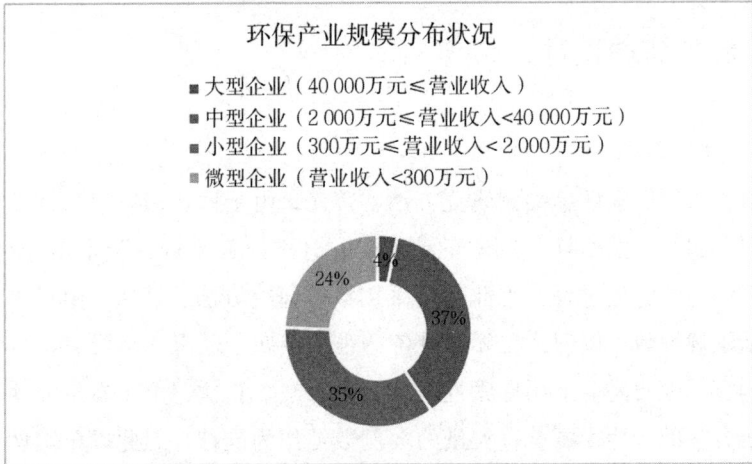

图 3.1　环保产业规模分布状况

运维负责人和一线员工进行咨询。为了全面深入和从不同角度获取数据，我们在员工中还挑选了几位有过其他运维公司工作经验的员工进行咨询。

表 3.1　咨询对象列表

咨询对象	运维点位数	是否具有相关经验	备注
运维部经理	*	否	运维部负责人
运维总监	*	是	对运维工作进行考核
山东办事处运维工程师常工	14	否	此2人先后对同样点位进行运维，由于公司制度，每隔1年会进行一次轮岗。
山东办事处运维工程师周工	14	是	
南京运维办事处张工	8	是	一线运维人员
大丰运维办事处孟工	8	否	一线运维人员

在案例分析过程中，首先，对数据进行三角验证，即对不同方式获得的数据进行比对并选用其中能够得到多重来源支持的数据进行分析。本次案例中车辆的行驶数据分别通过GPS系统、车辆油卡消费记录、运维人员运维点位现场日志记录、运维人员口头描述进行比对。其次，由各位作者共同使用获得的可信数据进行数据筛选并撰写完成案例描述和分析部分。最后，通过面对面、电话和网络等方式进行讨论，分析各自建立的模型与数据的吻合性，采纳一致的

结论；对不一致的结论，再次由作者独立进行分析，直至达成一致为止。

4 案例描述

山东省潍坊市寿光市 2013 年被山东省财政厅确定为首批"美丽乡村"建设试点县，要求通过典型带路，不断总结经验，完善政策，逐步建成一批基础设施便利、产业特色明显、生态环境优美、社会安定和谐、宜居宜业宜游的美丽乡村。寿光市根据要求，2018 年在 15 个乡镇建立了环保在线监测系统，对其环境空气质量进行监测，并每天通过微信公众号公布各乡镇空气质量状况排名，该排名将影响各乡镇的绩效考核，受到各方的重点关注。

南京市某公司中标该业务并从事该系统的运维至今。公司运维工作采用责任制，即每个运维人员分配一定数量的运维点位，各自对各自的运维点位负责，每个监测点进行每周至少一次的现场检查，确保环保在线监测系统正常运行，采集数据真实有效。公司该业务成本组成如图 4.1 所示，人员成本占 48%，车辆和备件耗材费用各占 19%，试剂消耗占 14%。

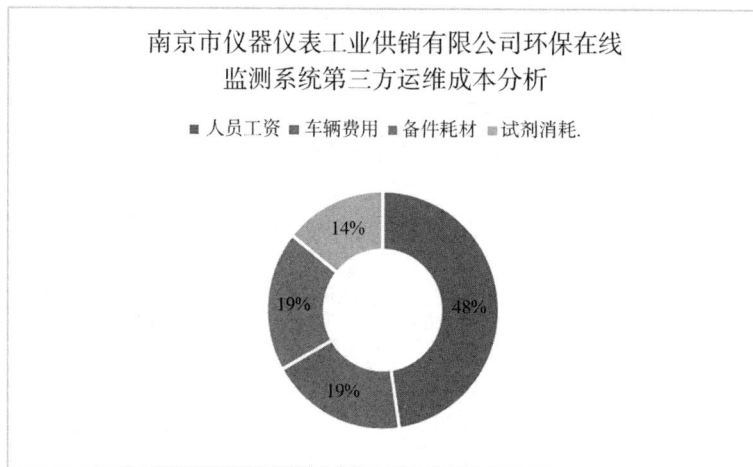

图 4.1 南京市仪器仪表工业公司运维成本分析

由于环保在线监测系统的重要性和实时性要求较高，如果问题得不到及时处理，可能会导致企业受到环保部门的处罚，公司通过搭建运维管理信息系统对运维人员及其行为、运维设备及其状态进行了监控，该系统可以有效地规范运维人员的行为使其满足运维要求。人员工资由运维点位的数量和质量决定，公司会根据每个人的技术能力分配对应的点位，每月对其运维质量进行绩效考核，根据考核结果核定工资。每个点位的备件耗材及试剂消耗基本是固定不变的，可以进行有效控制。每天运维人员根据环保检查要求、客户反馈、平台巡检情况、信息系统工单计划制定行程，按照行程对每个点位进行运维工作。运维工作流程如图4.2所示。

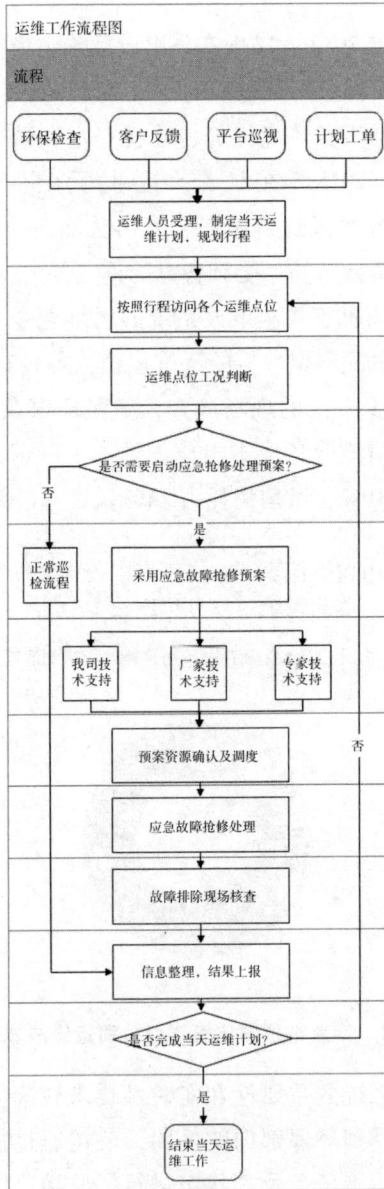

图4.2　运维工作流程

车辆作为环保设备运维的必需工具，特别是在签订具有一定规模点位的运维合同时，甲方都会对车辆做出要求，运维人员车辆安装 GPS，公司搭建的运维管理信息系统可以通过 GPS 信息了解到当前运维人员的位置及行驶路径，对运维的规划只能依靠运维人员进行判断。随着运维业务的增加，人员和车辆也越来越多，有些员工运维规划明显不合理。我们以寿光办事处孟工 2021 年 8 月份行车记录表 4.1 为例进行分析。

表 4.1 寿光运维办事处孟工 2021 年 8 月份行车记录表

运维部驻外车辆使用登记表（2021.7）							
办事处名称		寿光运维办			车牌号	鲁V*****	
车辆负责人		孟**			初始里程	82897　km	
使用日期	所在部门	因公使用			个人使用		合计里程
		用途	目的地	行驶里程(km)	用途	行驶里程（km）	
2021/8/1	运维部						
2021/8/2	运维部	运维	北洛，侯镇	118	私用	4	122
2021/8/3	运维部	运维	羊口，洛城，古城	118	私用	4	122
2021/8/4	运维部	运维	洛城，台头，侯镇2，富里污水厂	220	私用	3	223
2021/8/5	运维部	运维	侯镇，台头，王高，金润	138	私用	3	141
2021/8/6	运维部	运维	侯镇，北洛	90			90
2021/8/7	运维部						
2021/8/8	运维部				私用	31	31
2021/8/9	运维部	运维	羊口，北洛，王高	150	私用	4	154
2021/8/10	运维部	运维	北洛，洛城	59	私用	4	63
2021/8/11	运维部	运维	侯镇，台头	154	私用	3	157
2021/8/12	运维部	运维	羊口，洛城	131	私用	3	134
2021/8/13	运维部	运维	北洛，金润	41			41
2021/8/14	运维部						
2021/8/15	运维部				私用	3	3
2021/8/16	运维部	运维	羊口，王高	117	私用	4	121
2021/8/17	运维部	运维	洛城	43	私用	3	46
2021/8/18	运维部	运维	羊口，侯镇，台头	169	私用	4	173
2021/8/19	运维部	运维	北洛，王高，洛城	107	私用	6	113
2021/8/20	运维部	运维	北洛，侯镇，王高，金正纸业	151			115
2021/8/21	运维部						
2021/8/22	运维部				私用	25	25
2021/8/23	运维部	运维	北洛，洛城，羊口，王高	140	私用	5	145
2021/8/24	运维部	运维	洛城，侯镇	89	私用	5	94
2021/8/25	运维部	运维	台头，侯镇，北洛2	168	私用	4	172
2021/8/26	运维部	运维	北洛，台头，侯镇2	180	私用	4	184
2021/8/27	运维部	运维	北洛，侯镇，王高，台头	141	私用	4	145
2021/8/28	运维部	运维	王高	56			56
2021/8/29	运维部	运维			私用	3	3
2021/8/30	运维部	运维	洛城，王高，台头	146	私用	4	150
2021/8/31	运维部	运维	王高，北洛，洛城	100			100
合计				2826		133	2959

寿光办事处运维员工孟工负责 7 个点位的运维工作，按照规范每周到点位运维一次即可，但实际工作中每周运维次数都不止一次，导致运维成本过高。

5 案例分析

5.1 问题提出

本文的研究对象是由环保设备构成的易发生故障的环境监测系统，该环保设备是一种化学分析设备，设备在运行过程中准确性会随着环境温度、湿度等因素的影响逐渐偏离，随着使用时间的增加，设备的偏离度都会增加。若设备的偏离超过了当地环保部门规定的限额标准，则会受到行政处罚并支付罚金。企业为了避免受到处罚支付这部分罚金，会根据环保部门规定的限额标准结合设备的可靠度自主设定维护强度，当设备的偏差达到企业自主设定的阈值而设备可靠性还没有达到维修阈值时，也对设备进行预防性维护操作来恢复设备的性能，避免出现超标情况。根据案例数据，运维人员为了避免环保处罚会多次到现场对设备进行维护。2021 年 8 月份点位运维次数统计见表 5.1。

表 5.1 点位运维次数统计

点位名称	8 月运维次数
北洛	12
侯镇	11
羊口	6
洛城	10
台头	8
王高	10

运维次数越多，运维成本越高，根据统计可知，寿光办事处运维成本占销售额的 71.5%，如何在保障设备正常运行的前提下降低运维成本是公司面临的重要问题，本文对设备进行预防性维护的周期进行优化，建立预防性维护模型。

5.2 维护模型

5.2.1 维护策略及基本符号

常用符号中，$[0, T]$ 为预防性维护优化区间、预防性维护周期数，$i=1, 2 \cdots N$

中 N 为时间区间 [0, T] 中的最优维护次数；T_i、h_i (t) 分别表示第 i-1 次和第 i 次预防性维护之间的时间间隔、设备故障率分布函数；R 为设备的可靠性阈值，a_i、b_i 为调整因子；τp 为单次预防性维护所需的时间，是常量；C_{pi} 为第 i 次预防性维护的成本率，是 (R, a_i, b_i) 的函数；$Cost_c$ 为单次小修的费用。

假定某设备在优化区间 [0, T] 中的工作环境及预防性维护过程相对稳定，中间无生产停歇，当设备的可靠性达到某一预先设定的阈值时，将对设备进行预防性维护，预防性维护不能使设备修复如新。在预防性维护周期内出现的设备故障将用小修的方式加以解决，小修只能恢复设备的功能，不能改变设备的故障率状态。由于小修所需的时间相对于设备运行时间来说很短，可忽略不计。

5.2.2 设备维护模型建立及优化

根据既定的维护策略，预防性维护发生在设备的可靠性达到预先设定的阈值时，即设备在进行预防性维护时的可靠性均为 R。由此，得到可靠性方程：

$$R = \exp\left[-\int_0^{T1} \lambda_1(t)\, d_t\right] = \exp\left[-\int_0^{T2} \lambda_2(t)\, d_t\right] = ... = \exp\left[-\int_0^{Ti} \lambda_i(t)\, d_t\right] \quad (1)$$

该公式可以改写为：

$$\int_0^{T1} h_1(t)\, d_t = \int_0^{T2} h_2(t)\, d_t = ... = \int_0^{Ti} h_i(t)\, d_t = -\ln R \quad (2)$$

式 (2) 说明在每个预防性维护周期中，设备出现故障的概率相等，均为 $-\ln R$，综合考虑各次预防性维护的成本率 C_{pi}、维护所需的时间 τ_p，以及单次小修的费用 $Cost_c$，预防性维护周期中的维护成本可表述为：

$$C_{Eri} = Cost_c\ (-\ln R)\ + C_{pi} \tau_p \quad (3)$$

假定设备的第 N 次预防性维护必须发生在 T-τp 时刻，从而导致最后一次预防性维护时的设备可靠性 RN 不等于 R，则设备在时间区间 [0, T] 内的总维护成本为：

$$C_{Eri} = Cost_c\left[(N-1)(-\ln R) + (-\ln R_N)\right] + \sum_{i=1}^{N} C_{pi}\, \tau_p \quad (4)$$

此公式满足约束条件 $\sum_{i=1}^{N} T_i + N\tau_p = T$，其中 T_i 是设备可靠性的函数并可由公式 2 进行计算。通过优化目标函数 $\min C_{Er}$，可得到设备在特定时间区间 [0, T] 内的最优维护计划。

5.2.3 设备故障率的演化规则

由式 (2) 可知，维护模型的关键在于各预防性维护周期中设备的故障率分布函数的求解。不少学者通过引入调整因子的概念，建立了不同维护周期内的故障率演化规则，从而实现了设备的顺序预防性维护。Malik 提出了役龄递减因子的概念，指出设备在第 i 次预防性维护之后的故障率模型将成为 $h_i(t+a_iT_i)$ $(0<t<T_{i+1})$，其中，$0<a_i<1$ 被称为役龄递减因子。在此规则之下，预防性维护后设备的初始故障率变成了 $h_i(a_iT_i)$，而不是 0，Nakaga-wa 提出了另一种调整因子——故障率递增因子，指出第 i 次预防维护之后，设备的故障率模型将变为 $b_ih_i(t)$ $(0<t<T_{i+1})$，其中 $b_i>1$ 被称为故障率递增因子。也就是说，每次预防性维护都使设备的初始故障率回到 0 值，但同时也增加了故障率函数的变化率。由于基于调整因子的顺序预防性维护决策取决于设备的故障率状态，该维护方法在工程实践中的可操作性很强，它是对修复非新过程的一种通用建模方法。

而从设备的实际维护过程来说，首先，维护并不是对设备所有部件的彻底修复，特别是对于复杂系统，有些部件可能并没有被检修；其次，随着设备运行时间的增加，设备各部件本身会发生材料疲劳、老化或生锈，而维护本身并不能彻底改变这些情况。这两点都说明维护本身并不能使设备回到初始状态。同时，设备老化等的加剧势必也会加速设备故障的发生。正是考虑了设备运行的实际情况，本文综合考虑了两种模型的优点，引入了基于两种调整因子的混合式故障率演化模型。预防性维护前后设备的故障率函数之间的关系被定义为：

$$h_{i+1}(t) = b_ih_i(t+a_iT_i) \ for \ t \in (0, T_{i+1}) \tag{5}$$

其中，$0<a_i<1$ 和 $b_i>1$ 分别是役龄递减因子和故障率递增因子，其取值可根据设备的历史维护情况得出。故障率演化规则的建立使得对不同维护周期中的故障率函数进行预测成为可能。

5.3 设备故障率模型

设备的故障分布有指数分布、正态分布、伽马分布、威布尔分布等，其中威布尔分布是一种较为广泛的故障率分布形式，用于机械电子产品的故障率描述。假设设备的故障率服从尺度参数为 α、形状参数为 β 的威布尔分布，设备的故障率函数可表示为：

$$\lambda(t) = \frac{\beta}{\alpha}\left(\frac{t}{\alpha}\right)\beta-1 \tag{6}$$

其中：t 表示设备的运行时间。

5.4 算法仿真及结果分析

优化函数 $minC_{E_t}$ 的形式较为复杂，在使用传统数学方法进行优化时，其计算过程较为烦琐，因此建议使用搜索仿真方法对其进行优化，仿真运算用 Matlab 软件实现。

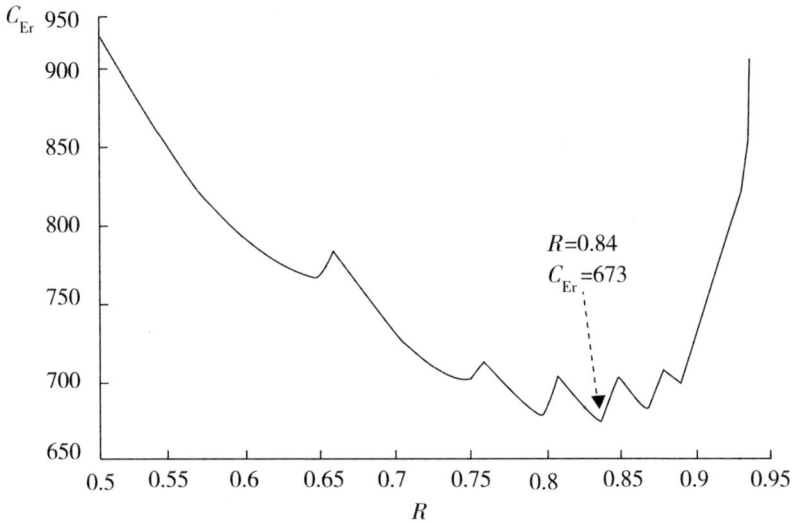

图 5.1　仿真方法优化数据模拟结果

可以看出，由于维护的修复非新效果，基于可靠性的预防性维护策略使得设备的维护周期呈递减之势，这一点与设备的实际维护情况是非常相符的。

6　结论与展望

首先，对于某一设备来说，由于维护的修复的非新特性和传统的等周期性预防性维护策略，使得设备的可靠性随着维护次数及役龄的增加而逐步降低；其次，长期运行条件下的期望维护计划也无法满足设备在特定阶段的实际维护需求。为此，本文结合役龄递减因子和故障率递增因子，通过引入混合式的故障率演化规则，建立了一种有限区间内基于设备可靠性的顺序预防性维护模型，并以威布尔分布为例，使用仿真优化方法对其进行了优化。仿真结果显示，这一维护模型满足设备在特定阶段的可靠性需求，即随着设备使用寿命的增加，设备的维护周期成递减之势，可为设备的现场维护决策提供支持。

04

文旅创意篇

12 "慢城"发展速度快
——高淳桠溪的乡村振兴启示[*]

中国社会从来都是一个乡土社会,而乡土文化则是中国文化的本源,任何背离这一本源的作为都将注定失败……所以,我们必须走出新路,把沉默于乡村的数以百万亿的生态资产价值激活出来,变成中国经济未来的增长动力和保障,变成中国国内大循环的基本保障①。

——温铁军

1 引言

游人青睐是对一个地方最崇高的赞誉,很显然,桠溪是这样一个地方。

声声慢·高淳桠溪国际慢城②

杨松河

说说笑笑,走走停停,红红绿绿佼佼。正好春神光顾,寄情花草。谈今论古就地,照眼前慢城风貌。似梦里,过瑶池、走进上林拂晓。

此地蜗牛生肖,生态妙、桃源并非缥缈。万事从容,尽享露滋水调。高淳首登雅座,桠溪村、世界叫好。快快快,慢慢慢,文武之道!

绿水青山是上天赐予桠溪独一无二的自然禀赋,但山与水的相阻也同样为

---

* 参赛院校:南京理工大学

　　指导教师:范炜烽

　　参赛研究生:白云腾、张舜、孙楠、袁立子、孙师迪、程瑶

① 来源:《新京报》、农民问题研究、共青团中央、乡各乡见等微信公众号。

② 本词由教授、博士生导师杨松河先生于 2014 年 3 月 23 日创作。来源:http://blog. sina. com. cn/pourtous

此地的居民带来了不便。曾经的桠溪没有国际慢城的理念，只是一个普普通通的小乡镇，由于道路崎岖，生活在这里的居民们过着鸡犬相闻的生活，而城市更是遥不可及的远方。以现在桠溪的繁荣景象来看，很难想象到的大山村里有过那么一段贫穷的日子。

"那个时候大山村里都是崎岖的山路，弯弯曲曲的，行走起来很不方便，路宽不过两米，赶远路的话都是牛车，就算去顾陇赶趟集、逛个庙会都不方便，更不用说去城里了。现在条件好了，柏油路通进了大山村，坐车的话哪里都可以去，来往的游客也越来越多，我们的生活也越来越好。"芮大爷如是说道。虽然上了年纪，但谈到以往的日子时，芮大爷浑浊的眼睛里总是射出精光，仿佛要射穿那段历史①。

然而，以往的窘迫乡村生活已经一去不复返了，如今的桠溪享有着中国首个国际慢城的名号，凭借"生态之旅"盘活了丰富的生态资源，富裕了 2 万多村民，让曾经的荒山变成了绿色的宝库。盘旋于 6 个行政村之上的生态之旅，不仅仅是乡村互联互通的道路，更是村民发家致富的金路。

有果必有因，桠溪今日的发展离不开数十年如一日的艰苦奋斗与开拓创新，而这背后的深刻原因则正需要我们去挖掘，去分析，去实践，去体会……

2　基本情况概述

高淳区位于江苏省南京市的南端，区域面积 802 平方千米，常住人口 43 万人，是国际慢城联盟中国总部所在地。其地貌东为丘陵，西为平原，全域中陆地面积与水域面积呈 7∶3 分布。依靠优越的生态禀赋以及悠久的农业历史，高淳区因地制宜地发展了一批特色产业，开拓了生态致富的道路。在不断的开拓进取中，高淳区先后获得了国家生态文明建设示范区、全国休闲农业与美丽乡村示范区、省级全域旅游示范区等荣誉。

桠溪街道是位于南京市高淳区东部的一个街道，占地约 149.22 平方千米，总人口约 6.3 万人，下辖 16 个行政村。虽然远离城市而未能够充分享受到城市发展所带来的经济红利，但是也正因为如此，桠溪得以保留了较为纯粹的自然风光。2010 年 11 月份在苏格兰举行的国际慢城会议上，高淳桠溪凭借其生态之旅一举夺得了"国际慢城"的称号，并借此成为了中国第一个国际慢城。自此，高淳桠溪国际慢城一战成名，并成为来自全国各地游客争相到访的休闲度假之

---

① 来源：访谈资料（BFG20210703）

地。2014 年，桠溪被列入"全国重点城镇名单"。2016 年 10 月，在住建部公布的特色小镇中桠溪同样榜上有名。2017 年，党的十九大报告首次提出了乡村振兴战略，在这一宏大的发展框架之下，桠溪街道顺应时代发展，响应政策号召，在既有的基础上因地制宜实施乡村振兴，并探索出了一系列的有益经验。

3 缘起：慢城理念将灵魂注入桠溪

随着工业化与城市化的不断发展，整个世界的发展似乎按下了"快进键"。历史的车轮滚滚向前，轧过的不仅仅是昨天，还有人们快节奏、碎片化的生活。城市被高楼大厦包围，聒噪的汽笛声取代了往日的鸟语花香，废弃物的排放污染了清香的空气，人们忙忙碌碌，街道上车水马龙，太多的传统事物被现代变革洗刷。在这样的背景下，人们很难去享受慢节奏生活的美好。因此，一部分人开始反思，我们是否应该追寻一种更高效、更融洽、更充实的生活？

1986 年，正是带着这样的初衷，意大利人卡罗佩特里尼发动了反对快餐文化的"慢餐"运动。1989 年"国际慢餐运动组织"成立。在慢餐文化兴起之后，1999 年意大利人又在"慢"哲学的基础上掀起了"慢城运动"，并成立了"世界慢城联盟"组织，发布了《慢城运动宪章》。在这之后，慢的理念逐步扩散并影响了一大批志同道合的人。

"慢食，一个在生活品质（尤其味觉体验）上已经树立全球影响力的组织，和那些同样有此特质的城市一起，决定建立一个全球慢城联盟。从现在开始，每一个慢城将会拥有一个确定的编号。基于此，所有的慢城将共同分享从美食、宜人服务和设备以及城市品质方面的所有体验。"

——《慢城运动宪章》①

2007 年，高淳县与意大利波利卡市结成友好城市，意大利波利卡市市长安杰罗瓦萨罗先生的到访对桠溪乃至高淳的发展都具有巨大的意义。

2010 年 7 月，意大利波利卡市市长、世界慢城联盟副主席安杰罗瓦萨罗再次到访桠溪，优美的自然环境使得他萌发了让桠溪加入国际慢城联盟的想法。尽管在此之前国内还尚未有这样的举措，但高淳与桠溪的党员干部的大胆开拓与锐意进取使得桠溪成为了第一个吃螃蟹的地区。同年 11 月，桠溪"生态之

---

① 资料来源：http://www.360doc.com/content/13/0813/12/8090935_306818924.shtml

旅"成为中国第一个"国际慢城",桠溪也加入了"国际慢城联盟"。

加入国际慢城对于桠溪乃至高淳今后发展的意义无疑是巨大的,尤其在文化方面更是如此。首先,"慢城理念"赋予了生态之旅建设的灵魂,它将生态之旅的建设思路都囊括在这一理念之中,使得原本较为零散的景点得以打包,并以整体的形式展现出来。其次,"国际慢城"同样成为桠溪名气大振的金字招牌,这一国际性质的头衔不仅仅激发了广大中国旅客的兴趣,同样也为桠溪赢得了国际旅客的关注。最后,"国际慢城"理念虽然是舶来品,但是它却和桠溪本土的文化理念呈现了很好的契合度,慢城理念的嵌入很好地整合了桠溪的文化元素,并使得桠溪的发展理念在国际力量的支持下更加茁壮成长。

2012年以后,桠溪慢城以打造中国首席慢生活休闲度假胜地为目标,强力推进景区开发和服务配套设施建设,完善旅游要素,提升景区内涵,使慢城各项工作呈现出创新发展的新态势,综合效益显著增长。

4　契机:政策支持党员带头促发展

区域的发展离不开政策的支持以及一批"能征善战"党员干部的开拓进取与艰苦奋斗,高淳桠溪也同样不例外。在高淳桠溪的发展之路中,来自政策的外部资源的注入为桠溪之后的发展夯实了基础,也同样盘活了当地的生态资源,使其发展迸发了内生动力;而党员干部的牵头努力则使得桠溪的发展落到实处,使得外部政策的势能能够真正转化为因地制宜的发展力量。

4.1　政策支持注入发展动力

对于处于发展初期的桠溪,政策的大力扶持无疑是至关重要的。就桠溪的发展历程而言,政府的政策支持可以说是桠溪今日繁荣的直接推动力。具体而言,政策的支持主要产生了如下作用:

其一,提供政策指引。1996年,高淳就已经成为了省级生态农业建设试点县,而试点的主题正是围绕"生态农业建设"展开的。这就意味着从一开始,桠溪发展的战略定位就与"生态"二字牢牢地捆绑在了一起。2000年10月,高淳县分别被江苏省环保厅、国家环保总局批准为省级、国家级生态示范区建设试点县。也是在这一年,借助于政策的支持,得益于南京农业大学景观规划设计院,瑶池山庄得以建立,桠溪"生态之旅"也正式迈出了历史上的第一步。"绿水青山就是金山银山",庞大的生态资源中隐含着无限的发展动能,现在桠溪的生态产业、生态旅游、生态农业的发展全部根植于桠溪良好的生态环境。

反观其他诸多地区，在发展道路中破环生态环境的案例比比皆是，丧失可持续发展能力的地区更是不胜枚举。桠溪的生态之路得益于政策的正确指引，现在的发展成果与开始时的政策引导不无关系。

其二，激发主体动力。外部资源的注入势必盘活内部发展动力。政策所带来的不仅仅是指引，还有大量资源的注入，而资金优化的则是乡村发展中最为关键的基础设施。生态之旅的建设需要一条贯穿于风光带的公路线，而这条公路旅线的建设不是曾经那个边陲小镇所能担负的。现在看来，这 48 千米线路的开发实际上得益于政策资金的激励。正如我们所看到的，"从 2000 年到 2006 年 12 月，'桠溪生态之旅'风光带全线贯通，这条生态之旅像彩带一样串连起瑶池仙境、山水影城、永庆古寺、大山农家乐、大官塘、状元山、铜锣井、都府寺、天地戏台等自然人文景观，勾连起 3 000 亩早园竹、4 000 多亩有机茶园、5000 亩果园等超大规模的特色经济农场"①。

其三，积累发展智慧。政策支持的过程也是技术不断积累的过程，正是由于有了政策的支持，桠溪才得以借助高校与研究院的智慧进行基础设施建设、生态农业发展以及特色产业发展。"2000 年 10 月，桠溪街道党工委、办事处引入南京农业大学景观规划设计院在瑶宕村的范围内设计建造瑶池山庄。2005 年初，桠溪街道党工委、办事处邀请江苏省农科院、南京市科技局、南京农业大学的专家学者帮助联合制订了一部《高淳县桠溪生态镇建设规划》。2012 年初，桠溪街道党工委、办事处委托北京土人景观与建筑规划设计研究院编制了《南京高淳'国际慢城'规划研究》方案。"② 这些都证明了政策驱动下发展智慧的飞速增长。

其四，促进劳动力回流。那个年代，城市的快速发展往往与农村的贫穷形成强烈的反差，城市像个巨大的磁铁一样，吸引着有梦想的年轻人。"那个时候年轻人都进城里打工了，打工赚钱啊，比种地强多了，小孩也要读书啊，一直在农村也没有出息。其实吧，我们也不想出去，但也没有办法。"③ 张大妈的话无疑是那个年代千千万万农村儿女的真实写照。但政策对农村的不断关注使得这一情况得到了扭转。"桠溪街道蓝溪村相关负责人介绍，几年前全村还有约五成村民常年外出打工，如今，三成村民主动回到乡村创业致富，家住石墙围村的张富强就是其中之一，他在 2013 年回村开了农家乐和民宿，一年收入 20 多万

---

① 来源：（20210906）高淳区乡村振兴战略实施情况汇报
② 来源：（20210906）高淳区乡村振兴战略实施情况汇报
③ 来源：访谈资料（ZZL20210704）

元，是打工收入的两倍多。他说，通过美丽乡村建设，村里路修好了，环境更美，游客更多，给了他回乡创业的信心。"①

4.2 党员带头激发前进动力

乡村建设是一项系统性工程，需要进行系统性的构建。党员干部的牵头与带动是桠溪发展历程中不可磨灭的重要因素。风雨数十载，桠溪从高淳区最为贫困的地区成为名利双赢的富裕之地，其历程无不包含着党员干部的辛苦血汗。有项目就去申报、缺资源就去拉、民众积极性不高就去动员、群众有困难就去帮扶、群体有问题就去沟通，这是桠溪振兴之路的常态。

在桠溪发展道路上的几个重要的历史节点，都离不开桠溪街道党工委、办事处的坚强领导与在工作指导上实现转变的重大决策，这些都勾画了桠溪经济繁荣兴旺、人民生活富裕、生态环境优美、文化特色鲜明、社会安定和谐的美好前景。

5 驱动：乡村振兴战略下的大踏步前进

桠溪能够在乡村振兴中取得大的发展是必然的，因为他有着坚实的基础作为支撑。之前的诸多努力也都全部储蓄为乡村振兴重要资源与发展动力。现在的桠溪已经在既有的基础上不断向着更高的标准迈进。

5.1 依据"慢城"品牌丰富旅游文化内涵

文化是乡村的灵魂，文化建设是乡村振兴建设的重要领域。一个地区最让人难以割舍的往往是一种文化、一种生活状态。在桠溪街道，"慢城"不仅仅很好地阐释了当地的生活方式，更表达了一种放慢生活节奏的生活理念。在现代城市生活中，快节奏、碎片化貌似已经成为了人们生活的常态，在商业社会的驱动下，人们很难有充足的时间去享受生活，体会原生态的生活的乐趣。而"慢城"概念的提出恰好逆流而上，以独特的文化理念吸引着众多游客来体味原汁原味的乡村生活。

旅游文化品牌的建设对于地方旅游事业的发展弥足珍贵，它能够在知名度、特色度、认可度等方面提升地方旅游的热度，是乡村经济发展的"金字招牌"。

---

① 来源：访谈资料（ZFQ20210705）

桠溪国际慢城品牌的成功建设不仅仅为当地吸引了大量的游客，更激发了当地文化产业发展的动力，延长了产业链。在慢城"慢行、慢活、慢食"的理念下，以当地生态农业与服务业为支撑，通过将慢的理念赋予区域旅行的衣、食、住、行、购中，最终形成了多层次、体系性的文化旅游体验。这也是桠溪能够长盛不衰的重要原因之一。

5.2 凭借生态优势发展特色产业

产业兴旺是乡村振兴的重点，是解决农村一切问题的前提。乡村振兴固然要依靠外部力量的推动，但要想实现可持续发展就必须培养内生动力，依靠产业发展实现乡村富裕。桠溪具有悠久的农业产业基础，其中早园竹、红枫、葡萄、茶、花卉、水草等植物享有盛名，在重点打造青虾、早园竹、水草等特色生态农业品牌的同时，以农家旅游与体验为载体，在"国际慢城"的品牌效应下实现了村民致富。以桠溪街道水草产业（罗氏轮叶黑藻）为例，这种在桠溪土生土长的水草，之前在村民眼里只是喂鸭子的饲料，但后来随着螃蟹、虾子等水产品的广泛养殖，这种水草由于能够净化水质、饲养虾蟹，终究变废为宝，成为水产行业的抢手货。此外，茶叶产业更是一方面塑造了茶海的美观，为特色旅游产业增添了新的亮点；另一方面，通过深加工，茶叶被制成产品远销各地，进一步充实了村民的钱袋子。

"1+3"产业发展模式（即第一产业与第三产业有机结合）是桠溪人久经实践的探索。在生态农业的基础上发展旅游业极大地延长了产业链，实现了绿水青山向金山银山的转变。依托于优美的自然环境与生态农业，娱乐、餐饮、文艺、养老、房屋租赁等产业得以发展，呈现了一种无污染、高附加值的产业形态。

5.3 依靠全域旅游强化乡村振兴力量

全域旅游是区别于传统旅游的一种旅游发展模式，它强调旅游产业的全方位、整体性、系统化、体系性，主张特点区域内全社会、全民参与旅游业发展。就目前而言，旅游景区内外"两重天"现象较为普遍，这意味着旅游发展所带来的红利往往高度积聚在景区内部，而缺乏很好的辐射带动作用。因此，以全域旅游的理念发展乡村旅游业能够充分盘活区域整体发展动力，使发展成果由村民共享。全域旅游的理念很好地嵌入到了国际慢城的旅游业发展之中，东部"山慢城"、中部"文慢城"、西部"水慢城"的整体布局实现了因地制宜基础上的区域整体布局、整体规划。在持之以恒的发展创新之下，2021 年高淳获批江苏省全域旅游示范区，正在形成以"慢城实践"为核心的全域旅游新模式。

5.4　依靠科技力量实现经济增长

科学技术是第一生产力，农业农村现代化需要科学技术作为支撑性力量。桠溪在乡村振兴的道路上成功依托科学技术力量造福农民，促进了区域的农业经济增长。其一，在农产品种植方面，桠溪街道各种植专业合作社积极推动机械化生产，通过机械化生产，人力成本得到节约，粮食质量与产量也得到了提高。此外，桠溪街道也积极组织科技人员进农村为农民提供技术指导、进行装备维护，真正让村民在农业生产中尝到机械化运作带来的效益。其二，桠溪街道农业服务中心通过开展农业技术推广、农业科研项目、培训农业从业者、发布农技信息等业务，更好地推动农业农村工作的开展，利用农业技术促使桠溪农产品多样化、优质化、多产化。其三，桠溪街道农业农村示范园以农业科技开发、示范、辐射带动为工作内容，利用自身优势积极推进农产品产业化经营、促进农产品增值、促进农村增收。其四，积极与各类企业合作，借助外力发展特色农业。在农产品生产、研发、销售、深加工等方面借助先进市场力量，进一步延伸农业产业链，拓展农民增收渠道。

6　发展：乡村振兴彰显成效

6.1　生态农业快速崛起

桠溪适合茶树、早园竹及绿化苗木的生长。为促进发展，桠溪充分利用了本土生态资源优势，因地制宜地发展起了特色、高效农业。目前主要有：瑶池山庄度假村、大棚葡萄基地、千亩茶叶基地、苗圃基地、吊瓜茶叶立体栽培基地、千亩早园竹基地、省级义务植树基地、蘑菇基地、云溪食品加工厂。其中，以早园竹为代表的特色产业种植已达近万亩，产业名气也在进一步扩大。

6.2　全域旅游不断发展

在推进全域旅游发展方面，桠溪依托慢城的发展思路，结合休闲农业产业，现已建成了瑶池山庄、七彩桥李、荆山竹海、望玉岛度假村等旅游景点。此外，街道依托"旅游+农业"融合发展思路，推动慢城区域 6 个行政村每村打造 1 至

2家特色家庭农场，这样的做法成功地将农业中所蕴含的旅游资源再次挖掘了出来，使得乡村旅游业成为桠溪致富增收的支柱产业。

在大山村，从打造农业特色旅游示范村开始到2020年，农家乐已经从曾经的6家激增到了2 000家。桥李村则依靠海风楼、腾园、望玉岛度假村、桥李茶园、新农村建设示范点、兴地农采摘园等现有设施，形成了独特的体验式农家乐文化活动。如今，乡村旅游的发展已经呈现了由点及面并成片发展的趋势。

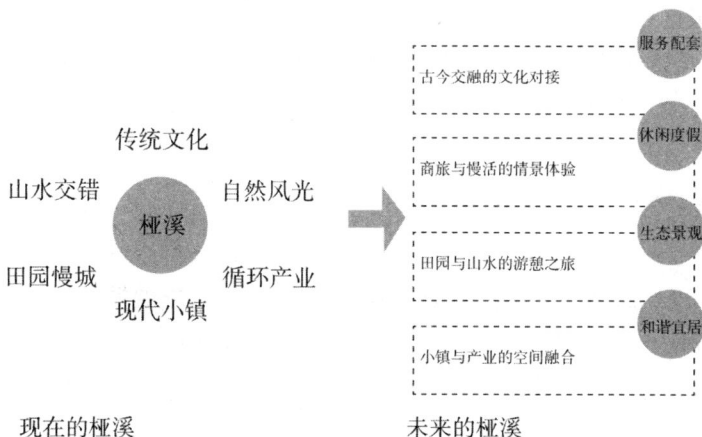

图6.1 桠溪未来规划①

6.3 特色文化不断丰富

慢理念是桠溪的主基调，但在慢文化中囊括的却是土生土长的文化要素。在文化发展方面，桠溪将无形的文化包装、打造为有形的产品，将传统文化元素与现代文化创新相互融合，形成了传统与变革齐头并进的文化发展局面。跳五猖、小马灯、中马灯、舞狮、舞龙等民间传统体育文化为游客带来了浓厚的传统文化体验。慢骑、机器人马球、体育舞蹈、户外游乐等新型旅游体验项目也为游客带来了新鲜的感受。

此外，文化的发展也以节日与竞赛的形式体现出来。目前，桠溪每逢佳节都会举行节日庆典来丰富节日气氛。而周期性赛事则主要有国际慢城马拉松赛、全国定向冠军赛、中国钓鱼大师巡回赛、国际慢城山地自行车赛、千人瑜伽挑战赛、国际慢城万人健身瑜伽露营节、国际慢城四分马等大型赛事等。

---

① 图片来源：桠溪镇新市镇规划。

6.4 基础设施不断完善

在长期的发展与储备中，桠溪的基础设施得以不断完善，这也为乡村发展的进一步展开提供了良好的前提条件。在旅游设施方面，桠溪慢城已经建成慢行系统彩色透水混凝土浇筑电瓶车游览车道 17 千米、自行车道 11.4 千米、步行道 7.9 千米，并配有 35 辆电动游览观光车、200 多辆自行车、160 辆共享单车。在国际慢城区域建成自行车运动训练场地 1 座，建成户外拓展基地 2 个、投放卡丁车 50 辆。在民宿与农家乐建设方面，桠溪也在逐步扩大现有规模的基础上更加注重品质与服务质量，通过提档升级来助力慢城乡村振兴。

7 案例启示

7.1 "外部驱动—精英治理—内生驱动"：一个发展框架

高淳桠溪踏上乡村振兴之路得益于政府政策的大力支持，也就是说它的振兴路径并非完全的自力更生、白手起家，而是得益于外部资源的驱动。在这一点上高淳桠溪与中国大部分乡村振兴案例是一样的。当外部力量注入到农村场域中时，下一步面临的选择便是如何整合资源和优化资源配置的问题。在此，精英群体担下了这一重任，他们利用自身优势在统一布局的基层上，从生态农业、生态旅游、生态工业、文化培育、民俗建设、人居环境改善等方面展开乡村建设工作，并最终凭借这些产业实现了内生性发展，提高了村民的生活质量与生活水平。综上，高淳桠溪的乡村振兴之路存在着"外部驱动—精英治理—内生驱动"逻辑链条（如图 7.1），这一链条中的三个环节通过内部转化、相互衔接与自身作用的发挥共同促进了乡村的发展。

7.2 外部驱动：借力发力，顺势崛起

早在 1996 年，高淳就已经成为省级生态农业建设试点县。2000 年 10 月，高淳县又分别被江苏省环保厅、国家环保总局批准为省级、国家级生态示范区建设试点县。先期政策的大力支持为高淳桠溪带来了大量的发展红利，使得桠溪的乡村发展拥有了可观的"启动资金"，这也为桠溪今后的发展埋下了伏笔。具体而言，政策的支持为桠溪的发展积蓄了智慧、注入了资源、指明了方向。首先，就智慧积蓄而言，政策的支持给予桠溪一个先行的机会，试点与示范区的设立使得它能够较早地接触尖端的农业生产技术，享受先进发展模式带来的

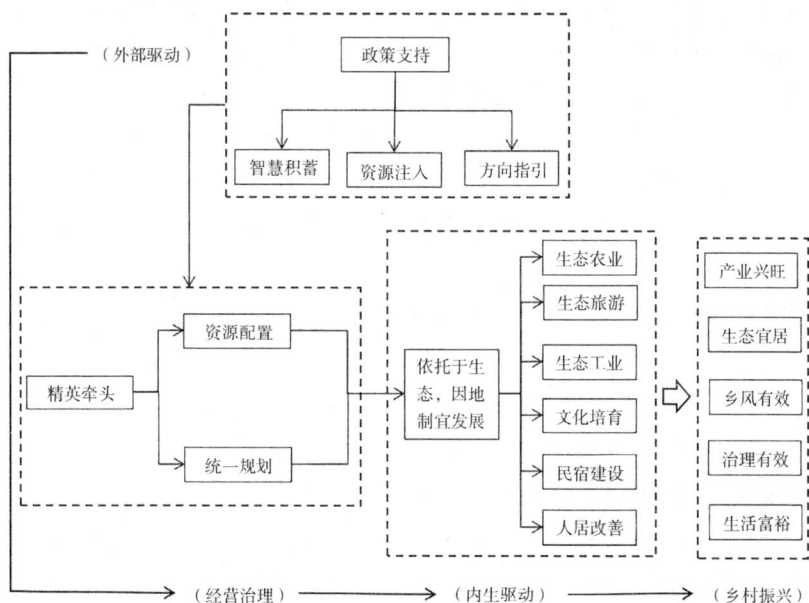

图 7.1 "外部驱动—精英治理—内生驱动"的逻辑链条

红利。由于起步早、起步快所带来的优势，桠溪在长期的发展中逐步积蓄了大量发展经验，并逐步找到了适宜自己的发展方式与发展道路。其次，政策为桠溪带来了可观的发展资金，这些发展资金有力地促进了农村基础设施的建设，公路、民俗、旅游设施、产业园建设、土地整治等众多项目的有序推进全都有赖于大量的资金作为支撑。最后，政策的支持也同样为桠溪的发展指明了方向。在发展初期，从"生态示范试点县"到"生态示范区"无不突出"生态"二字，而现如今桠溪凭借"生态之旅"走出来一条乡村振兴之路。桠溪的发展事实证明了，以"生态"为立身之本，因地制宜搞生态发展是一条正确、可行的道路。综上，政策红利在外部驱动了桠溪的发展，使桠溪能够登上政策的大船，从而实现了快速崛起。

7.3 精英牵头：系统建设，整体发展

精英发挥重要作用是乡村振兴的内在要求，乡村的发展离不开精英群体的助力，这是因为精英群体掌握着普通民众所不具备的优势。将精英按照其所掌

握资源的类型进行划分，我们可以将精英划分为政治精英、经济精英与社会精英①。其中政治精英主要指党政干部，他们向上承接着上级政府的各项任务，向下代表着村民的利益，主要发挥着维护乡村秩序、促进乡村发展的重任。经济精英主要指那些掌握经济财富，能够促进本地人口就业、推动地方经济发展的人才。社会精英则指那些具备较高的文化水平、道德修养、人脉资源的人，他们往往深受村民的信任，拥有着克利斯马型权威。这三类精英群体不断发挥着各自的特长，推动着桠溪的发展。

政治精英是桠溪乡村振兴的大脑，他们总揽了桠溪发展的全局，系统规划了桠溪发展的布局，是资源配置的主体力量。"生态之旅"的规划、民宿的建造、农业技术的引进、人居条件的改善、旅游景观带的打造无一不是他们的杰作。经济精英是乡村振兴的经济驱动内核，是区域发展形成内生动力的关键。乡村要振兴，产业兴旺必不可少。在桠溪，经济精英以合作社的形式整合了乡村的劳动力资源、土地资源，形成了经济发展规模效应，同时也有效规避了个体经济、家庭经济的脆弱性。社会精英在乡村发展的主要作用是凭借着较高的文化水平辅助着乡村的发展。在乡村发展中，政府往往能够通过抓住社会精英这一关键少数来化解纠纷、稳定大局。

综上，精英是农村地区的关键少数，但是如果能够用好精英这一杠杆，就能够撬动乡村全局。目前桠溪乡村振兴的蓬勃发展正是各界精英在充分发挥自身优势基础上的成果。

7.4 内生驱动：一种可持续状态

注入外部资源的目的是形成内生驱动，从而形成可持续发展的状态。"脐带式生存"和"寄生式发展"注定无法实现乡村的有效振兴②。而且政策的支持往往是有限的，如何利用有限的资源盘活乡村发展动能从而实现长效发展是乡村振兴不得不解决的现实问题。在对桠溪发展脉络进行梳理后，笔者发现了桠溪乡村振兴的四大内生驱动力。

7.4.1 内生驱动力一：农业驱动力

生态农业具有环境友好、可持续的特点。桠溪拥有着与生俱来的生态优势，

---

① 黄博. 村庄场域中的精英治理：分化、困顿与提升 [J]. 求实，2021（01）：72-86，111.

② 尹浩宇，赵丹. 依附理论视域下乡村小规模学校的发展困境及突破 [J]. 教育理论与实践，2020，40（31）：28-33.

有着历史悠久的农业基础，把生态农业做大做强是桠溪实现乡村富裕的重要路径。在桠溪发展的实践中，第一产业强化逐渐带动了第二、三产业的发展，实现了产业链的延伸。就第一产业而言，早园竹、红枫、葡萄、茶叶、花卉、水草等特色产品颇具盛名，农产品的集中向外销售增加了农民的收入，实现了区域经济的增长。桠溪的第二产业的发展离不开第一产业的驱动，桠溪在确保环境不受破坏的基础上发展起了绿色食品加工、中药加工、文旅纪念品加工，在整体上呈现了一种无污染、高附加值的产业形态。就第三产业而言，依托于当地农产品，桠溪农家乐、民宿产业得以蓬勃发展；绿色饮食、绿色农产品采摘等一系列生态体验吸引了众多游客来到桠溪进行消费。

7.4.2 内生驱动力二：旅游驱动力

"绿水青山就是金山银山"所讲的并不是不搞发展，而是尽最大可能维持经济发展与生态环境之间的精细平衡，走生态优先、绿色发展的路子①。生态旅游为桠溪提供了一条将绿水青山变为金山银山的路子。生态旅游是桠溪经济增长的重要引擎，它具有低环境负荷与高经济价值的特征。通过生态旅游，原始自然风光与民俗文化得以涵养，区域的经济得以发展，村民的生活水平也得以改善。桠溪以国际慢城为品牌，建设了盘旋于顾陇、瑶宕、穆家庄、蓝溪、桥李、荆山村六地之上，绵延48千米的"生态之旅"观光道，将全域景点贯通起来，把生态旅游的经济发展红利扩散到各个村庄。桃花村、天地戏台、状元山、兴地农果园等各具特色的玩耍休闲项目也同样吸引了游客，为桠溪的经济发展注入了动力。

7.4.3 内生驱动力三：商业驱动力

农村地区经济发展较为薄弱，缺少人才、资金、技术等高级生产要素，因此，向外引入先进的商业力量就成了增强区域发展动力的可行途径。为增强区域发展动力，桠溪也同样十分注重招商引资。为深入推动"产业加速积聚"工程，桠溪以招商引资"百日竞赛"的形式积极动员街道上下进行招商引资，并对在引资过程中表现突出的单位或个人进行表彰②。这种标杆引领、典型示范的工作方式激活了全区上下招商引资的积极性并得以周期性地开展。此外，高淳

---

① 来源：《人民日报》https：//www.ccps.gov.cn/llwx/202008/t20200811_ 142737.shtml
② 资料来源：南京市高淳区人民政府官网 http：//www.njgc.gov.cn/gcqrmzf/202102/t20210224_ 2830224.html

区在桠溪打造的"通航产业园"实行重点产业项目领导挂钩政策，推动"美丽资源"向"美丽经济"的加速转变。

7.4.4　内生驱动力四：文化驱动力

乡村振兴，文化振兴至关重要。文化是乡村的"根"，是指导人们进行生活与实践的"精气神"。桠溪在积极培育乡土文化的同时，将无形的文化赋予有形的载体，并以表演、活动的形式展现了出来，使文化成为经济发展的又一驱动力量。其中，跳五猖、小马灯、中马灯、舞狮、舞龙等民间传统体育文化为游客带来了浓厚的传统文化体验。以"金花节"为代表的节日庆典也凭借着优美的生态环境基础与浓厚的人情韵味成为游客所喜闻乐见的旅游文化项目。此外，桠溪也逐步完善了村规民约，将乡土美德容纳到了村规民约当中，革除陈规陋习，培育民俗新风，助力乡村文化振兴的推动。

8　思考：桠溪乡村振兴的宝贵经验

纵观桠溪的发展历程，它将外部资源通过内部统筹规划转化为内生动力，实现了长效的发展。从这一过程中分析其发展经验，对于乡村振兴具有启发性意义。具体而言，桠溪乡村振兴的启示如下。

8.1　启示一：坚持因地制宜，发挥区域优势

乡村振兴应当发挥自身区域优势，充分注意到区域内经济、文化、社会、生态的和谐统一，因地制宜走适合自己的乡村振兴道路①。其一，乡村振兴不是搞乡村开发，乡村建设不同于城市建设，乡村有自己的发展道路。在接受外来资源的时候，乡村必然会受到外来异质性事物的冲击，对于乡村来说，如何在促进发展的同时保护生态环境与乡土文化是至关重要的。因此，乡村在发展的同时应当明确自身主体地位，强化自身文化建设，注重发展与保护相结合的辩证关系，注重人与自然的辩证统一。其二，因地制宜发展特色产业。特色产业是农村区域经济发展的引擎，是"自我造血能力"的支柱。农村地区普遍具备着城市所不具备的自然风貌、民俗文化与农业基础，因此，乡村地区可以整合区域内现有资源，合理规划产业布局，发展特色农业、生态旅游业与服务业等

---

① 宫同伟，周梅婷. 乡村产业兴旺　因地制宜是关键［J］. 人民论坛，2019（28）：56-57.

产业。其三，坚持因地制宜的发展理念，不可照抄照搬。虽然学界与事务界都在大力强调乡村发展案例的推广性与可复制性，但就实际情况而言，乡村地区的发展模式具备着多元性与很大程度上的不可复制性，正如特色小镇成批"死亡"一样。因此，在乡村发展的过程中应当实事求是，深挖文化内核，借鉴而不是复制发展经验，以我为主，为我所用，大力发展乡村的核心竞争力。

8.2 启示二：进行系统建设，实现全面提升

乡村振兴的总要求是产业兴旺、生态宜居、乡风文明、治理有效、生活富裕，所要实现的是"五个振兴"，即乡村产业振兴、人才振兴、文化振兴、生态振兴和组织振兴。这启示我们，乡村振兴不是单方面的振兴，而是多方面、多层次、全方位的振兴，因此，在基层的乡村振兴工作当中，应当进行系统性的建设，谋求乡村的全面提升。从宏观角度看，必须要坚持系统思维与顶层设计，使农村产业、文化、生态有机统一起来。① 从微观角度看，要注重农村实际情况，实事求是，走因地制宜的发展道路。例如，桠溪在发展过程中注重从生态、产业、文化、旅游、工业等多个角度入手进行乡村建设，造就了农业、旅游、文化、商业等多元驱动的局面。

系统建设的目的是实现全方位的提升。一元驱动与单方面发展具有与生俱来的脆弱性，也无法凝聚起乡村发展的核心竞争力。多元驱动与全方面的发展则能够避免"一条腿"走路的脆弱性，增强抵御风险的能力。就目前情况而言，很多乡村的建设呈现着特色较少、核心竞争力与驱动力量尚未形成的局面。因此，在乡村建设过程中，就更应该坚持系统建设，补齐短板，实现全面提升。

8.3 启示三：积极吸纳资源，增强可持续性

乡村要振兴，人才、资金、土地等资源不可或缺。乡村历来是经济发展的低地，尽管拥有着大批的土地、丰富的文化资源与环境资源，但是由于人才、资金、政策等关键要素的缺乏，乡村的发展潜能一直未被激活。因此，一条可行的路径是积极向外部吸纳资源，收集乡村发展的启动资金。② 首先，积极吸纳政策资源。时下正处于政策的红利期，乡村应当积极挖掘自身潜在资源，积极

---

① 方媛. 乡村振兴战略实施的基层探索［J］. 中国农业资源与区划，2021，42（07）：209，231.
② 杨建海，曹艳，王轶. 乡村振兴战略背景下返乡创业扶持政策的就业拉动效应［J］. 改革，2021（09）：104-120.

申报项目，争取政策支持。其次，积极求助于市场力量。可以将互联网与新经济产业引入农村，与农村实际情况相结合，借此盘活闲置资源，带动农村经济发展。同时，也可以大力招商引资，通过优质企业的入驻推动第一产业、第二产业、第三产业共同发展。最后，鼓励农民或村集体自身资金投入。积极采用合作社的形式筹集资金，进行集体经营，形成规模优势。收集到资源的下一步就是用好资源，将资源利用好能够撬动更多的生产要素向农村积聚，也能够盘活农村既有资源，形成乡村经济发展的持续增长点，促进乡村的可持续发展。

9　进一步探讨

榉溪乡村振兴的案例有着"外部驱动—精英治理—内生驱动"的内在逻辑，看似简单，但在链条中的每一环都具备着深刻的实践内涵。就目前的乡村振兴实践而言，如何能够从外部吸纳资源、如何实现精英带头治理以及如何形成内生动力都是普遍困扰人们的问题。在案例中，榉溪的发展模式以及具体做法具有一定的借鉴意义，但榉溪的成功也受其本身资源的支持，因此，本文提出了三条较为具有意义的思考，即坚持因地制宜，发挥区域优势；进行系统建设，实现全面提升；积极吸纳资源，增强可持续性。乡村振兴是始于实践，终于实践，忠于实践的。实践是检验真理的唯一标准，在某一地区成功的实践或许在另一地区并不能够成功。本文以理论视角去解读案例的目的在于提供一个较为具有解释力的框架，进而希望对于其他地区的乡村振兴有所启示。

13 乡村地区旅游城镇化的多主体共治模式研究——以江苏省扬中市兴阳村为例*

1 引言

旅游开发可促使乡村经济形态向城镇经济形态转变，引导该区域人口的职业结构、生产生活方式以及思想观念等发生转变，具有显著的人口就地城镇化特征，使乡村在原有基础上内生式地发展为小城镇，这是一条值得探索的新型城镇化路径。党的十八大更是明确提出了"新型城镇化"的新要求，使城镇化在我国经济社会发展中的作用和地位日渐凸显。就旅游城镇化的研究进展看，相关研究越来越从"城市旅游化"、城郊旅游城镇化、旅游扶持的城市复兴等问题转向乡村地区的旅游城镇化，对乡村旅游城镇化的特征、转变过程与发展动力进行了有益的探讨。然而，在现有研究基础上，还应加强微观视角的村域旅游城镇化的发生过程和演进机制研究。从微观视角深入探讨乡村地区自主、自生、自觉的乡村旅游城镇化，对于响应新型城镇化与乡村转型具有积极意义。江苏省镇江市扬中市三茅街道兴阳村2004—2020年的旅游城镇化就体现了一种多主体共治模式，是文化赋能与旅游资源富集区的高度重叠地，孕育了独特地域特色的自然旅游资源与人文资源，经历了十几年的"输血—换血—造血"，走上了旅游引导城镇化的道路，本研究将以兴阳村为例，厘清旅游城镇化发展过程中所呈现出的特征及机制，为我国村域旅游城镇化相关研究提供借鉴。

* 参赛院校：南京理工大学
  指导教师：范炜烽
  参赛研究生：黄亚榕、金晶、彭乐颖、张荷英、尹彬、蒋昊持

2 调查缘起

2.1 调查背景

旅游城镇化是由游客集体性空间转移而引起的旅游消费经济带来的旅游企业不断成长和发展、旅游产业集聚化发展的城镇化现象，可直接引导该区域人口的职业结构、生产生活方式以及思想观念发生转变，具有显著的人口就地城镇化特征。在全球旅游业蓬勃发展的大背景下，旅游产业的成长与演化扩张已形成产业集聚的态势，并通过主客交往、供需关系和示范效应实现旅游城镇化。旅游城镇化逐渐成为新型城镇化发展模式的一种选择，其呈现出四大特征：①旅游产业协同效应愈加显著；②旅游企业迁移带动资源聚集；③新型城镇化模式日益多元；④旅游城镇化现象逐渐凸显。在我国，村域城镇化是继小县城、中心建制镇后新型城镇化的重要方式。以人为核心的村域适度城镇化有助于推进农村工业化、农业现代化的发展进程。同时，村域与旅游资源富集区高度重叠，因此，旅游城镇化也成为民族地区推进村域新型城镇化的重要途径。乡村地区的旅游城镇化被认为是一个从无到有的过程，由具备资源潜力的乡村嵌入现代消费特征转变而成，多数是从旅游发展的低级形态逐渐转变为城镇形态的。在这个过程中，旅游发展有助于乡村地区调结构、促就业、增收入、保文化、美环境，使乡村内生发展成小城镇。由于是乡村通过旅游就地发生"主动式"城镇化，会给原先的乡村带来城市文明，促进人的城镇化。

2.2 调查目的及意义

目前旅游城镇化的研究者们多把研究视角聚焦于城市，即旅游城市的再城镇化现象。然而，由于区域空间尺度的差异，这些成果很难确切解释县域和村域旅游城镇化的发生过程和演进机制。本研究以江苏省兴阳村为案例地，运用实地考察法、深度访谈法和文献分析法，系统分析其发展特征、动力、效应，剖析其旅游驱动城镇化建设的动力机制，以期在丰富和发展旅游城镇化的理论内容的同时，为地方政府科学地推进村域旅游城镇化的健康发展提供有益的政策建议。

3 调查实施

3.1 调查方法

本研究主要采用的方法是实地考察、深度访谈和文献分析相结合的方法。团队成员多次前往兴阳村，以实地考察和深度访谈为主要形式进行持续的跟踪调研。调研对象涉及当地居民及游客等，采取半结构式访谈，通过滚雪球的方式，直至信息饱和，然后通过不同受访对象观点的相互印证，获取真实信息。调研内容主要包括兴阳村脱贫致富的发展历程、旅游开发参与主体关系及演变、"旅游+产业"发展大事记以及旅游城镇化发展特征等。文献资料包括期刊、报刊论文、政府工作报告在内的相关文献资料，借此增强文章的逻辑性与权威性，降低研究成本。

3.2 案例选择

兴阳村位于江苏省扬中市三茅街道西北部，南接沪宁动脉、北依万里长江，238 省道贯穿整个村庄，是一个在四面环江的岛城中独具特色的文化旅游胜地。然而，在 20 世纪 90 年代，兴阳村一度因村民外出务工、农民老龄化导致土地撂荒问题日益突出，"思想不统一""边角经济""干群关系冷漠"等因素制约村级发展，30 多年来，在当地政府机构和外来企业商业等多类主体的协作下，乡村经过原始资源分田到户、整体规划开辟现代都市农业，实现农旅融合发展，由资源单一分配到区域资源协同规划，"分"掉的是农民的苦与累，"合"来的则是他们迈上全面小康的喜与乐，截至 2016 年年底，全村实现销售收入近 5 亿元，集体稳定性收入 180 万元，较 2015 年同期增长近 40%。

4 案例地基本情况

4.1 村情

兴阳村于 2004 年通过区域调整将长兴村与朝阳村两村合并更名，全村共 29 个村民小组、1021 户、总人口 3 031 人、党员 131 人，全村面积 6 平方千米、耕地面积 1 900 余亩，其中包含 3 平方千米的长江滩涂天然湿地，2012 年引进

"长江渔文化生态园"项目，以展示和推介扬中"河豚"文化以及长江"渔文化"为核心，包括生态餐厅、采摘园、生态停车场、渔文化主题广场、江鲜文化品鉴区等。以"建美丽乡村，展炫丽兴阳"为发展目标，整合区域有效资源，大力改善村居环境，着力打造生态旅游特色村落，先后获得江苏省特色景观旅游名村、江苏省最具魅力休闲乡村、江苏省休闲农业精品村、江苏省民主法治示范村、江苏省卫生村、江苏省绿化示范村、江苏省和谐示范社区、江苏省文明单位、江苏省创业之星、十佳村领导集体和社会治安综合治理先进集体等荣誉称号。

4.2 旅游产业发展情况

4.2.1 第一产业向第二产业转移

1982年土地改革后，分田到户不但解决了村民吃饭的问题，更刺激了村级工商业的发展，因越来越多的村民外出务工，土地撂荒问题日益突出。1996年，村里针对这一情况，开了10多场村民大会，最终决定将口粮田和责任田分离，口粮田每家每户都要种，责任田则可以流转。

2007年通过资源整合，成立兴阳村"青年创业园"，带领全村25家企业共谋发展，园内企业产品涉及电气工程制造、新能源、服装纺织、橡胶密封、蔬菜种植、水产养殖等二十几个大类的产品制造和加工领域。但就是在这种背景下，到了2010年，不少口粮田也出现了撂荒的现象。2014年，村里带头建起了农地股份合作社，将村民手中撂荒的土地以入股的形式纳入合作社，并按照每亩1500元的价格进行补贴，"建设新农村、发展新农业、培育新农民"的三新理念不断得到推广。

目前，兴阳村率先在镇江市实行现代农业产业结构化调整，整合全村农产品经营策略，将全村所有的农产品统一为集体组织经营。全村集体经营农产品面积达1500余亩，其中水蛭养殖基地100亩、无公害蔬菜种植基地300亩、黑鱼养殖基地100亩、山羊养殖基地150亩、果树采摘基地400亩、商薯"19号"红薯种植基地300亩，其中红薯种植基地形成了红薯种植、销售、深加工一条龙产业链。村里加工出的"扬朝"牌粉丝先后获无公害农产品、绿色食品A级产品认证，通过"网络化+实体化""线下批发+线上零售"、网络直播带货等销售渠道，畅销全国，年产生效益100多万元。

从分田到户到土地入股，兴阳村的乡村面貌发生大变化：一栋栋乡村别墅拔地而起，更多的兴阳村民在"家门口"实现了就业，形成了"集体得租金，农民得薪金"的良好局面。窥一村而知全市，据市农业农村局相关负责人介绍，目前，镇江全市农地股份合作社共有 213 家，土地入股已成为乡村发展、农民增收的有效方式。

4.2.2 三产融合

为贯彻落实乡村振兴战略，深耕红薯经济的兴阳村依托整合区域资源、挖掘扬中渔民文化内涵等契机，积极创建"生态引领＋全域旅游"，正式开启村级"旅游＋"发展新模式，以"渔文化"金字招牌为基调，勾画旅游轮廓，加快创建全域旅游示范区，助推乡村产业创新，努力实现"乡村美、生态优、百姓富、产业兴、社会稳、集体强、乡风好"的目标。有了"红薯经济"打头阵，兴阳村又对区域资源进行二次整合，对休闲农业、生态环境、旅游文化等进行系统提升，匹配"农旅融合发展之路"，打造全天式旅游特色村落。此外，为了便于工作的开展、打造新的经济增长点，兴阳村探索"党小组＋合作社＋乡村旅游"模式，村里根据圩、垛特色，将原先的 6 个党小组调整后细化，改为 18 个，基本上在每个圩、垛都设立了党小组，从而将村民意见更好地吸纳进来。

2012 年兴阳村被扬中市人民政府确定为全市 6 个"科学规划发展"示范村之一，2012 年全村实现经济总产值 3 亿元，村级可支配财政收入超百万元。2012 年通过招商引资，扬中市迄今为止最大的现代农业产业园项目"长江渔文化生态园"落户兴阳村。主题园以展示和推介扬中"河豚"文化以及长江"渔文化"为核心，旨在打造"中国万里长江渔文化第一园"。该园主要包含 12 000 平方米的生态餐厅，18 000 多平方米的农业观光温室科技大棚及 5 000 平方米的工厂化江鲜养殖大棚。园区内分四个功能区，分别为渔文化展示区、农耕体验区、拓展训练区、江鲜文化品鉴区，还有多个渔文化主题广场。园内共有生态停车位 300 余个，可同时接待游客 1 000 余人共同就餐和观园。

2012 年投入 600 余万元，全面改造向阳河。改造后的向阳河两边绿树成荫、道路宽广、河水清澈，成了远近闻名的"向阳河风光带"。村内公共设施一应俱全，建有乒乓球馆、篮球场、农家书屋、健身广场、公共厕所等。兴阳村已经实现了道路组组通、河道条条畅、垃圾日日清、文体齐发展、人人有保障的总体目标要求。

此外，在上级政府的正确领导和全体村民的共同支持下，以民主选举、民主决策、民主管理、民主监督共同建设民主兴阳。村两委提出了"少进一次城、少跑一家门、少找一个人"的社区服务是全能的工作理念，充分发挥社区服务的作用，让全村所有的居民在家门口就能办成"天下事"。当地的政府机构、村民群体和外来的商业企业等多主体共治状态的形成和维系，多类主体通过良性互动而实现的"善治"，有效推动兴阳村实现了产业、景观、社会意识和生活方式等的城镇化。

5　发展特征分析

5.1　基础设施和服务设施

乡村基础设施和公共服务设施建设是乡村旅游得以发展的条件之一，处于发展起步阶段的兴阳村也将有限的资金投入其中，为兴阳村的乡村旅游发展奠定了基础。另外，乡村旅游的发展也促进了兴阳村的生态环境建设和"文艺"文化繁荣，实现乡村环境和文化效益的增加。

随着旅游扶贫与各项政策的不断推进，兴阳村的道路、村庄建设、旅游接待等基础设施得以不断完善，使得旅游主客交往得以实现。在道路与交通建设方面，2018 年以前，位于三茅街道的向阳河西路是通向兴阳村的一条主干老道路，但路面破损严重，使得长江"渔文化"风情小镇的江岛风貌未能全然绽放。在沿线老百姓及企业的迫切呼声中，该 1 670 米的道路的改造工程正式启动，并于 2019 年 12 月完成，道路周边的绿化被重置，并沿路点缀了一些"渔文化"元素，将公路文化融入乡村特色，使得"交通线"变为独特"风景线"。此外，扬中市从 2018 年开始到 2021 年底，全市已投入资金 5 000 余万元，先后完成各镇街区农村公路提档升级近 50 条，新建或改建"四好农村路"达 52.3 千米，实现了农村公路干线成格、支线成网、环线成链的交通格局，更打造了一批特色"产业路""旅游路"，并使之迅速成为"财富洼地"和"投资高地"。

在村庄建设方面，兴阳村制定村庄改造建设规划，拆除危旧房屋 5 处、猪圈、厕所 32 处，加大宅基地管理，新增居民点 100 亩，实现土地高效利用。加快老式家庭厕所改造，对老自然埭 220 户的老式厕所进行集中改造，全部建设自净化式（三格式）化粪池。推进雨污分流，一号、二号居民点住宅内原有排水、排污设施进行全面改造，统一铺设污水、生活用水管网，实现污水统一处理。实现垃圾分类集中运输，成立环卫队负责全村范围内的道路河道清理工作。开展村庄绿化亮化工程，绿化面积达 68%，全村整体面貌逐步褪去过往的破败与不堪，城镇化建设不断完善。

在旅游接待方面，为适应游客"吃、住、行、游、购、娱"一体化需求，兴阳村逐步完善旅游基础设施，已建成旅游厕所、旅游商店、酒店、宾馆、餐馆等，并建设旅游接待中心，培训旅游讲解服务人员为游客提供专业化的讲解导览服务，为游客的旅游活动提供全面保障。

5.2 村民构成与生活方式

村民就业结构随旅游业发展产生显著变化。旅游业带来可观经济效益的同时，为村民提供了前所未有的就业机会，各项惠民政策的出台促使大学毕业生及外出务工者回村创业就业。例如充分挖掘扬中"渔民文化"内涵，打造"长江渔文化风情小镇"生态旅游特色村落，举办第二届乡村旅游文化节，累计接待游客超 6 万人次，转移安置劳动力 400 余人，带动上千人创业就业。此外，旅游企业、能源企业等为当地村民提供各种就业机会，村民逐渐从土地中解放出来。例如扬中市兴阳村农地股份合作社、扬中市兴阳渔文化小镇旅游开发有限公司、兴阳能源等企业让更多的兴阳村民在"家门口"实现了就业，形成了"集体得租金、农民得薪金"的良好局面。

此外，村民生活方式也深受旅游产业发展的影响。首先，旅游活动延长村民工作时长，并改变以往村民"日出而作，日落而息"的生活习惯；其次，自来水、无线网络、家用电器以及 ATM 机等改变村民传统生活方式，拉近村民与现代城镇的距离。以互联网的广泛使用为例，旅游产业朝"互联网+旅游"方向发展的同时，引导当地村民加强同外界的交流与沟通，大山的存在再也不是阻碍"村里人看村外""村外人入村来"的影响因素；最后，随着旅游人次增加打开村民视野，村民开始重视知识文化在"旅游富村"中的作用，并逐渐关注当地基础教育工作的开展，村政府不仅有意将其熔铸于村民基础教育之中，同时也积极开展"村晚"活动，塑造更多的乡村品牌。

5.3 经济结构与产业特征

旅游牵引区域旅游产业融合发展，不仅带动了在地企业和外来资本的旅游投资转向，还促进了在地居民就业结构升级，实现了在地居民职业结构的非农化。首先，兴阳村以农业为基础，通过将农地流转给农地股份专业合作社将土地进行统一种植，促进红薯产业的发展，目前已形成特色红薯粉丝品牌。其次，兴阳村村办企业较多，呈现规模小、数量多的特点，包括电气工程制造、新能源、服装纺织、蔬菜种植等 25 家企业。再次，要实现乡村的可持续发展，实现三产的转型是有效路径。"一产促二产带三产"是兴阳村产业发展的总体思路，依托于"渔文化生态园"项目，以红薯等为主的农业吸收互联网与旅游元素后形成"旅游+互联网+生态农业"的独特生产经营方式,促进农产品产业链的延长及附加值的增加。兴阳村以"渔文化"金字招牌为基调,做精做强红薯经济,整合区域资源,打造全天式休闲旅游特色村落,将休闲农业建设与现代农业、美丽乡村、生态文明、文化创意建设融为一体,突出景点建设、品牌创建、创意设计,休闲农业已逐渐成为农业结构调整的新方向、增加农民收入的重要手段。

5.4　思想观念与价值观念

因为生产与生活方式的变化以及与外来游客的频繁交往,村民思想观念及价值理念逐渐由封建、古板、传统向开放、包容、现代的方向转变,并趋于市民化。一方面,村民意识到旅游业对当地经济提升、脱贫富村发挥的重要作用,主动适应旅游业发展引起的各种变化。乡村精神是推动持续发展的"内生动力",需要积极向上的民间风尚的传承和拓展。改革开放初期,部分兴阳人集体意识淡薄,整体的凝聚力和战斗力不强。随着旅游业综合效应的产生和村两委对良好民风传承的不断重视,兴阳群众逐渐形成"至诚团结、博爱扬善、勤劳开拓、富民强村"的兴阳作风。另一方面,旅游产业需要专业人才的智力支撑,知识与教育的重要性不言而喻。为提升自身的"文化富裕"程度,打造文化品牌,振兴乡风文明,兴阳村先后成立了新时代文明活动站、主题文化广场、文化大舞台、农民大讲堂等组织和平台,致力于"扶智"和"扶志",打通宣传群众、教育群众、关心群众、服务群众的"最后一米"。

6　旅游城镇化理论分析

6.1　多主体共治模式的核心要素

(1)上级政府。政府机构为旅游城镇化营造的制度环境是各类主体行动的根本依据,多主体共治模式中,政府并不缺位,但上级政府简化乡村治理的层级体系,自身退居监管角色。有效的政策、规章和运营办法能够明晰各主体的权利边界,有助于各主体快速、健康和规范化地适应旅游城镇化过程中的社会再整合。多主体共治模式的特点之一就是针对不同的问题,探寻与问题情境相适应的合理制度并以行政权力为依托执行相关制度,而一旦发现制度与实际不相符合,则能较快地调整制度。

（2）村委会。公权力机关通过行政建制设立村委会，形成合理的科层制分工，上级政府可以脱身地方专注于政策调控、品牌构建、规范经营等宏观层面的治理。一方面，村委会实地走访村内企业，与企业行政方、员工代表协商，避免企业运营过程中可能出现的执行失范及管理问题；另一方面，引导村民投资入股农民合作社，有效调控各类资源，使其收益能够持续促进乡土社会的发展，从而提高各主体在制度框架内协作的效率和可操作性。

（3）乡村居民。乡村居民一方面通过村委会参与集体事务讨论及决议，另一方面参与合作经营等活动，形成一种高于个体经济利益的分配正义观，实现了旅游利益共享，有效防止了经济非均衡发展和财富极化，避免了乡村阶层分化。同时，在跟其他主体的不断互动中，社区居民形成更加理性的经济行为和更加合理的财富管控能力与再投资意识，对旅游利益的管理和使用更加有效，而不是大肆扩建、过度挥霍。

（4）外来资本。外来资本作为资本家的介入要素，具有较强的功利性，往往在有利可图的情况下才会介入，且随预期价值的增加而提高介入强度；产权融合机制实现了资本互动、融合与孵化，最大程度配置乡村内部资源，提高城镇化发生所需要的旅游生产效率。

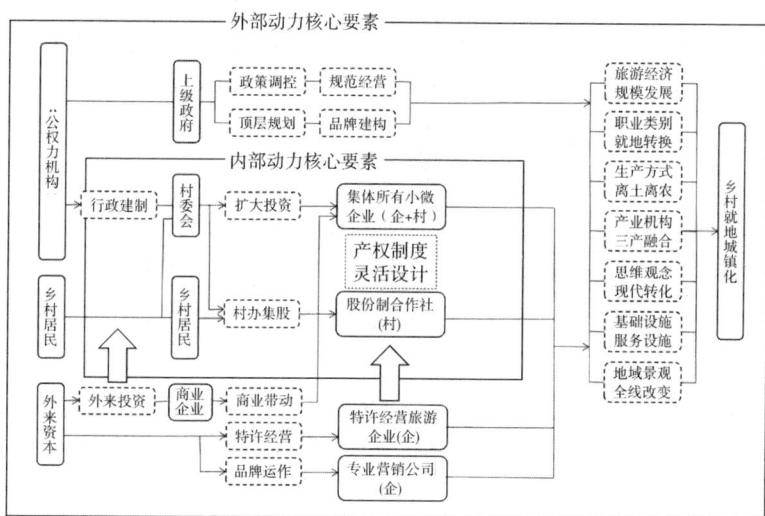

图 6.1　多主体共治模式的核心要素构成

6.2　多主体共治模式的作用机制

图 6.2 总结了多主体共治模式的作用机制，该机制呈现出可持续发展的态

势，是旅游城镇化的因果循环图。

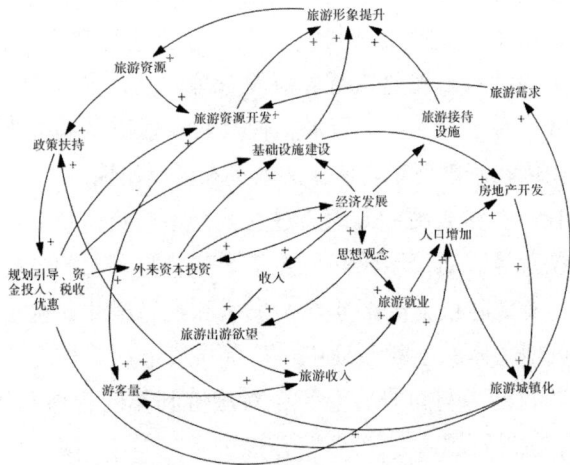

图6.2 多主体共治模式作用机制

6.2.1 经济发展因果反馈回路

经济发展是可持续发展的基础，它为可持续发展实现社会效益和生态环境效益提供财力和物质上的支持，舍去经济效益而片面地追求旅游的社会效益或环境效益就失去了发展旅游业的根本。通过大力发展旅游业，带动兴阳村社会经济发展，将旅游收入主要用于餐饮、住宿等旅游服务行业的固定资产建设中，提高兴阳村的旅游接待能力，进而增加旅游接待人数、带动相关行业的发展，从而实现经济水平的提升；其次，旅游收入用于改善兴阳村旅游形象，提高其知名度和美誉度，从而使兴阳村的旅游接待人数不断增加，进而提高了旅游收入。

①经济发展—基础设施建设—旅游形象提升—旅游资源开发—旅游接待人数—旅游收入

②上级政府—政策支持—外来资本投资—固定资产投资—旅游业投资—旅游餐饮住宿服务企业投资—旅游接待人数—旅游收入

6.2.2 社会文化因果反馈回路

兴阳村旅游带来的经济效益，不但增加了当地的财政税收和旅游收入，还提高了相关产业就业率，逐步解决村落空心化、人口老龄化问题，使失业人数逐渐减少，对当地的社会发展有一定帮助。政府对餐饮、住宿等旅游服务、基础设施建设方面的投资，一方面提高了旅游服务人员的平均劳动报酬，增加了居民对发展旅游的支持度；另一方面，接待水平和服务标准的提高，提升了旅游者的满意度，这反过来又推动了旅游业的发展。随着生活水平的提高，乡村居民用于愉悦身心、陶冶自我等精神需求的支出逐渐增加，这就在一定程度上提高了居民的整体素质，关联带动着其满意度的提高，实现了与旅游业的良性互动。旅游业发展，带动了居民就业、收入增加，并逐步提升居民的文化素质，旅游所产生的社会效益有助于进一步推动兴阳村经济的全面增长。

①外来资本投资—就业岗位—旅游收入—经济发展—思想观念—旅游就业—人口增加—房地产开发

②旅游收入—旅游业投资—旅游行业服务产值—旅游服务企业劳动报酬—服务企业人均劳动报酬—居民工资性收入—居民人均纯收入—居民生活消费支出—旅游需求—旅游资源开发—旅游接待人数—旅游收入

基于以上分析可以看出，系统中的各个变量要素相互交叉，不断融合，最终耦合形成反映兴阳村旅游可持续发展的复杂巨系统，从经济效益和社会效益等各方面实现了旅游业的全面发展。

7　对策建议

7.1　因势利导，构建多元主体

要构建"政府引导、在地居民主导、外来资本参与、社会力量推动"的旅游城镇化发展机制。首先，政府要适时引导在地居民利用其土地、房屋、自有资金、劳动力等要素积极参与到旅游发展中，发挥社区精英的带动、示范作用，鼓励并扶持在地居民创办旅游小微企业，全面提升旅游就业创业能力。其次，有效控制外来资本的规模，发挥其技术、信息、人才等优势，但又要尽量减少当地旅游发展收益外溢。再次，在主客互动交往中，要重视社会力量的媒介作用，发挥游客的口碑效应和新媒体的宣传推广效果。

7.2　注重质量，推动产业融合

利用旅游产业与102个产业前向或后向的直接联系，发挥"旅游+"的综合带动作用，通过旅游产业的内部融合、外部融合和渗透融合，延伸旅游产业链条，扩大在地企业和居民的参与面，提升旅游产业综合竞争力，促使旅游城镇化发展由要素驱动型向质量驱动型转变，实现旅游引导的内生型城镇化。

7.3 适度调控，强化正面效应

一方面，要发挥旅游城镇化在产业结构非农化、职业结构旅游化、生活方式现代化等方面的促进作用，强化其对旅游地在经济、环境、社会文化等领域所产生的积极效应。另一方面，要正视旅游城镇化隐性、滞后的负效应，适时进行有效管控，避免出现环境污染、资源破坏、耕地乱占乱建等"公地悲剧"。另外，还应通过学习、分享、匹配等微观作用机制，对周边地区产生空间溢出效应。

7.4 培养引进，促进人才回流

人才在乡村发展中具有重要作用。如袁家村以郭占武为首的乡村精英就在产业规划与布局、利益分配、组织建设等方面起引领作用，从而促进袁家村的乡村旅游发展。兴阳村的旅游发展也应加强乡村人才的培养。其关键是乡村精英群体，乡村精英群体善于尝试新事物，能够接受新的生产经营方式，善于从战略高度找准真正适合本地发展的方式和路径，进而推动乡村产业结构调整。乡村精英群体包括新乡贤、农民企业家、乡村能人群体等。乡村精英群体的带领能够加强乡村内部与外部市场在技术、资源等方面的互动，能够有效组织起农民群体，使其为乡村发展服务。基于此，兴阳村应加强乡村精英群体的挖掘与培养，尤其注重发挥党员群体的模范带头作用。

14 在希望的田野上做田野的希望
——新农人的乡村振兴之路*

1 职业农民华梦丽，全村最靓的仔

她是 1995 年出生的新一代，毕业后到农村创业，和团队打造了一个新的农业典范，她运用新思维将"面朝黄土背朝天"的辛苦活变成了"好玩""潮流"的创意农业，用新思路、新模式让传统农业踏上了体验经济的新路；和母校合作，综合运用新技术发展起了"高大上"的科技产业；她就是句容市"果牧不忘"农场的农场主华梦丽，6 年职业农民之路让 95 后的稚嫩褪变为新型农场主的坚韧，她在乡村振兴的道路上披荆斩棘，探索而来……她身上的荣誉都和乡村振兴有关，和农民农业相连：2017 年 10 月获得"创富镇江"一等奖；2017年 11 月荣获句容市首届"十佳"新型职业农民称号；2018 年荣获镇江市乡村振兴典型人物称号；2017 年 12 月荣获江苏省乡土人才"三带"新秀称号；2018年荣获江苏省"巾帼三农之星"称号。2018 年成为中国共产主义青年团第十八次全国代表大会代表。

2021 年 6 月，华梦丽正带领工人采摘今年最后一批早黄桃。"每天至少吃一个来判断桃子是否达到最佳口感。"华梦丽说，自己种的是绿色食品认证的有机黄桃，一天线上能销售 4 000 多斤，全靠品质背书。占地 1 080 亩的果牧不忘家庭农场，集观光采摘、休闲垂钓、果蔬配送、果牧领养等 12 个农业项目于一体，年游客突破 10 万人次，产值 1 500 万元，复购率达 75% 以上。同期，华梦丽荣获大学生返乡创业十强称号，这是对她多年来返乡创业和振兴乡村的成绩

---

* 参赛院校：江苏大学
　指导教师：柯佳、胡桂兰
　参赛研究生：吴志莹、王好时、汤越、杨晨、田嘉旭、侯宪桥

给予的肯定和鼓励。同时，她也获得全国农村青年致富带头人、全国青马工程优秀学员、江苏省"我们身边的好青年"等荣誉称号。

2021年7月新冠疫情突袭而来，农场的黄桃无法快递到南京的一些疫情区域，眼看要遭受不小的损失。华梦丽立刻开始通过网络直播销售黄桃。因为有了学习强国的推荐，销售一炮打响，多年有机黄桃的口感让回头客不断，其中有一位顾客前前后后买了63箱黄桃。

8月，华梦丽26岁。她写道：

"莫忘少年凌云志

曾许人间第一流

雷霆雨露俱是天恩

俯身耕耘，做全村最靓的仔

有趣有盼不负心中热爱"

她成长为全村最靓的仔的过程，是一个大学生成长为新型职业农民的典范故事，也是一曲宏大的创意开展乡村振兴和绿色农业发展的交响乐。

2 一个决定：做职业农民

华梦丽是地道的南京人。2009年经商的父亲赶着"去农村创业"的热潮，在江苏省句容市天王镇西溧村租下了200多亩地做起了农民。父亲循着"传统农业"老路，种瓜卖瓜、种豆卖豆，毫无创新意识也毫无竞争力，没有成熟的农业经营理念，农场连年亏损。

父亲做农民后，读高中的华梦丽节假日增加了"必修课"：卖水果。她记得不管走多少地方，不管价格多低，销量总不尽如人意，爸爸紧皱眉头，常懊悔不该来农村，被深深套了进去。华梦丽下定决心帮助爸爸改变现状，救活农场。2013年，抱着"帮助父亲收拾残局"的念想，华梦丽报考了江苏农林职业技术学院园艺专业。

江苏农林职业技术学院入选国家示范性高等职业院校，该学院在专业技术方面有很强的优势，华梦丽在这里学到了很多本领。她坚定地认为，父亲创业失败的重要原因是没有合适的技术支持，她必须走技术支撑农业的道路。于是，大学里她不断地参加各种技能比赛、创业大赛。在比赛中，她找到了四个志趣相投的小伙伴，从此五人小组一直在一起，今天每人负责农林牧副渔的一个领域，各司其职并相互配合，共同为未来拼搏。比赛的连续获胜，检验了华梦丽的能力，也激发了她的野心。她和团队围绕着农业技术项目不断探索。大三时，他们做了草莓培育实践，几个月后成功卖出，每人获利 1.6 万元，这次实践为后来的科技转型奠定了基础。

比赛的同时，她和小伙伴一起帮父亲经营农场。最初没有固定客源，她就在超市、小区门口售卖。华梦丽思来想去，农场要转亏为盈的前提是果实不能烂在枝头。农场临近南京市溧水区东屏镇工业园区，她将目光投向园区里的职工。"骑上电动三轮车，放上六七筐水果，瞅准工人下班时间去工厂门口摆地摊。"华梦丽和团队早上去早点摊和工人套近乎，摸清各个工厂下班时间。农业离不开"辛苦"两字，农忙时每天凌晨 4 点就起来摘水果，一直到晚上八九点。"工人休息了，我们还要再出门送货。因为接团队比较多，有时还要带人参观。"尽管辛苦，团队从来没有人动摇过。口碑，在华梦丽和团队的努力中慢慢树立，周边居民都知道有一个小姑娘种的水果好吃，当年就卖出 1 万斤黄桃和 2 万多斤梨。周边市场稳定了，华梦丽又和团队到南京摆地摊，带着小卡片让大家先尝后买，逐步打开市场，有了稳定客户群。"那段时间可以用一个黑字形容：一天只睡五六个小时，黑眼圈特别重；每天在太阳底下奔波，皮肤晒黑了。"合伙人王晓美自嘲说，黑眼圈能消，黑皮肤是彻底没救了。

2016 年 5 月大学毕业后，华梦丽拒绝了留校当辅导员的邀请，和一起奋斗的 4 个小伙伴投身到父亲的"负百万"农场，深耕自己的青春梦想。从此，她走上了职业农民之路。作为职业农民，她一直都在学习的路上。华梦丽说，在经营农场的过程中，总感觉自己的知识远远不能满足事业发展的需要，总觉得有太多的东西要学习。于是，她抽出任何一点可以利用的时间，不断提升自我。她报名参加本科阶段学习，不肯错过任何一个知识点，很快从南京农业大学现代农业管理专业毕业，获学士学位。

现在，任何一次有关农业知识的学习，她都要挤出时间去参加，省市农业部门和团组织举办的各种"农业知识"专题培训班、"青年创业系统知识"培训班的学习她几乎每次必到，她还积极组织团队到其他农业基地参观、学习先进农业技术。遇到难题就主动联系兄弟企业负责人和学院指导老师们一起商讨解决，她成了整个农场最爱学习的人，每天她都是农场最后一个熄灯的人。用爸爸的话说，她现在学习的劲头超过了高考的时候。

3　第一次转型，传统农业转型体验型生态农业

2016 年，她们利用土地流转政策，盘活了农村闲置土地，承包了 1 080.5 亩土地。2017 年 1 月登记注册了句容市"果牧不忘"家庭农场，注册资金

100 万。

刚开始，她和同学只能步行去农场；经过一个月奋斗拥有了一辆两轮电瓶车；再过小半年换了三轮电瓶车和一辆小汽车。生意越做越红火，农产品的产量也在稳步增长，但很快，华梦丽遇到了和父亲一样的问题：销路不畅。她和小伙伴跑遍了南京、句容的批发市场、水果店和大小超市，奈何都是走的批发路线，卖不出高价，10 万斤左右的农产品才卖了 10 万元，还有 3 万斤左右烂在地里，平均算下来才 1 元钱一斤，勉强能支出工人工资。"尽管产品质量很好，但还是卖不出去。而且走批发路线，也卖不了高价。"华梦丽对此非常苦恼。

华梦丽回到母校，找恩师王全智指点迷津。"那天聊到了很晚，说到后面她眼里隐约有泪光。华梦丽个性坚强，从没见她哭过，那次她是真的急了。"王全智建议华梦丽做体验式农业，并带着她走访了多家成熟上规模的农场。

华梦丽和团队讨论后，大家统一了思想，说干就干。她们将土地划分为 19 块 16 区，分为农林牧副渔五大产业，含观光采摘、休闲垂钓、农家餐饮、果蔬配送、承包菜地、领养果牧、动物喂养、草坪农事活动等 12 个项目，进行项目化管理。几个姑娘齐上阵，搭脚架、围栅栏，干得有模有样，体验式农场很快初具规模。上千棵榉树、紫薇、红枫，万余棵梨树、桃树、甜柿树、70 亩农田、50 余亩鱼塘，在华梦丽的农场里，游客可以挖红薯、磨豆浆、采梨榨汁、喂养小动物，尽享农耕生活的乐趣。农场开通了"特色农村一日游"活动，注重发展周末经济和假日经济。一顿农家饭加送一份野菜，100 块钱一个人。蔬菜都是顾客自己下田去弄，来游玩的顾客感觉非常不错，回头客和新客人络绎不绝。这样一来，一年游客几乎不间断。4 月梨花桃花一起开，5 月油桃，6 月早晚黄桃，7 月的梨子，8 月的甜柿子，水果是全年都供应，加上农场靠近天王镇樱花园，来天王镇游玩的基本都会顺道到农场游玩，这一年接待客户约 13 万人。来农场游玩的顾客基本都会购买农产品带走，农场让周边农民也来卖产品，这样一来带动周边老百姓卖蔬菜、卖西瓜、水果。现在农场每天接待几百人，高峰时达到 2 000 多人，有一次游玩的顾客一次性买走了 200 多只鸡。

农场靠近南京，加上早年在南京销售积累的客户，吸引了不少公司前来。南京各大保险公司、车友俱乐部等都来到农场，他们与农场还签订了合作协议，常年前来。尤其是保险公司，基本都是周一到周五到农场，填补了农场周末和假日经济的空缺。在她与团队努力下，农场由原来的连年亏损到年销售迅速增长，体验式生态农业渐入佳境。

在致力于农场经营的同时，华梦丽先后参加了近 10 次省级、市级创业大赛，她说每一次参赛都能完善自己的创业想法，能发现一些"金点子"。其中

"生猪领养"的点子就是她们在参加创业大赛时打磨出来的。华梦丽说的生猪领养，就是农场提供野猪和生猪杂交生出的猪苗供人领养，领养后寄养在农场，领养人可实时查看小猪的喂养情况，"出栏"后，农场还可以帮助宰杀。"许多有孩子的家庭非常乐意领养小猪，这对她们来说，比买一头成年猪划算多了，还能让孩子参与喂养。"

而 2017 年开始的桃花节也是华梦丽至今都引以为傲的创意。2011 年父亲考察了其他农场后，引进两个稀缺的水果新品种——台湾黄桃和日本甜柿。最初只引进了 100 棵台湾黄桃，华梦丽和团队通过嫁接等技术手段，把它们逐步变成了 300 亩的桃林。在桃林上，华梦丽做足了文章，充分发挥了好玩的创意。2017 年，华梦丽举办了"桃花节"，她请了无人机团队，把 350 亩"世外桃源"拍成了几分钟短片。她没有像以前带着水果进城推销，而是把小短片和照片拷在 U 盘里，找到南京的几家有名的微信公众号，通过网络平台推荐"桃花节"。没想到的是，短短一周时间的桃花节，居然来了四五千人。"桃花节"越来越有名气，2018 年游客数量超过 3 万。来看了桃花的游客纷纷留下电话，预定桃子，桃子也销售喜人。对桃花节的成功，华梦丽有一种"苦尽甘来"的感觉，她觉得几年努力没有白费。3 年来，在她与团队努力下，农场终于由原来的连年亏损到 2017 年销售额近 900 万元。

4 第二次转型，走上科技兴农路

华梦丽说，干事业最重要的是要先人一步、快人一拍、高人一筹。多年的农场体验和实践，让她很懂得消费者需求，从消费者出发成为他们决定新发展的基调。虽然农场发展不错，但农场承包土地是基础农田，无法做深度接待旅游，面对日益增加的顾客需求，考虑到未来劳动力紧缺的现状，华梦丽和团队开始思考起了新的发展方向。认真分析后，农场决定改变发展战略，走科技农业发展道路，农场以果树种植为主，以林业、水产养殖、粮食收购和农业观光服务为辅，初步形成种、养、游同步发展的农场雏形，以土地规模经营为牵动，以农林牧副渔综合发展为经营定位。让大家吃到无污染的安全粮食、蔬菜瓜果、鱼肉蛋奶等。

在参与各类展销会、学术交流会期间，华梦丽发现市场上的草莓苗坏死率很高，想起了自己在大学时的草莓实践。她想草莓是熟悉品种，如果果牧不忘农场能研发出高品质草莓苗，不仅弥补市场空白，还可以增加农场收入。而且最重要的是，草莓种苗需求量巨大，一般一亩地需要 6 000 多株苗，有的甚至要

8 000 株苗，而仅仅句容就有 2 000~3 000 亩的草莓田，仅仅句容本地的需求量就非常惊人了。

华梦丽进一步考察后发现，当时市场上普遍是大田培育的草莓苗，一般 2—3 年内草莓苗没什么问题，但之后草莓苗退化现象严重，结出的草莓变小、味道变淡、病虫害增加、产量降低等。这给了华梦丽和团队更大的信心，她们决定做草莓苗培育，走科技农业之路。不过要实施科技农业需要做很多事情，面临很多困难：需要基地选址、头期资金、技术员工等。在困难面前，她和团队一起学习、分析，寻找各种机遇和可能，最后回到母校商讨合作。2018 年，农场与江苏农林职业技术学院签订合作协议，共同建立植物组织培养实验室，共同打造"植物工厂"。为了支持农场的发展，江苏农林职业技术学院将共同申请的实用新型专利植物病毒钝化器转让给农场。"那时正好是夏天，实验室里温度有 50 摄氏度，在这样的'桑拿房'里我们待了三个多月，试了上百种配方。"合伙人缪晨晨记得，有一次草莓苗生病了，华梦丽直接拔了病株赶到指导专家开会的地方，等了一个下午才弄清楚了病因。

经过几个月的日夜不停的努力，组培室终于培养出了新草莓苗。新草莓苗有很多优点：首先是脱毒时间快。草莓一般都需要脱毒，如果人工脱毒需要几天时间，用植物病毒钝化器，一组 3~5 分钟就能脱毒；其次草莓的病害通过土壤传播，组培室培育的苗不经过土壤，提高了植株的抗病毒能力，减少了病害；最后，也是最重要的是组培室培育的苗没有缓苗期，可以提前上市 20 多天。由于草莓是季节性产品，产品越早上市越贵，所以经济效益非常显著，并且能够提高产量。这些优点强化了他们的信心。

2019 年最早到连云港推广草莓苗时，价格是一块钱一株，他们和农户签订合同，农民先支付和大田苗一样的价格，即 0.5 元一株，等到后期如果结果好、销售好，再补上另外的 0.5 元钱。没想到当年就销售了 30 多万株苗，市场一下就打开了。现在仅仅连云港当地就需要上千万株组培苗，但是公司现在只能提供 100 万株苗。

随着技术越来越成熟，市场发展越来越好，"植物工厂就是通过高效农业系统，使设施内植物生育不受或很少受自然条件制约的省力型生产。"华梦丽说。现在，农场的草莓已经实现了全年供应。她相信不久的未来，农场的甜柿、西瓜等农产品都能实现全年不断货。

与时间赛跑，华梦丽和她的团队跑出了科技兴农新天地。现在，她们的组培室不仅能培养草莓苗，还成功孕育了火焰南天竹等幼苗，仅火焰兰天竹就收到了 300 万株订单，总价值 450 万元。其中寒地玫瑰幼苗是友情帮助黑龙江五大连池培育的。目前，该体系在江苏完成种苗完植体系，2022 年将在黑龙江进行实践。

2017 年以来，她和团队实施绿色农业战略，做到"自繁、自种、自销"，他们在自己的天地里"精耕细作"的同时，还引进推广新品种 2 项，带动了 12 名大学生创业，到 2019 年，解决了 30 多名农民的就业问题。

5　成为光，发散光，共同富裕新探索

凭着创业激情和拼搏精神，在各级组织的帮助下，农场逐渐壮大，果牧不忘农场已形成了农产品种植、绿色食品蔬菜种植、花卉苗木园、生态畜禽等多元发展的产业化之路，不仅为农业增效、帮农民增收，显著减少了农业面源污染，还有效防止了水土流失，保护了生态环境，达到了良好的社会效益，对农业产业园区内外起到示范作用。对于华梦丽而言，创业是最好的学习。

农场转亏为盈、新技术新品种的不断突破，并不是令华梦丽最开心的。令她最感到欣喜的是，通过她的努力，带领周边村民实现共同富裕，真正成为自己心目中的那位"看见光，追随光，成为光，发散光"的"英雄"。

回顾创业之路，她深深感激党和国家政策为她的创业提供广阔的空间，她将尽最大努力创造出更多的财富，回报社会。"一花独放不是春，百花齐放春满园。"饮水不忘挖井人，自己虽然摆脱了创业初的困境，而她心中"让身边的乡亲们也能过上好日子"的愿望却越来越强烈。推荐村民就业、带动村民一起致富，仅靠自己一人之力是远远不够的。因此，她极力联系兄弟企业，成立"小莓好"助农服务队，推荐村民就业，为无技术、无经验的村民提供免费的就业培训，解决了相当大一部分村民的就业难题。她说："我以我的成功作为示范，把经验和理念传授于人，让大家一同致富，是我理所应当的义务。"

到目前为止，华梦丽的农场为农民提供就业岗位 40 余个，实现了村民的就近就业，村民既能兼顾家庭，又能挣钱补贴家用，此举获得了村民的称赞，为当地的稳定就业及经济建设做出了贡献，取得了骄人的业绩和良好的社会效益。64 岁的王世祖有着几十年耕作经验，刚开始瞧不上华梦丽这个黄毛丫头，现在则是心服口服。"土地租给她，地租年年涨，给她打工，工资一分不少，我和老太婆一年能挣十万块钱。"王世祖说，同样是种地，人家挣大钱说明人家路子对，凭啥不服气？

周边的农民纷纷向华梦丽学习，华梦丽也很乐意向他们传授技术，将自己的经验和知识无私地传授给身边的人，辐射周边农民近 300 户。尤其在水稻种

植方面，华梦丽提供稻苗让周边农民代种，产出水稻再以每斤高于市场价一毛钱的价格收购，以实际行动帮助他们增收致富。2018年以来，为了让更多的农民从先进农业技术中受益，华梦丽结合自己的所学所得，在内蒙古的科尔沁镇乡土人才孵化中心开设网课，目前为止，她先后累计培训学员2万余人，带动78名青年扎根农村。农场现在是中小学生劳动教育基地、句容农校的大学生实践基地、南京农业大学大学生实践基地，也是镇江市田间课堂，每年接待全国各地的做农业的2000多人，并且人数还在逐年增加。如今，华梦丽正在致力打造劳动教育基地，培育和吸引更多青年投身现代农业，共同在大地播种梦想，在田野收获希望，描绘乡村振兴的美丽画卷。

随着互联网的发展，网络直播销售日益成为农产品销售的重要手段。华梦丽更是早早地就在"直播带货"，在疫情期间，越来越多的农民依托网络零售平台销售滞销农产品，她积极投身培训，带动更多的农民直播卖货。在2021年8月11日的"新农精英"助农行动句容专场，作为全国农村青年致富带头人的华梦丽率先发起了各种直播助农活动。

6　结语

"农业与我们的生活息息相关，当今社会对农业的接受度和认可度不断提高，全面脱贫和乡村振兴政策对发展农业有很大帮助。这样一个大的时代背景助力了我们的成功。我希望能通过努力，将我们的产品打入消费者的内心，同时影响人们对农业和农产品的观念以及看法。现代农业有着广阔的市场前景，现代农民有着光明的职业未来。"华梦丽感慨地说。这6年来她一直在发现问题、面对问题和解决问题，她的探索与努力得到了"最美奋斗者"赵亚夫的肯定："我们国家农业发展，最需要的就是像华梦丽这样的新农人，农村是一片广阔的天地，在那里是大有作为的。"赵亚夫说他希望能有更多的"华梦丽们"和广大农民一起，建设美丽乡村，实现农业振兴。现在在当地政府的支持下，越来越多像她一样的年轻人投身农业，给农村带来蓬勃朝气。

如今，华梦丽每天早出晚归，从建棚到扣棚，再到育苗，直到最后的种植、收获。整天蹲在大棚里，跟土地打交道，她经常对周围的人说："土地是咱农民的亲人，而农民是我的亲人，我一定要将基地做好，带领村民一起致富。"

问题（机会）	解决方案
父亲经营失利	农校园艺专业
销路不畅	传统农业转型 体验生态农业
无法满足日益增长 的顾客需求	科技农业 绿色有机农业

图 6.1　问题与解决方案

15 整合发挥资源优势，开发红色旅游，提振特色产业——溧水区白马镇石头寨社区李巷村的乡村振兴之路*

1 引言

李巷村位于南京市溧水区白马镇石头寨社区，以李巷为中心，周边约 5 千米半径内集聚了众多红色遗址、遗迹。但由于位置偏僻、交通不便，大半个世纪以来，承载着辉煌历史的李巷并不为众人所知，一度成为南京的经济薄弱村。为此，2016 年南京市在新一轮脱贫致富奔小康的行动计划中，确定由南京时任市委书记定点帮扶李巷村，由溧水联合设计机构，深挖李巷村"红色资源"优势，统筹规划并投入数亿元对李巷进行整体改造，打造红色旅游文化村，促进红色文化与其他业态、产品的融合，带动村庄自身的持续发展和周边地区的整体发展。

2017 年国庆节，红色李巷对外开放，声名渐起。在深度挖掘发展优势资源、高效统筹规划，促进红色文化与特色产业高度融合，推动乡村振兴方面，李巷走在了前列。

2 李巷村面临的问题和挑战

李巷村在实施乡村振兴工程之前，面临"村民出走、乡村凋敝"的窘境。主要表现如下。

---

* 参赛院校：河海大学

指导教师：贺丽莳、张长征

参赛研究生：刘晓建、孔方、胡泽锋、张鑫宸、张鑫、董任洵

2.1 无产业优势，村民收入低

（1）常规粮食作物，经济价值低。与当地农业专家交流得知：如果按一年两熟，小麦水稻轮作来计算：

一亩小麦的成本，翻地播种 80 元、种子 50 元、肥料 120 元、灌溉 70 元、农药 50 元、机械收割 100 元，累计 470 元，按价格每斤 1.4 元，亩产 600 斤计算，600×1.4＝840 元，毛利 370 元。

一亩水稻的成本，种子 50 元、整田 100 元、肥料 120 元、灌溉 150 元、农药 50 元、机械收割 150 元，累计 620 元，按价格每斤 1.5 元，亩产 1 200 斤计算，1 300×1.3＝1 690 元，毛利 1 070 元。

按户均耕地面积 10 亩计，在尚不考虑留存口粮的情况下，户均年收入低于 1 万元，收入不高。

（2）蓝莓特色产业不强：种植蓝莓黑莓、售卖鲜果，亩均销售收入可达 8000 元以上，但是蓝莓黑莓的生长习性特殊，种植养护作业量大，有一定的专业技术门槛，而且由于品牌和销售渠道的限制，"两莓"产业的经济价值并未做大。

2.2 居住及交通条件落后

（1）李巷村距离南京主城区 60 千米，距离溧水主城区 20 千米，城乡干道是水泥路，路面窄，要小心会车。李巷村与其他自然村之间，砂石路连接，道路扬尘、颠簸，下雨积水泥泞。

（2）农村传统住宅，各家自建旱厕，普遍比较简陋；旱厕污染环境，渗漏的粪便污水污染浅层地下水，容易导致饮用水和食物被污染，滋生蚊蝇。部分农户安装淋浴、抽水马桶，加剧了污水排放问题。种植作物使用的地膜、生活使用的塑料袋，是乡村垃圾污染的主要来源。

（3）水利设施落后，灌溉设施，年久失修，逐渐淤塞，功能退化。多雨季节易涝，干旱时节难以取水。乡村人口出走，水利灌溉设施处于多年失修失管状态，亟待解决。

生活水利设施主要是水塘，位于村子低洼地带，没有可靠水源补给，靠季节性的降雨汇集而成。长期处于无人养护状态，水质恶化、气味恶劣、蚊虫滋生。

（4）乡村年轻人多向外出走，生活人口减少，群众相互监督机能退化，小偷小摸和邻居因为小事吵架时有发生，治安和民风退化。

2.3 生活配套设施匮乏

乡村农户自然散居，市场萧条，公共设施和便民设施较少。小卖部供应油盐酱醋、烟酒糖茶等生活必需品，品种数量少，存放时间长，以低价低质商品为主。公共设施和便民设施较少，生活不便。

2.4 情感淡漠，文化脱节

人口外流，血缘代际传承的宗族文化和乡村亲情正在被消解，人际情感逐渐淡化。年轻人出走，导致乡村与社会时代主流文化脱节。

3 李巷村的乡村振兴过程

3.1 积极响应政策调研分析

李巷村通过由定点帮扶的市领导牵头，以实地调研、走访村民、召开座谈会等形式，真正听取当地村民和干部的意见；迅速联合各职能部门领导、专家召开研讨会，深入基层现场办公，对自身的现状、资源优势进行深度的剖析。

任安生老师（优秀基层村干部、红色李巷外聘党课宣讲员）讲述："黄书记以及市、区里领导，在村民家连着吃住 4 天，和村民及干部了解情况、确定方向后，各级干部到村里迅速开展工作，没日没夜地干……"

3.1.1 发掘李巷红色历史

李巷隶属于溧水区白马镇，群山环绕，80 年前曾是新四军苏南抗战的指挥中心，老一辈革命家在这里留下了战斗的足迹。1938 年，新四军从皖南东进苏南，到达溧水后，这里先后是新四军一支队 1 团和二支队 4 团团部驻地，也是后来的 46 团团部驻地。1941 年 11 月塘马战斗后，新四军十六旅旅部和苏南党政领导机关转移来到李巷及周边地区，溧水成为中国共产党领导的苏南人民抗日斗争的中心区，李巷村成为苏南抗战的指挥中心，被史学界称为"苏南小延安"。

工作组与江苏省中共党史研究会、新四军研究会等单位对接合作，走访革命先辈的后人，挖掘整理红色故事。对以李巷为中心及周边规划范围内地区的众多红色遗址进行统计入册，形成红色资源库，便于开发红色旅游。

3.1.2 调研李巷特色产业情况

李巷村所在的白马镇，江苏省中国科学院植物研究所从 1986 年就开始在该地进行蓝莓、黑莓引种、育种研究工作，先后向全国推广 10 余个蓝莓品种、5 个黑莓品种，在打造红色李巷之前，已具备一定的蓝莓、黑莓种植优势。但由于蓝莓种植养护作业量大，有一定的专业技术门槛，而且受品牌和销售渠道的限制，当地"两莓"产业的经济价值并未做大，附加值偏低。

蓝莓具有丰富的营养和保健价值，逐渐受到大众的喜爱。根据研究资料，我国蓝莓产业需求量呈逐年增长态势，2019 年需求量为 23.07 万吨。2014—2019 年期间我国蓝莓需求量呈逐年增长态势，年均复合增速高达 50%。

我国蓝莓产业产值呈逐年增长态势，2019 年产值为 41.31 亿元。2014—2019 年期间我国蓝莓产业产值呈逐年增长态势，年均复合增速高达 45%。

李巷村蓝莓、黑莓产业与我国蓝莓产业发展趋势对标，揭示出李巷村在鲜果市场、品种更新换代、家庭农场、种植大户等方面具有潜在的竞争优势，并可在蓝莓深加工领域适度发展。

3.1.3 调研村民村庄诉求

村民诉求：完善李巷村基础设施、保护李巷革命遗址建筑群、产业升级提振增收、复建李家祠堂、建设便民公共设施。

村集体：擦亮李巷红色历史名片，提升李巷知名度，培育产业优势，村民增收、集体增收，提升村庄活力和文明程度，促进李巷乡村振兴。

3.2 制定乡村振兴战略

工作组基于李巷村的红色资源优势、两莓种植基础，结合政策导向和市场发展趋势，提出了李巷村的乡村振兴战略：整合发挥资源优势，开发红色旅游，提振特色产业，实现乡村振兴。

3.3 战略实施：开发红色旅游，建设"红色李巷"

3.3.1 开发模式

（1）区级政府及各部门，统筹涉农专项资金与扶贫专项政策；

（2）商旅集团，作为红色李巷品牌打造和运营的主要操盘手，进行项目建

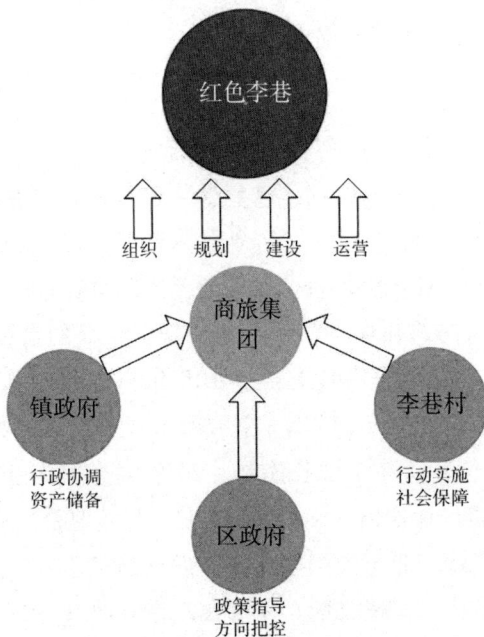

图 3.1 李巷村红色旅游开发模式

设、维护、保养和运营，持续投入人力物力，承诺通过资产储备、出租部分项目的运营，来保证村庄的可持续发展；

(3) 镇政府实现资金的分配和项目具体工作的落地；

(4) 村集体做好社会保障工作，确保项目的顺利推进。

3.3.2 统筹规划

李巷村在打造红色旅游初期时，由政府主导并请专业的规划公司进行乡村建设的规划设计，使李巷的红色旅游得到显著的发展，并间接刺激了乡村休闲产业的消费需求。考虑空间特色和组团发展，规划五大功能片区，分别为：红色教育区、户外活动区、生态农业区、文化体验区和乡村休闲区。

3.3.3 更新升级基础设施

更新升级乡村基础设施，对生产、生活需求的道路提档升级，进行雨污分流，整治水系。对村庄道路进行分类、分级打造，生产生活性道路以沥青路为主，满足居民最基本的出行需求，游览性道路以青石板、青砖等材质为主，在提升村庄道路品质的同时，为本地居民和游客提供舒适的慢行氛围。对村庄内部的水系进行梳理，建设节制闸、拦水坝等水利水工设施，保障村庄的水安全环境，确保村庄内部常年流水不腐，环境优美。

3.3.4 专业公司主导，村民参与共建

通过召开党员会议、村民会议，统一思想、凝聚共识，引导村民树立主人翁意识，共同参与建设。在民房收储上，广大村民都积极主动配合，短期内完成 152 户民居收储工作。在资源收集整理上，由老干部、老教师牵头组建老物件收储及村史编撰工作组，村民自发捐赠老物件 93 件，完成李巷 890 年村史的整理编撰。在党性教育培训中，一批老党员、老教师自发担当讲解员、培训师，走上讲台生动介绍革命根据地的火红岁月。

3.3.5 保护开发红色资源

对李巷红色遗址群进行修葺保护，包括李氏宗祠（溧水人民抗日斗争纪念馆、苏南党政军首脑机关驻地旧址）、陈毅暂住地旧址等。

同时，与中央党史和文献研究院等机构合作，深挖革命历史故事。与南京市演艺集团联袂打造大型红色原创史诗剧《红色李巷》，该剧再现了李巷烽火岁月鲜为人知的感人故事，进一步扩大"红色李巷"的品牌影响力。

3.3.6 建设党建基地

注册成立南京石头寨文化产业发展有限公司，重点配套服务李巷文化产业发展和设施管理。红色李巷自 2017 年 10 月开村以来，举办了首届全区社工党性教育培训班，共接待省内外党性教育活动 600 多场次，参训党员 10 万多人，党建品牌效应初步显现，现已挂牌区级党性教育基地、成立新四军研究会。

3.3.7 多方合作共赢

2019 年 11 月 29 日上午，新华报业传媒集团与南京市溧水区政府签署战略合作协议，成立合资公司，携手打造李巷红色教育基地。此次战略合作对红色李巷打造全国有影响力的教育基地具有里程碑意义，为"强富美高"新江苏贡献新力量。当日签约会上，国家开发银行江苏分行、南京银行南京分行等金融机构也为李巷红色教育基地项目联合授信，为红色李巷的持续建设提供了资金支持。

3.3.8　旅游配套开发

红色李巷，带来了巨大的红色旅游人流，村党支部引导村民开办红色餐饮、民宿、便利店6家，配套开发了垂钓休闲、农耕体验等休闲项目，延长游客逗留时间，促进当地消费。

典型代表有红色人家大食堂、77号院等，红色人家大食堂2020年午餐最高纪录68桌，2021年再创新高，午餐最高纪录达到82桌。

3.4　战略实施：提振"两莓"特色产业

3.4.1　提振模式：红色旅游牵头，提振"两莓"产业

红色旅游牵头，吸引了大量客流。这部分客流与两莓产业的消费人群大部分重叠。聚焦目标客户群体，在红色旅游过程中，增加目标客户与两莓产业的接触频次，通过设立农产品销售区、开发体验装与礼品装、体验游等，进行客流转换，实现销售增长。

3.4.2　两莓产业定位和产业协同

上游：利用院所对接优势，从事部分新品种育苗；

中游：种植、采摘，属于生产过程，可与红色旅游协同，开发农耕体验、两莓采摘，将红色旅游人群转化为两莓产业的体验型消费者，扩大销售；

下游：重点在鲜果销售，并进行适度的果干加工和销售，将红色旅游人群转化为两莓产业的产品型消费者，扩大销售。

终端产品定位：以鲜果鲜食为主，主要供应南京大都市大众消费市场，进行适度深加工，以两莓果干为主。利用红色旅游，增加两莓产品曝光度，提高知名度，促进品牌建设，扩大销售。

3.4.3　坚持规划引领，推动规模发展

以深化蓝莓"全国一村一品示范村"和黑莓"国家地理标志"建设为契机，充分利用该村作为全市首个农地确权登记颁证试点村改革成果，结合农业综合开发项目和土地综合整治、耕地质量提升等项目，系统规划两莓产业发展，规划到2025年发展到1万亩，近年来完成两莓基地扩面3 500亩，总面积已发展至7 200多亩，其中百亩以上规模种植企业20家，组建农民专业合作社29家，家庭农场15家，参与农产品营销。

3.4.4　坚持科技支撑，推动绿色发展

对接入驻白马国家农业科技园区的江苏省中国科学院植物研究所、江苏省农业科学院等科研单位，推广应用一批两莓新品种、新技术，以科技助推产业发展。牢固树立"绿水青山就是金山银山"的发展理念，持续深化环境综合整治，严控污染源头，大力消除农业面源、村庄面源污染，加大覆盖拉网村庄污水设施建设，着力保持优良的水体、土壤、空气环境质量。全面推行两莓基地的"秸秆有机改土、人工除草除害、精细作业管理、综合设施保质"的生产模式，升级打造无公害、绿色、有机"三品"基地。严格督促企业做好蓝莓生产、加工、流通各环节的食品安全管理，建设可追溯的食品质量安全体系。

3.4.5　坚持市场导向，推动富民发展

通过组建合作经济组织，创新经营模式，努力打造两莓全产业链。深化"支部+基地+企业+农户"合作模式，将支部建在产业链上，安排设置党员示范户、党员联系点，提高产业组织化程度。组建蓝莓黑莓专业合作社、果蔬合作联社，以组织化增强市场竞争力，以合作化带动农户增收近千人。借力溧水"无想田园"区域公用品牌，深入实施农业品牌战略，着力提升特色农产品附加值，在精深加工上下功夫，依托石头寨电商服务点，帮助农户搭上电商快车，发展淘宝、微商等第三方平台13家，拓展线上线下销售渠道。引进冷藏、加工和物流企业加盟发展，加强品牌农产品的营销推介。通过不断扩大两莓产业优势，2020年两莓产业带动村民人均增收超12 000元。

4　李巷村的乡村振兴成果

4.1　品牌影响力

李巷村所在的石头寨社区获得中国美丽乡村百家范例、中国美丽休闲乡村、全国乡村旅游重点村、全国文明村、全国乡村治理示范村、省级生态文明示范村等29项荣誉称号。

4.2　道路交通等基础设施

近年来紧密对接上级帮扶，完成了枫石线等10条、26.5千米农路提档升级、7.4千米李巷河整治、5 000亩农田整治等一批重点基础设施建设，完成了

主要道路的技防设施建设。

4.3 人居环境、生活配套

完成南头美丽乡村、李巷美丽乡村、李巷水美乡村、石头寨美丽乡村、毛岗头和缪家边宜居村建设。整村推进人居环境整治提升,新建停车场 17 个、健身广场 12 个、公厕 11 座,村内沥青路铺设 6.5 千米,新建水泥路 12 千米,6 个自然村新砌矮墙 3 000 多米等,"四清一改一灭"工作全面完成。创建省级农村示范卫生室 1 所,设立老年人助餐点和免费理发点,为全体老年村民提供专项服务。

4.4 创造就业岗位、创业机会

红色李巷项目提供了保安、保洁、讲解员等就业岗位 35 个,帮助解决村民就业问题;设置旅游配套的餐饮、民宿、便利店 6 家,农特产销售摊位 20 多个,通过多种措施,带动李巷 263 户村民户均增收超 1.5 万元。成立两莓产业电商公司和店铺共计 13 家。

4.5 经济收入

李巷村及石头寨社区人均可支配收入一览表:2020 年农民人均可支配收入31 516 元,同比增长 10%;村集体稳定性收入达到了 211.34 万元,较 2015 年增长5 倍。

表 4.1 李巷村及石头寨社区可支配收入一览表(2015—2020 年)

2015 年	18 750 元
2016 年	20 625 元
2017 年	23 306 元
2018 年	25 873 元
2019 年	28 560 元
2020 年	31 516 元

各年村级稳定性收入详表如下。

村级稳定收入	详细情况
2015 年 村级稳定性收入 37.02 万元	1. 流转 2 432 亩土地中集体资产资源租金收入 17.02 万元 2. 村级保障经费 20 万元

续表

村级稳定收入	详细情况
2016 年 村级稳定性收入 99.01 万元	1. 为民服务专项资金 70 万元 2. 茶园、水面发包年租金 3.27 万元 3. 流转土地租金收入 1.74 万元 4. 区统筹购门面房保底租金 24 万元
2017 年 村级稳定性收入 122.71 万元	1. 为民服务专项资金 70 万元 2. 茶园、水面发包年租金 3.27 万元 3. 流转土地租金收入 1.74 万元 4. 流转 2 850 亩土地中集体资产资源租金收入 20 万元 5. 区统筹购门面房保底租金 24 万元 6. 出租集镇门面房 4 间 168 平方米，增加收入 3.7 万元
2018 年 村级稳定性收入 151.44 万元	1. 为民服务专项资金 70 万元 2. 茶叶 220 亩、水面 300 亩、山林 2 200 亩，发包年租金 33.74 万元 3. 流转 2 850 亩土地出租年收入 20 万元 4. 区统筹购门面房保底租金 24 万元 5. 出租集镇门面房 4 间 168 平方米，增加收入 3.7 万元
2019 年 村级稳定性收入 183.74 万元	1. 为民服务专项资金 60 万元 2. 茶叶 220 亩、水面 300 亩、山林 2 200 亩，发包年租金 33.74 万元 3. 流转 2 850 亩土地出租年收入 20 万元 4. 区统筹购门面房保底租金 24 万元 5. 出租集镇门面房 4 间 168 平方米，增加收入 3.7 万元 6. 村部土地租金 42.3 万元
2020 年 村级稳定性收入 211.34 万元	1. 为民服务专项资金 60 万元 2. 茶叶 220 亩、水面 300 亩、山林 2 200 亩，发包年租金 33.74 万元 3. 流转 2 850 亩土地出租年收入 20 万元 4. 区统筹购门面房保底租金 24 万元 5. 出租集镇门面房 4 间 168 平方米，增加收入 3.7 万元 6. 村部土地租金 42.3 万元 7. 标准厂房收入 27.6 万元

4.6　红色教育阵地

红色李巷，2020 年接待游客超过 30 万人次。党建基地自创建以来，共接待省内外党性教育活动 600 多场次，参训党员 10 万多人，发挥了重要的红色教育阵地作用。

4.7　提振乡土文化

保护和传承了特有的"打五件"非遗文化项目，利用石头寨独特的山水资源、历史民居等大量老建筑，以及地方民俗曲艺等人文元素，留住了村庄传统肌理，留下乡愁，为美丽乡村建设、推动乡村振兴融入更多文化之魂。

5　李巷村的最新发展规划

李巷振兴之路已经取得了丰硕成果，但李巷人并未止步，他们洞察内外部环境变化，持续更新优化乡村振兴战略，不断调整适配行动方案。在 2021 年规划中，李巷村对于功能区域进行了调整和升级，未来可期。

6　案例深度分析

6.1　案例核心

李巷村因其红色文化的基因，发展了红色文化旅游产业，旅游产业带来了大量的人流，从而推动了第三产业的发展；而且大量的人流给本就有着蓝莓、黑莓种植基础的李巷村带来更好的市场机遇，大大推动了两莓产业的发展。两莓产业的发展和红色文化旅游产业的发展相互融合，互相推动，实现了经济发展、乡村振兴。

6.2　积极响应政策号召

2016 年中央人民政府下发了《2016—2020 年全国红色旅游发展规划纲要》，强调红色文化的作用，创建红色李巷品牌，抓住政策红利。

2017 年，党的十九大报告提出实施乡村振兴战略，并下放、推行了配套资金和政策。李巷再抓一波政策红利。

2019 年，国务院批复将白马园区建设为南京农高区，人才、政策、科技聚集于白马园区，李巷村作为辖区内乡村，享受到农高区的红利。

李巷村所在的石头寨社区获得中国美丽乡村百家范例、中国美丽休闲乡村等 29 项荣誉称号，是学政策、用政策的模范村。

6.3　战略分析透彻、战略选择得当

李巷村充分保护和利用了红色资源优势，抓住了红色旅游的政策先机，抢占了市场先机，持续提升，先后成为区、市、省级党建基地。

李巷村锚定两莓产业，扩大种植面积，形成了规模成本优势和上下游专业分工，促进了产品品质和市场价值升级，利用红色旅游导入的大量人流推动了两莓产业大力发展；进行两莓深加工，全年、多场景，供应多样化的两莓产品；进行品质品牌认证，培养忠实消费者。

6.4　发挥了党组织的先锋领导作用

李巷所在石头寨社区党总支牢固树立抓党建从工作入手、抓工作从党建出发的理念思路，坚持党建工作系统思维、问题导向，创新方式方法，扎实推进抓党建促乡村振兴，充分发挥党员先锋模范作用，把组织要求、发展所需、党员所愿与村民所盼进行紧密结合，引导和组织群众参与乡村振兴实践。

在红色李巷创建过程中，党组织发挥了组织作用；在提振两莓产业过程中，党组织发挥了引导作用；在乡村精神文明建设中，党组织发挥了引领作用。

6.5　人才振兴

以往村里青年才俊为了发展，离乡工作，导致人才出走；李巷村在乡村振兴实践中创造了就业岗位和创业机会，年轻人被吸引返村，部分有才干的年轻人成为村委的领导与经济发展的顶梁柱，成为"致富带头人"。带头人的经验教训是其他村民的活教材，有效促进了村民走向共同富裕。

发挥退休教师、党员干部、乡贤的精神引领作用，通过党课、座谈等形式，带领村民共同提高精神文明程度。

李巷村形成了人才梯队，支撑了李巷村的可持续发展。

6.6 高效整合资源

6.6.1 共商共建共享机制，整合各方力量，发挥各方优势。

区政府、投资方、村集体、村民共商共建，共享项目收益，结成创建共同体，快速创建，迅速打出了品牌。

6.6.2 科学规划，资源复用，主客互动

红色李巷建设充分考虑了本地居民的生活需求和外来游客的游览需求，在规划中提出了主客共享的理念，组建了游客餐厅、养老助餐、乡村聚会共建共享空间，抗日斗争展陈馆与李家祠堂共享空间，实际运营产生了主客互动、相互促进的效果。

6.7 产业融合发展

在两莓产业的中游、下游，分别开发体验消费、产品消费、礼品消费，将红色旅游引入的大量人流进行销售转化。促成"一产"种植农业、"二产"特色农产品深加工、"三产"红色旅游的融合发展。

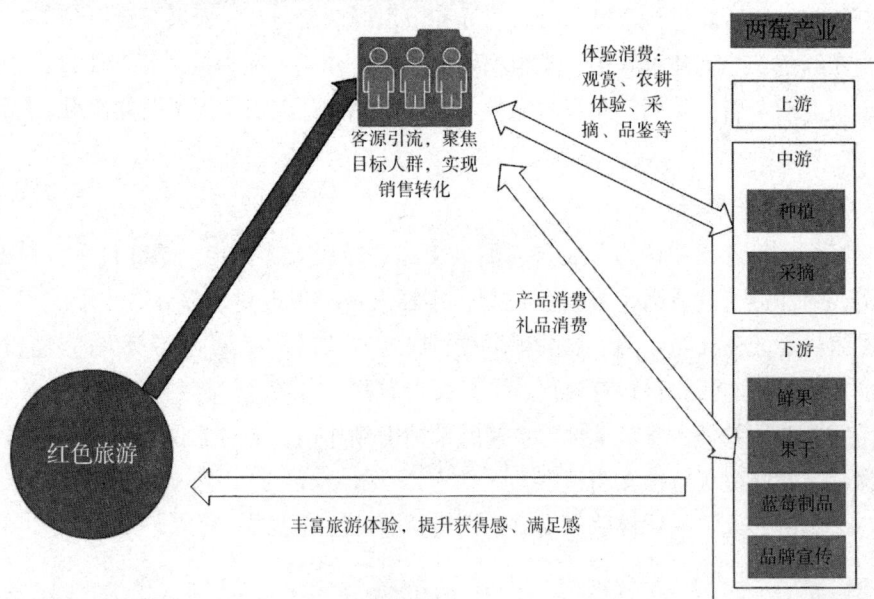

图6.1 李巷村产业融合发展

216

7　案例结论

（1）李巷实现脱贫致富，村民从温饱状态跃升到物质丰富阶段，开始健身休闲，更加注重精神文化生活。带动了周边地区经济发展和乡村振兴。

（2）李巷振兴模式可供其他乡村借鉴。李巷村通过分析困难及问题，深度挖掘自身优势，整合各种资源，因地制宜、准确定位，打造符合自身特点的文化和体验，提振特色产业，促进产业融合，实现了乡村振兴，是一个典型事例。

（3）李巷振兴充分反映了社会主义制度的优越性，凸显了新时代中国特色社会主义经济发展模式的优越性。实现乡村振兴、追求共同富裕，是时代发展的方向，也是现代化的重要努力方向。

8　案例研究展望

在此次案例大赛中，我们先后对接调研过镇江市丹徒区农业农村局、江苏时茗园茶文化有限公司所在的无锡市滨湖区嶂青村和本案例的李巷村，他们各自拥有不同的资源禀赋，都奔跑在乡村振兴的大道上，我们充满期待，未来将继续跟踪他们的发展，并将研究更多的乡村振兴案例，为乡村振兴战略尽绵薄之力。

参考文献

［1］孙学立．农村一二三产业融合组织模式及其路径创新［J］．沈阳师范大学学报（社会科学版），2018，42（01）：57-63．

［2］张义博．农业现代化视野的产业融合互动及其路径找寻［J］．改革，2015，（02）：98-107．

［3］王乐君，寇广增．促进农村一二三产业融合发展的若干思考［J］．农业经济问题，2017，38（06）：82-88+3．

［4］王乐君，寇广增．促进农村一二三产业融合发展的若干思考［J］．农业经济问题，2017，38（06）：82-88+3．

［5］王兴国．推进农村一二三产业融合发展的思路与政策研究［J］．东岳论丛，2016，37（02）：30-37．

［6］陈晓华．推进龙头企业转型升级促进农村一二三产业融合发展［J］．农村经营管理，2015，（12）：6-9．

［7］戴紫芸．组织一体化视角下农村一二三产业融合模式研究［J］．荆楚学刊，2017，18（3）：6．

［8］沈静依，沈斐．江苏阳山镇水蜜桃休闲农业发展思考［J］．农业工程技术，2019，39（32）：2-3．

［9］许德胜．发挥合作优势促进农民增收［J］．农家致富，2012，（16）：13．

［10］马晓河．推进农村一二三产业深度融合发展［J］．中国合作经济，2015，（02）：43-44．

［11］王昕坤．产业融合——农业产业化的新内涵［J］．农业现代化研究，2007，（03）：303-306+321．

［12］陈俊红，陈慈，陈玛琳．关于农村一二三产融合发展的几点思考［J］．农业经济，2017，（01）：3-5．

［13］熊世伟．产业融合发展与构筑上海新型产业体系［J］．现代城市研究，2002，（05）：16-19．

［14］刘松涛，罗炜琳，王林萍，林丽琼．日本农村金融改革发展的经验及启示［J］．亚太经济，2018，（04）：56-65.

相关新闻报道：

［1］侯清香．深入推动农村——长产业融合发展［N］．长治日报，2021-09-12（003）

［2］赵亚夫与杏虎村的故事［OL］．丹阳市人民政府网，2022-07-11

［3］"红色引擎"助跑乡村振兴［OL］］．丹阳市人民政府网，2022-06-30

［4］江苏丹阳司徒镇：培育新业态 农文旅融合促振兴［OL］．人民网-江苏频道，2022-08-04

［5］1999年的这笔血债，中国人永远不会忘却［OL］．中国新闻网，2022-05-07

［6］丹阳市司徒镇杏虎村：千亩桃林结硕果 红色热土焕新颜［OL］．镇江先锋微信公众号，2022-07-14

［7］晏培娟，钱飞．丹阳杏虎村：果香满桃园，富足慰英灵［OL］．中国江苏网，2021-09-29

［8］佘记其．丹阳司徒镇："红色基地"成为杏虎村乡村振兴"第一资源"［OL］．今日镇江网，2021-04-21

［9］佘记其，栾继业，龚国祥，任涛．杏虎村写好乡村振兴文旅融合新故事［N］．镇江日报，2021-06-17

［10］乡村振兴的"司徒印象"［OL］．印象司徒微信公众号，2022-08-10

［11］王国禹，肖姝．"水蜜桃路边卖"成盛夏一景 杏虎村果农摆摊一天能卖300斤左右［OL］．丹阳新闻网，2022-7-8

［12］以桃为媒，以节会友"苏韵乡情"乡村休闲旅游农业（镇江）专场推介活动在丹阳杏虎村举行［OL］．新华日报交汇点网易公众号，2022-07-11

［13］何书金．助力乡村振兴 抓好"甜蜜事业"——丹阳市司徒镇杏虎村果品专业合作社的主要事迹［OL］．中国老区网，2022-10-08

［14］滕建锋，周迎．英雄故里，乡村蝶变 杏虎村集聚优质产业打造发展热土［OL］．金山网，2021-10-25

［15］首届"杏虎仙桃"采摘节7月13日开幕［OL］．丹阳市人民政府网，2019-07-05

［16］江苏丹阳杏虎村：蓝莓带来"梅"好生活［OL］．印象司徒微信公众号，2022-06-17